人物叢書

新装版

保科正之《ほしなまさゆき》

小池　進

日本歴史学会編集

吉川弘文館

保科正之画像（福島県耶麻郡猪苗代町・土津神社蔵，福島県立博物館寄託）

この束帯姿の画像は，下絵を会津藩お抱え絵師の棚木良悦が描き，狩野探幽が浄書したと伝えられる．

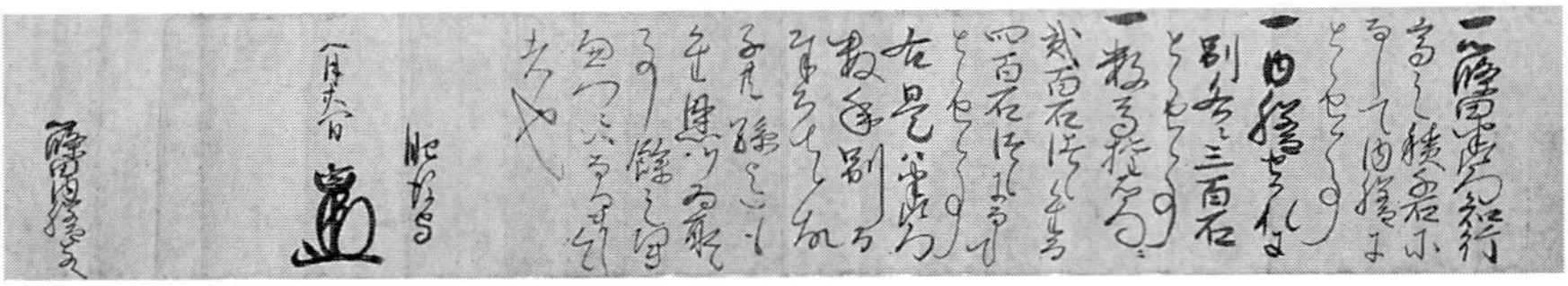

保科正之判物（東京国立博物館所蔵，Image:TNM Image Archives）

（寛永14年〈1637〉）８月21日付で出された保科正之自筆の篠田内膳宛知行《ちぎょう》宛行状《あてがいじょう》（本書77頁参照）．

一、篠田半左衛門知行
高之積千石に
なして内膳に
とらせ候事、
一、内膳せかれに
別各ニ三百石
とらせ候事、
一、数馬・権右衛門ニ
弐百石つヽ重而
四百石つヽになして
とらせ候事、
右是ハ半左衛門
数年別而
奉公仕候故
子共・孫迄も
重恩ヲ為取候
事、余之ひき
へつニハなるましく候
者也、

肥後守
八月廿一日　正之（花押）

篠田内膳とのへ

はしがき

保科肥後守正之《ほしなひごのかみまさゆき》は、江戸幕府二代将軍徳川秀忠《とくがわひでただ》の子に生まれながらも、父からは子として認められず、兄徳川家光《いえみつ》に取り立てられて会津《あいづ》二三万石の大名となった。そして家光の遺命によって幼将軍徳川家綱《いえつな》の後見《こうけん》となり、十七世紀後半の幕府政治をこれまでの武断から文治へと導いていったとされる。いっぽう会津藩主としても藩政の基礎を確立させるとともに、幕府に先駆けて社倉《しゃそう》制度を創設し、また殉死《じゅんし》の禁を定め家訓《かきん》十五条を遺すなど、その漸新な施策によって、岡山藩の池田光政《いけだみつまさ》・水戸藩の徳川光圀《とくがわみつくに》らとならぶ江戸時代前期の「名君」としても知られた人物である。

私はこれまで、秀忠から家光時代における幕府政治機構の形成過程や、幕府軍団組織での旗本の編成ないし存在形態といった問題を追究してきたのだが、本書を執筆するにあたり、改めて保科正之に関する文献を読んでみて気づかされたことは、これまでの正之像が『会津藩家世実紀《かせいじつき》』（以下『家世実紀』と略記する）をはじめとして『土津霊神言行録《はにつれいしんげんこうろく》』「土津霊《はにつれい》神碑《しんひ》」『千載之松《ちとせのまつ》』などの二次史料に拠っており、一次史料がほとんど使われずに形成されてきたということであった。これらの史料は、後世に会津藩が編纂したものや、あるいは正之の治績や人柄を顕彰するために作られたもので、ときに潤色の度が過ぎるきらいがあり、正之のありのままの人物像をどこまで正確に映し出しているのか、という点で疑問が生ずるのである。

もちろん、すべてがそうだというわけではない。また正之の生涯を叙述するばあい、とくに『家世実紀』が基本史料となることはいうまでもなく、本書でも多くの部分をそれに拠ったことも否定できない。ただ右に記した理由から、本書の執筆にあたってはこれらの諸史料のうち正之を意図的に美化するような記述は、客観性が担保された確実な史料でできるだけ確認するようにし、できぬばあいはその多くを捨象した。まずはこのことを断っておきたい。また『家世実紀』を典拠とした記述は、必要と認められるばあい以外は注記を省略している。

さて、正之の生涯を区分すれば、大きく次の三つの時期に分けることができる。

第一期は、正之の誕生から寛永《かんえい》十三年（一六三六）七月に出羽山形《でわやまがた》に移されるまでの期間である。この時期は、武田見性院《たけだけんしょういん》の養育をへて保科正光《まさみつ》の養子となり、信濃高遠《しなのたかとお》三万石を継いだものの、将軍の実子としてはある意味不遇をかこった時代である。

第二期は山形二〇万石を領有した寛永十三年から同二十年（一六四三）までである。その期間は八年とそれほど長いものではないが、正之の二十代後半から三十代前半という血気盛んな時期にあたり、家光から出羽の要衝《ようしょう》山形を任された責任感と、幕藩領主としての意気込みが藩政に現れた時代である。

第三期は、寛永二十年七月の陸奥《むつ》会津二三万石への転封から、寛文《かんぶん》十二年（一六七二）十二月に死去するまでの主に会津藩主としての時代である。正之は様々な法令を出して藩政の基礎を固めるとともに、五十歳を過ぎるころからは眼病の進行という条件も手伝ってか、朱子学の探究を深め、その成果が藩政にも生かされていた。

正之の生涯を大名としての立場から見ると、右のように三つの時期に区分できよう。ただ、第三期については会津藩主として帰国したのがわずか三回にすぎず、ほとんどの期間を正之は江戸で過ごしていた。よって幕府との関係を軸に見ると、第三期はさらに二つの時期に分けることができる。

第一は幼将軍家綱の後見時代である。これは慶安《けいあん》四年（一六五一）四月の家光死去の前後から、万治《まんじ》二年（一六五九）九月に家綱が江戸城本丸に入り、本格的な家綱政治が開始されるまでの期間である。正之はわずか十一歳で将軍となった家綱の後ろだてとして、いくつかの重要な役割を果たしていた。第二はそれ以後の期間で、家綱の政治が本格的に展開するなか、正之がもっとも幕府政治に関与した時期であり、その関わり方から見ていわば正之の「大老《たいろう》」時代とも呼ぶべき期間である。当時、大老という役職が正式に成立していたわけではない。だが、詳細は本編にゆずるものの、幕府の重大事の際には老中が正之の屋敷に赴いて相談するなど、正之はまさに後の大老に相当する存在として幕府政治に関与していたのである。

本書はおおむね右の時期区分にしたがって執筆しているが、論旨の展開上かならずしも年代の順になっていない部分もある。また後に本編でも述べるように、正之が遺した文書は極端に少なく、彼の肉声を聞くことはほとんどできないのが現状である。それゆえ、本書がどこまで正之の実像に迫りえたか、はなはだ心許ないものがあるが、私なりに等身大の正之像を提示したつもりである。拙い本書が、いくらかでも今後の保科正之研究その他の叩き台とならんことを願うのみである。

本書が成るにあたっては、福島県立博物館、会津若松市立会津図書館、諏訪市博物館、神長官守矢《じんちょうかんもりや》史料館、伊那市立高遠町歴史博物館、東京大学史料編纂所、国立公文書館内閣文庫、東京国立博物館などの史料所蔵機関にお世話になった。この場を借りて謝意を表したい。なかでも福島県立博物館の阿部綾子氏には、多大なる御助力を賜った。あえてお名前をあげさせていただき、衷心より御礼を申し上げたいと思う。

二〇一七年九月一日

小池　進

目次

口絵

挿図

挿　表

第一　誕　生

一　特異な出生と母の出自

四人目の男子

保科正之《ほしなまさゆき》は慶長《けいちょう》十六年（一六一一）五月七日亥刻《いのこく》（午後一〇時頃）に誕生した。幼名を幸松《こうまつ》とも幸松丸ともいった。父は江戸幕府二代将軍徳川秀忠《とくがわひでただ》であり、母は静《しず》といった。正之は秀忠にとって、長男の長丸《ちょうまる》（早世）、正室お江与《えよ》の方（浅井《あざい》氏・崇源院《すうげんいん》）とのあいだに生まれた家光《いえみつ》（このとき七歳）と忠長《ただなが》（同五歳）につぐ四人目の男子であった。幸松という幼名は秀忠が付けたとされる（「土津霊神事実《はにつれいしんじじつ》」「幕府祚胤伝《ばくふそいんでん》」等）。

特異な事情

ところで、一般に将軍の子を身籠《みご》もったとなれば、その母親は将軍家側室《そくしつ》としての身分とそれ相応な居所が与えられ、子も江戸城内で産声をあげるのが当然の成り行きであろう。しかし、静が秀忠の側室として扱われた形跡や、正之が江戸城で誕生したとする事実はまったく存在していない。何となれば、正之のばあい以下に見るように、出生にかかわる特異な事情があった。

秀忠の乳母大姥の局

まず『家世実紀』の語るところを要約してみよう。

このころ大乳母殿《おうばどの》と呼ばれた秀忠の乳母に奉公するため、江戸城の大奥に上がっていた静が秀忠の寵愛《ちょうあい》をうけ、はからずも懐妊《かいにん》してしまった。静は嫉妬《しっと》深い正室お江与の方をはばかり、大乳母殿の指示もあって大奥を退いた。そして親族で話し合った結果、お江与の方の報復を恐れ流産させることに決まり、その子は水子《みずこ》となった。その後、静は大乳母殿の招きもあり再び大奥に上がったが、またもや秀忠の子を妊娠してしまった。今回も静は大奥を離れたが、二度目の親族会議の結果、さすがに一族の者たちも将軍の子を二度まで堕《お》ろすことは畏《おそ》れ多いということで、静は江戸白銀町《しろがねちょう》にある姉婿の竹村助兵衛《たけむらすけべえ》宅で正之を出産した。

『家世実紀』は、大乳母殿を秀忠の近臣で後に年寄《としより》（老中《ろうじゅう》）となる井上正就《いのうえまさなり》の母とするが、これは明らかに誤りである。井上正就の母に秀忠の乳母となった事実はなく、大乳母殿は、実際には今川氏直《いまがわうじなお》に仕えた岡部貞綱《おかべさだつな》の女《むすめ》である。『寛政重修諸家譜《かんせいちょうしゅうしょかふ》』によれば、彼女ははじめ武田信玄《たけだしんげん》の家臣河村重忠《かわむらしげただ》に嫁《か》したが、重忠の亡きあと徳川家康《いえやす》に召し出され、天正七年（一五七九）に秀忠が誕生するとその乳母となり、大姥《おおうば》の局《つぼね》と呼ばれていたとされる。したがって秀忠の子を一度は堕ろしたとあることもふくめて、『家世実紀』の記述を無批判に信用することはできない。ただ、静がなんらかの伝手《つて》で江戸城大奥に上がっていたことは間違いない。それがもっともありうべき秀忠との接点だからである。

神尾伊予栄加の女説

静は寛永《かんえい》十二年（一六三五）九月に五十二歳で死去しているので（「土津霊神事実」）、没年から逆算すると天正《てんしょう》十二年（一五八四）の生まれということになる。その出自については、まず『寛政重修諸家譜』保科正之の譜では小田原北条氏《おだわらほうじょうし》の旧臣の神尾伊予栄加の女とし『家世実紀』も同じ主張をしている。このほか「土津霊神事実」「土津霊神碑《はにつれいしんひ》」『譜牒余録《ふちょうよろく》』「会府世稿《かいふせいこう》」「徳川幕府家譜《とくがわばくふかふ》」ほか多くの史料が静を神尾氏の出としている。もちろん神尾氏は大名はおろか幕臣に取り立てられることもなかったので、『寛政重修諸家譜』など江戸時代に成立した系譜史料に神尾栄加の譜を載せるものはない。

また、神尾栄加とほぼ同時代と考えられる永禄《えいろく》二年（一五五九）二月の奥書を持ち、北条氏の一門や家臣団の軍役高《ぐんやくだか》を記した「小田原《おだわら》衆所領役帳《しゅうしょりょうやくちょう》」には、「馬廻衆《うままわりしゅう》」の神尾越中守、「松山衆《まつやましゅう》」の神尾善四郎、「半役《はんやく》仰せ付けられ候衆」の神尾新左衛門という三人の

『家世実紀』（福島県立博物館蔵）

全278巻．会津藩編纂による編年史書で，文化12年（1815）完成．1～32巻が正之の巻で，正之隠居後の記事は33巻以降にも見られる．

神尾姓が確認できるものの、神尾伊予栄加なる人物はどこにも記載されていない。くわえて、これら神尾姓の人々と神尾栄加との関わりも判然としない。

大工・農人の女説

いっぽう「柳営婦女伝系《りゅうえいふじょでんけい》」「玉輿記《ぎょくよき》」は、静を武蔵板橋郷竹村の大工《だいく》の女とし、右に見た諸史料とは大きく異なっている。また同様に「幕府祚胤伝《ばくふそいんでん》」も静を神尾伊予栄加の女としながらも、その出自は「武州板橋の在竹村の農人」とし武家の出身とはしていない。これら「大工」「農人」という記述は、他に一致する信頼すべき史料がなく、しかも板橋郷に「竹村」という地名もないことからすれば、これも明瞭な根拠を欠いているといわざるをえない。

神尾才兵衛宛松平忠輝知行目録

『新編会津風土記《しんぺんあいづふどき》』に会津藩家臣神尾才八《さいはち》所蔵の文書四通が収録されており、そのうちの一通に、慶長十八年（一六一三）八月三日付で、松平忠輝《まつだいらただてる》が神尾才兵衛《さいべえ》に宛てた二〇〇石の知行目録《ちぎょうもくろく》がある。忠輝は徳川家康の六男で当時越後高田《えちごたかだ》で六〇万石を領し、元和二年（一六一六）七月に秀忠によって改易された人物である（『徳川幕府家譜』）。いっぽう『家世実紀』によれば静の出産をめぐる二度目の親族会議の際、その出産を強く主張したうちの一人が静の弟の神尾才兵衛であった。才兵衛はその直後に上方《かみがた》に出奔《しゅっぽん》したとされるが、右の松平忠輝の知行目録が会津藩家臣の家に伝存していたことから見て、これら二人の神尾才兵衛が同一人物であることはまず間違いない。

静は武家の出身

とすれば、神尾才兵衛は上方に出奔後に松平忠輝に仕えたことになるが、いきなり二〇〇石の知行を得ていたことからすれば、才兵衛が農民や職人の出ではなく武家の出身だったことも動かしがたい。こうしたことから、才兵衛の父神尾栄加が小田原北条氏の家臣だったことにはなお留保が付くとしても、才兵衛の姉の静も武家の出身と見ることに問題はないように思われる。

二　誕生の地

白銀町説

正之が誕生した場所を江戸とする史料は、右に見たように『家世実紀』のほか、「会府世稿」『譜牒余録』「土津霊神碑」「以貴小伝《いきしょうでん》」などがあるが、ただし「白銀町」とするのは『家世実紀』だけである。また「土津霊神事実」は江戸ではなく「武州」つまり武蔵国とし、江戸という土地に限定してはいない。

「土津霊神事実」

この「土津霊神事実」は、正之側近の儒者で貞享《じょうきょう》四年（一六八七）に没した友松勘十郎《ともまつかんじゅうろう》氏興《うじおき》が漢文体で著した正之の伝記で、寛文四年（一六六四）から筆を起こし、正之が没する同十二年に成立している。後に山崎闇斎《やまざきあんさい》や幕府儒官《じゅかん》の林家《りんけ》によって潤色されてはいるものの、正之の伝記史料のなかではもっとも成立が早く、かつ信憑性《しんぴょうせい》も高いとされてい

足立郡大間
木村説

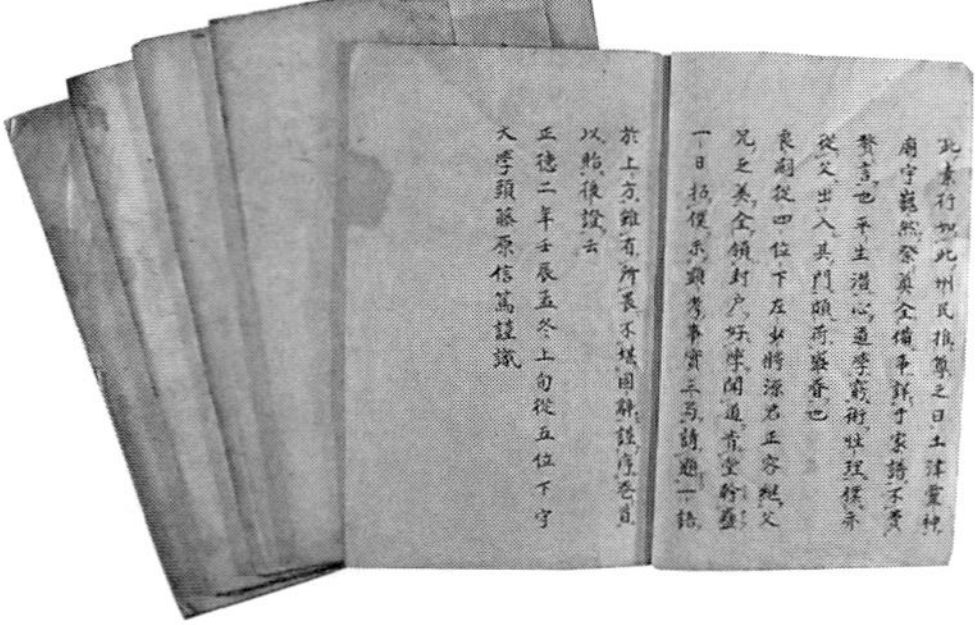
「土津霊神事実」（個人蔵，福島県立博物館寄託）

る。もちろん享保《きょうほう》二十年（一七三五）の成立で、会津藩の強い介在のもとに編纂された「会府世稿」などとともに、『家世実紀』を編纂する際の有力な参考史料となったことはいうまでもない。

　いっぽう「柳営婦女伝系」「幕府祚胤伝」「玉輿記」「徳川幕府家譜」などは、正之の誕生の地をともに武蔵国足《あ》立《だち》郡《ぐん》大間《おおま》木《ぎ》村（現さいたま市緑区）としており、同じ武蔵でも『家世実紀』などとは大きな違いを見せている（「徳川幕府家譜」は「大昌木村」と表記）。ただし神尾栄加の出自などとは異なり、この点に関しては判断の材料となる有力な史料が残されているので、長文ではあるが以下に全文を引用してみよう。

　うやまつて申きくわん（祈願）のこと
南無ひかわ（氷川）大めうしん（明神）、当こく（国）のちんしゆ（鎮守）としてあと（迹）を此国にたれ（垂）たまい、しゆし
よ□□あまねくたすけたまふ、こゝにそれかしいや（卑）しき身として、大しゆ（守）の御お
もひものとなり、御たね（胤）をやとして当四五月のころりんけつ（臨月）たり、しかれとも　御

たいしつ《（嫉妬）》との御こゝろふかく、ゑいちう《（営中）》におることをゑす、今しんしようせん《（信松禅尼）》にのいたわりによつて、みをこのほとりにしのふ、それかしまつたくいやしき身にして、ありかたき御てうあい《（寵愛）》をかうむる神はつ《（罰）》として、かゝる御たねをみこもりなから住所にさまよふ、神めい《（神冥）》まことあらは、それかしたいない《（胎内）》の御たねなんし《（男子）》にして、あん産守こしたまい、ふたりともに生をまつとふし、御うんをひらく事をえ、大くわんしやうしゆ《（大願成就）》なさしめたまはは、しんくわん《（心願）》のこと、かならすたかひたてまつ□ましく候なり、

けいてう《（慶長）》十六二月　志津

静自筆願文

これは、正之が生まれる三ヵ月前の慶長十六年（一六一一）二月に、武蔵一宮《むさしいちのみや》でもある大《おお》宮《みや》の氷川神社《ひかわじんじゃ》（現さいたま市大宮区）に奉納され、同神社に伝わった静の自筆願文《がんもん》であり（現在さいたま市立博物館に寄託）、かつ正之の誕生までの経緯を知ることのできる唯一の一次史料でもある。この願文によって、静は秀忠の正室お江与の方の嫉妬《しっと》とその仕打ちを恐れ、江戸城を退出せざるをえなかったこと（「御たいしつとの御こゝろふかく、ゑいちうにおることをゑす」）、「しんしようせんに」の庇護《ひご》をえて「このほとり」に潜居していたこと、男子の出産を切望していたこと（「御たね御なんしにして」）、などが明らかとなる。静はみずからを「いやしき身」としているが、これは静自身が将軍の子を宿すに相応《ふさわ》しい身分の出では

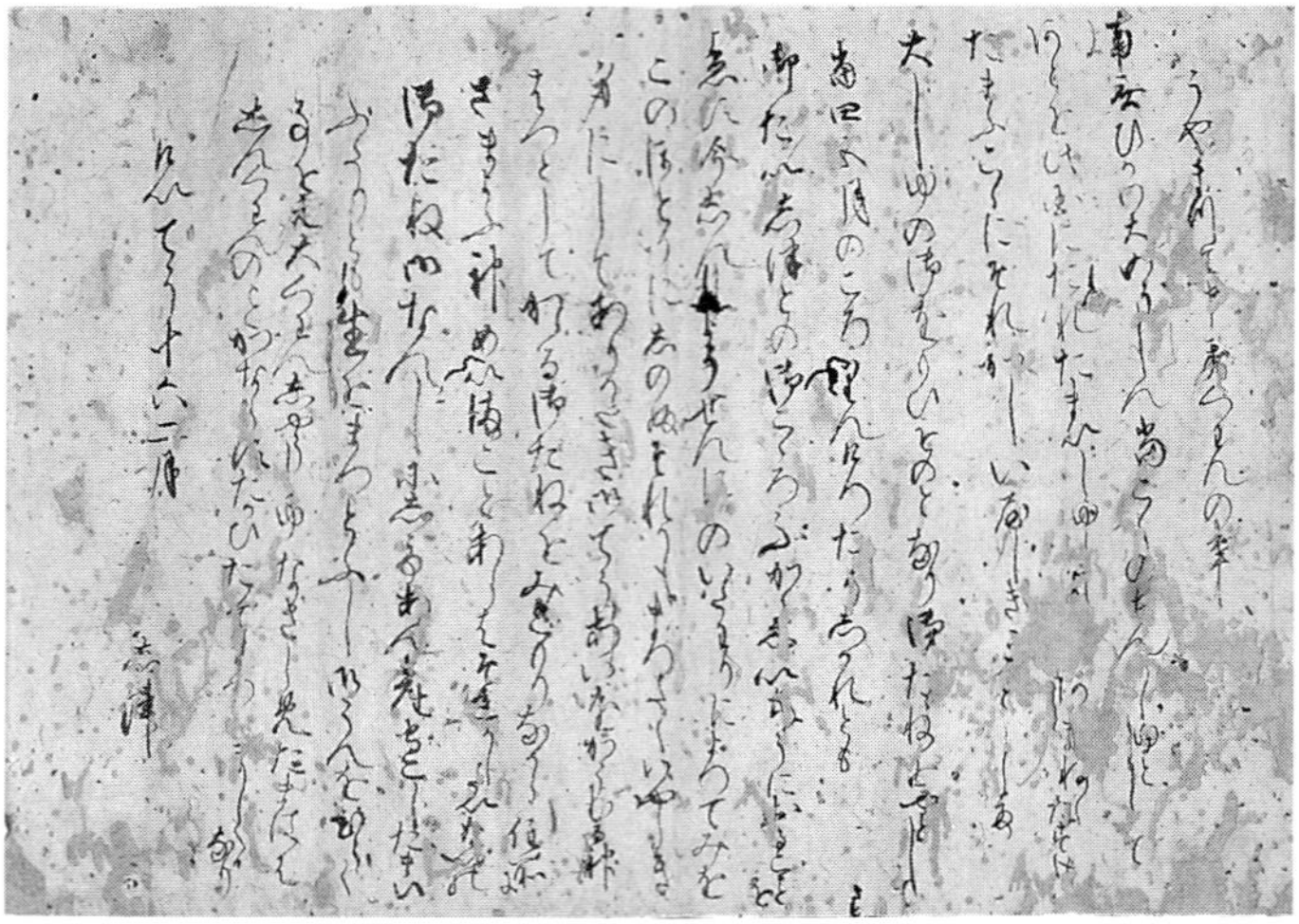

静願文（〈神尾志津祈願状〉個人蔵，さいたま市立博物館寄託）

ないことを自《じ》虐的《ぎやくてき》に表現したもので、この表現のみをもって静の出自を決める根拠とするには無理がある。なお「ほとり」については後に触れることにする。

それにしても「しんしようせんに」とはいかなる人物で、そもそも何ゆえこの願文が大宮の氷川神社に奉納されたのだろうか。『家世実紀』の記すように、静の身柄が江戸白銀町の竹村助兵衛宅にあったとしたら、静にとくべつな信仰がないかぎり、妊娠七ヵ月前後という身重《みおも》の身体をおして、安産祈願のためわざわざ氷川神社まで行く合理的な理由を見いだすことは、なかなか難しいように思われる。

信松禅尼

「しんしょうせんに」（信松禅尼・信松院）とは、じつは武田信玄《たけだしんげん》の五女で織田信長《おだのぶなが》の嫡男織田信忠《おだのぶただ》の許嫁《いいなずけ》でもあった松姫《まつひめ》のことである。松姫は天正十年（一五八二）の本能寺《ほんのうじ》の変によって信忠が没した後、武蔵八王子《はちおうじ》の心源院《しんがんいん》に移り、その後、大久保長安《おおくぼながやす》の助力によって信松院という尼寺を建立して武田家の菩提《ぼだい》を弔《とむら》い、元和二年（一六一六）四月に五十六歳で没したとされる（「柳営婦女伝系」『山梨県史』）。また信松院の異母姉は、信玄の次女で重臣穴山信君《あなやまのぶきみ》（梅雪斎《ばいせつさい》）の妻としても名高い見性院《けんしょういん》である。

見性院

見性院はやはり天正十年の夫《おっと》信君の死後、徳川家康によって江戸に召され、江戸城田安門《たやすもん》の付近に屋敷を与えられて、武蔵足立郡大牧村《おおまきむら》（現さいたま市緑区）に知行を得ていた（「会府世稿」『寛政重修諸家譜』「以貴小伝」）。じっさい現在のさいたま市緑区大牧に隣接する緑区東浦和には、見性院の菩提寺《ぼだいじ》である清泰寺《せいたいじ》があり、その境内《けいだい》には見性院の墓所も存在する。そして後にも述べるように、この見性院こそが幼少の正之を引き取り養育した人物であった。

静と見性院の接点

では静と見性院の接点はどこにあったのだろうか。じつは秀忠の乳母「大姥の局」の亡夫である河村重忠はかつて武田信玄に仕えており、しかも見性院の夫であった穴山信君が率いる組に属していた（『寛政重修諸家譜』）。つまり組頭《くみがしら》と組士《くみこ》の関係であった。とすれば、この大姥の局と見性院が旧知の間柄だったことは間違いない。ここに静と見性院の接点を見いだすことができる。すなわち、見性院はこうした大姥の局との縁もあって、江戸城の奥方《おくかた》にも日常的に出入りができ、静の懐妊《かいにん》も容易に知りえたものと考えられる。そして、そのことを知った見性院は、みずからの申し出か、あるいは大姥の局の依頼かはわからぬが、静を自分の知行地である大牧村にひそかに引き取り、妹の信松院を八王子から呼び寄せて、静の身のまわりの世話をさせていたのではないだろうか。

誕生は大牧村

さきの願文は、静がその大牧村に潜居《せんきょ》していたころ、大宮氷川神社に奉納されたのであろう。大牧村から氷川神社までは、直線にしておよそ一〇キロと比較的近い距離であることにくわえ、このころ、氷川神社の北東側から大牧村にかけては広大な湖「見沼《みぬま》」が広がっており、船運を利用すればより容易に神社に行くことができた。願文に「みをこのほとりにしのふ」の一節があったが、これは静がまさに見沼の「ほとり」にある大牧村に潜居していたことを示す。とすれば、正之が誕生したのも、この大牧村と見るのが妥当であると考えられる。

大間木村と大牧村

大間木村ではなく大牧村で、である。なぜなら、大間木村は少なくとも慶安《けいあん》年間(一六四八〜五二)以後の村名であり、それ以前は「合野谷村《あいのやむら》」と呼ばれていたからである(『武《む》蔵田園簿《さしでんえんぼ》』『新編武蔵風土記稿《しんぺんむさしふどきこう》』)。推測するに、大牧村と大間木村が隣接することや、「おおまき」と「おおまぎ」で読み方が酷似していること、さらに大間木村の村高三〇〇石と見性院の大牧村での知行高を同じく三〇〇石とする記録もあり(『新編武蔵風土記稿』)、その数字が一致することなどから、「幕府祚胤伝」「柳営婦女伝系」といった史料が編纂される際に大牧村と大間木村とが混同され、正之の出生地も大間木村と記されたのであろう。このように考えれば、「幕府祚胤伝」などの諸史料に正之の誕生の地が「大間木村」とあることも、静の願文が大宮の氷川神社に奉納されていたことも、もっとも自然かつ合理的に理解されるのではないだろうか。

お江与の方の嫉妬を恐れる

なにゆえ静は正之を江戸城内で出産できなかったのだろうか。この点に関して福田千鶴氏は「侍妾に嫉妬心を抱くような度量の狭いことをしていては、正室の役割はつとまらなかった」ことを前提に、秀忠が静を側室にしたければ「事前に静の出自や身分を整え、江の許可を取ればよかった」のであって、秀忠が「その手続きを怠った」結果、静は江戸城の外で正之を出産せざるをえなかったとし、「これを江の嫉妬心のせいにするのは、奥の制度を知らない俗人の考えである」と断じている(『江の生涯』)。

「侍妾に嫉妬……」は一般論としてはそうかもしれない。しかし、こと正之の出生の経緯について見るならば、静自身の手になる願文に「御たいしつとの御こゝろふかく……」とあったが、神仏への祈願の際に偽りを述べるとは思えぬので、少なくとも静(や大姥の局・見性院)の目には、お江与の方が嫉妬深い女性に映っていたことは否定できない。したがって静の立場からすれば、その仕打ちを恐れて江戸城を退かざるをえなかったというのが実感ではないだろうか。

三　見性院の養育

秀忠の上意

武蔵足立郡大牧村で誕生した正之は、乳児期を大牧村でおくったものと思われるが、慶長十八年（一六一三）三月二日、三歳になっていた正之はこの日、江戸城田安門の辺りにあった見性院の屋敷に移り住み、以後、見性院に養育されることとなった（「土津霊神事実」「会府世稿」）。『家世実紀』はこれを三月朔日のこととし、秀忠の年寄である土《ど》井《い》利勝《としかつ》と本《ほん》多《だ》正信《まさのぶ》が見性院のもとを訪れ、「幸松様御子分に成され、御養育進《まい》らせられ候様御頼み成され候旨、内々の上《じょう》意《い》仰せ達せられ候」と、正之を養子として引き取り養育してほしいとの秀忠の「内々の上意」が、彼ら年寄から伝えられたとする。

正之の養育を快諾

秀忠の「上意」をうけた見性院は、これは思ってもみないことで「此の尼なとか力にて守り立て申すべき儀似合わざる事」と謙遜しつつも、将軍の頼みであるし、自分も信玄の娘であるので「少しも御気遣い有る間敷《まじ》く候」と、正之を自身の子として養育することを快諾した。見性院の具体的な人物像は知るべくもない。しかし名族武田氏の血を引く女性であり、家康の知遇を得て領地まで拝領していたことからすれば、武家の女性としての嗜みや教養を十二分に身につけていたと思われ、将軍の子をあずけるには申し分のない女性だったにちがいない。

正之が見性院のもとでどのような幼年期をおくったのか、この点に関しても、一次史料が決定的に欠けており不明とせざるをえない。ただ『家世実紀』にいくつか興味深い出来事が載せられているので、その一つを紹介してみたい。

剛毅な性格

慶長十九年八月六日、正之が四歳のとき江戸で暴風が吹くことがあった。小さな家などは吹き倒され、江戸城も破損するところがでたほどで、田安にある見性院の館《やかた》も倒壊が心配されていた。その見性院の館では室内に長持《ながもち》を二棹ならべて、そのあいだに正之をおいて見性院と静が付き添い、周りの女中たちは恐怖におののいていた。ところが、正之はまったく臆するところがなく長持のあいだから這《は》い出ようとし、それを見性院と静が必死に引き留めていた。風がおさまった後、見性院は正之の剛毅《ごうき》な性格を喜び、父信玄から譲られた「紫銅鮒《しどうふな》の水入」と黄金を与えた。そして正之は、後にこの黄金を取り出して眺めては往昔《おうせき》を懐《なつ》かしんでいたという。数え年四歳の幼児のことであるから、事情が飲み込めていなかったともいえるが、『家世実紀』は藩祖の正之が剛毅な性質を幼少から持ちあわせていたことをいいたかったのであろう。

この逸話は「土津霊神事実」にも載せられているが、実際の出来事かどうかは検証する手立てがない。ただし同時代の史料である『当代記《とうだいき》』の、同じ慶長十九年八月六日の条には「六日、未刻《ひつじのこく》（午後二時頃）より大風雨」と、家康がいた駿府《すんぷ》（現静岡市）のあたりでは「大風雨」となっており、また三河吉田《みかわよしだ》（愛知県豊橋市）にある松平忠利《ただとし》が建立《こんりゅう》した会下寺《かいげじ》では、この大風で寺の建物が一間ほど吹き上げられたとされる（『当代記』「慶長年録」）。八月という時期からみて、「大風雨」は台風の襲来だと思われるが、江戸も暴風雨だったことは間違いない。とすれば、『家世実紀』の編者や友松氏興がこれらの史料を見ていれば別であるが、そうでなければ、この話もあながち藩祖を顕彰《けんしょう》したいための、たんなる挿話と切って捨てることもできない。

第二　高遠城主保科正光の養育

一　信濃高遠へ

元和《げんな》三年（一六一七）十一月八日、七歳になっていた保科正之はこの日江戸を発《た》ち、信濃《しなの》伊那郡高遠《いなぐんたかとう》（現長野県伊那市高遠町）に向かった（「土津霊神事実」「会府世稿」）。高遠城主保科肥《ほしなひ》後守正光《ごのかみまさみつ》の養育を受けるためである。これは「保科肥後守正光養育致し候様、土井大炊《どいおおいの》頭《かみ》・井上主計頭《いのうえかずえのかみ》を以て、御内意これ有り」（『譜牒余録』）とあるように、父秀忠《ひでただ》の「内意」によるもので、それが土井利勝《としかつ》・井上正就《まさなり》の両年寄によって正光に伝えられたのである。そしてこの後、寛永《かんえい》十三年（一六三六）七月に出羽山形《でわやまがた》二〇万石に転じるまでの一八年間が、正之の高遠時代ということになる。

秀忠の「内意」

『家世実紀』の記述はより詳細である。すなわち保科氏はかつて武田氏に属していたが、その縁で保科正光はおりにふれ田安《たやす》にある見性院《けんしょういん》の屋敷に見舞いに訪れていた。女所帯《おんなじょたい》では正之への「弓矢の道」の教育ができぬことを憂えていた見性院は、後に述

「弓矢の道」

徳川秀忠画像（公益財団法人　徳川記念財団蔵）

べるように正光の継母が徳川家康の異父妹ということもあり、正之の養育を正光に依頼したのである。正光は自分ごときが将軍の子を養子とするなど恐れ多いが、秀忠の上意であれば幕府への奉公にもなるのでと、承知する旨を返答した。見性院は、これを土井利勝を通じて秀忠に披露してもらい、秀忠も了承した。そして土井利勝の屋敷に正光を呼び、利勝と井上正就が列座して正之の養育を仰せ渡した、というものである。

高遠に向かう

おそらく、こうしたやりとりがあったのだろう。正之は、母親の静《しず》のほか見性院や保科正光から付けられた供《とも》の者たちとともに、十一月八日に高遠に向けて江戸を発った。正之ら一行は、おそらく甲州街道《こうしゅうかいどう》を北上し、諏訪大社上社《すわたいしゃかみしゃ》の手前から左に折れて杖突《つえつき》街道《かいどう》に入ったものと思われ、同月十四日に高遠に到着した。高遠入りした正之は、高遠城三の丸で静とともに暮らした。そして保科氏の菩提寺で城下にあった臨済宗妙心寺《りんざいしゅうみょうしんじ》派《は》の建福寺《けんぷくじ》において、このころ名僧とうたわれた鉄舟和尚《てつしゅうおしょう》のもとで、禅の修行や儒学などの学問にも励んだとされる（『会津若松史』）。

正之が高遠で暮らすようになって間もなくのことと思われるが、高遠藩の家老篠田隆吉《しのだたかよし》が諏訪大社上社の権祝《ごんのほうり》矢島綱政《やじまつなまさ》に宛てて、次のような書状（「権祝矢島家文書」）を送っている。

猶々、右の通りニて候条、御大慶たるべく候、以上、

御状拝見申し候、然《しか》らば、お幸様（正之）当月の御祈念《きねん》成され、御玉會《おたまえ》遣わされ候、目出たく御頂戴成され候、幷びに鮒三拾御祝着《しゅうちゃく》にて候、いつれも拙者ニ心得候て御礼申し宣《の》べ候得と御局《おつぼね》より御内意に候、すきしかた（過）早流のはしかを御煩い成され候処、かろくと候て程《ほど》無く御本復、家中《かちゅう》上下目出たく安堵《あんど》申し候、単《ひと》えに御油断無き御祈念故と存じ申し候、委細此の方より貴意を得べく候、恐惶謹言《きょうこうきんげん》、

篠田半左衛門尉

九月廿四日　隆吉（花押）

権祝様貴報

諏訪大社上社の権祝

信濃諏訪大社は全国に二万五〇〇〇社ともいわれる諏訪社の総本社で、上社《かみしゃ》と下社《しもしゃ》に分かれていた。宛名にある権祝とはその上社の神官のことで、それには大祝《おおほうり》・神長官《じんちょうかん》・禰宜大夫《ねぎだゆう》・権祝・擬祝《ぎほうり》・副祝《そえのほうり》などがあった。ただし、実際の神事は現人神《あらひとがみ》として

麻疹にかかる

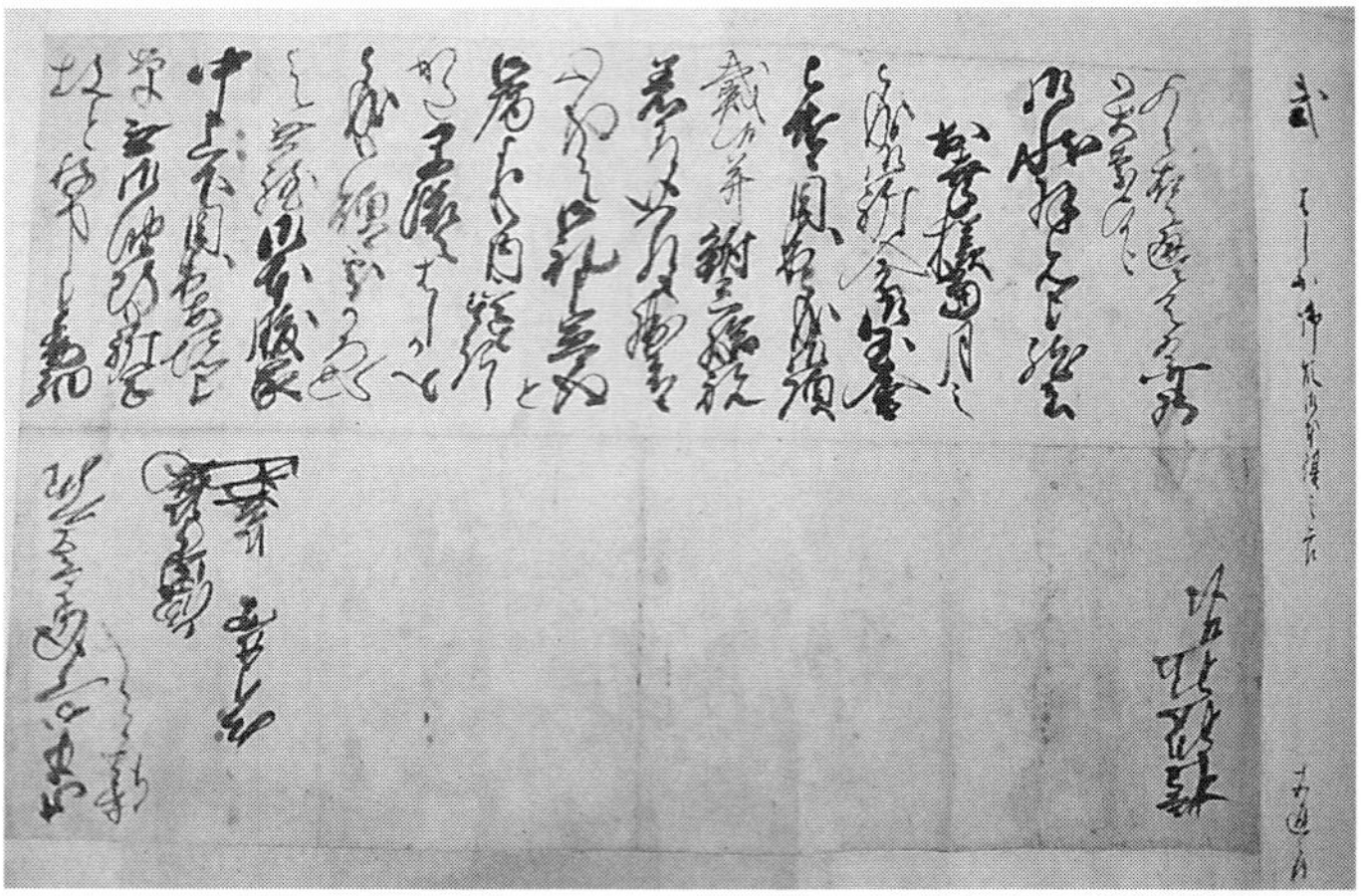

権祝宛篠田隆吉書状（個人蔵，諏訪市博物館寄託）

祀《まつ》られた大祝（諏訪氏）をのぞく神長官以下の神官が行っており、これを五官祝《ごかんのほうり》といった。そして権祝職は、明治初年まで代々矢島氏が世襲した。いっぽう差出しの篠田隆吉は、保科正光の御用人《ごようにん》を務めた後、高遠藩の家老となった保科家譜代の家臣である。

篠田隆吉は、おそらく主君正光から正之の教導を命じられていたと思われ、正之のために様々な「祈念」を権祝に依頼していたが、この書状は正之が麻疹《はしか》にかかり、その平癒《へいゆ》の祈念に対する礼状である。興味深いのは、正之の麻疹が本復した際「家中上下目出たく安堵申し候」と、保科家家臣団が安堵している様子を伝えていることである。保科家としては、子供なら誰でもかかるような病の麻疹とはいえ、現将軍の子であるだけに、平癒するまでは気が気でなかったに違いない。

御局様

また正之は「当月の御祈念」で権祝から「御玉會《おたまえ》」（御札）などを頂戴していたが、これに対して「御局」から篠田によく心得て礼をのべておくように（「拙者に心得候て御礼申し宣べ候得」）との「御内意」があった。正之に代わってこうした「御内意」をしめす女性は母親の静以外考えられない。静は高遠藩では「御局（様）」と呼ばれていたのである。局とは、貴人に仕える女官の居室または女官そのものを指し、母親を意味する言葉ではない。とすれば、静は高遠藩ではもちろん正之の生母との認識はあったとしても、形のうえでは正之に仕える女性という立場だったことになる。これは、静をけっして側室《そくしつ》や侍妾《じしょう》として処遇《しょぐう》しなかった秀忠の指示か、または秀忠の意を忖度《そんたく》した高遠藩側の主体的な選択によるものであろう。

二　保科氏

出自に関する諸説

保科氏は、清和《せいわ》源氏《げんじ》多田《ただ》満仲《みつなか》の子で河内源氏《かわちげんじ》の祖　源《みなもとの》頼信《よりのぶ》の三男井上掃部助頼季《いのうえかもんのすけよりすえ》を祖とする（『寛永諸家系図伝』『譜牒余録』『藩翰譜』）。『会津若松史』はその頼季から九代目の正《まさ》

「諏訪御符礼之古書」

則《のり》のとき信濃高井郡保科郷《たかいぐんほしなごう》（現長野市若穂保科）に居住して、その郷名をとって保科を称したとしている。右にくわえて『家世実紀』は保科氏を上諏訪の神孫、神《じん》姓八党一族との説にもふれ、『高遠町誌』も保科家所蔵の「御系譜」をもとに、諏訪の神氏が高井郡保科村に居住したころ保科を名のり、保科貞重《さだしげ》のとき諏訪神社造営の功を賞されんがため鎌倉に上り、五年の奉公の後、源頼朝《よりとも》から源姓を賜《たまわ》ったとする。『家世実紀』では、さらに元和八年（一六二二）に保科正光が建立した高遠領「東板村」の諏訪神社にある階《きざはし》の葱宝《ねぎほう》珠《じゅ》の銘に「神氏正光建立」とあることと、保科氏の紋所が諏訪氏と同じ「梶の葉」であることも紹介している。

このように保科氏の出自《しゅつじ》については、大別して信濃源氏井上掃部助頼季を祖とするものと、諏訪の神氏を祖とするものとの二つの説があるが、決め手となる史料がなく正確なところは不明とせざるをえない。おそらくは、信濃高井郡保科郷のあたりを本貫《ほんがん》の地とする在地土豪だったものと推測される。

保科氏の存在が知れるもっとも古くかつ信頼すべき史料は、諏訪大社の神事である花《はな》会《かい》、五月会《さつきえ》、御射山《みさやま》などに勤仕する郷村を記録した「諏訪御符礼之古書《すわみぶれいのこしょ》」（「守屋文書《もりやもんじょ》」）である。これによれば、長禄《ちょうろく》三年（一四五九）七月の御射山の際、伊那郡高遠にあった藤沢庄の「代官筑前守家親《ちくぜんのかみいえちか》」が「右頭《うとう》」を、応仁《おうにん》元年（一四六七）七月の御射山でも「右頭、藤沢庄、代官保科家親」と、やはり「右頭」をつとめていた。また文明《ぶんめい》十二年（一四八〇）の御射山では「藤沢庄、諏訪信濃守継宗《つぐむね》、代官保科弾正貞親《だんじょうさだちか》」とあり、藤沢庄の領主諏訪継宗の代官保科弾正貞親なる人物の存在が知れるのである。保科家親の官途《かんと》「筑前守」や貞親の「弾正」は、正光の祖父正俊《まさとし》や父正直《まさなお》の官途とも共通することから、系譜上の繋《つな》がりははっきりせぬものの、この家親らが保科氏の直接の祖先であることは間違いないであろう。

諏訪高遠氏の被官

『高遠町誌』も指摘するように、おそらく保科氏は長禄年間（一四五七〜六〇）からそう遠く遡《さかのぼ》らない時期に、本貫の地である北信濃の高井郡保科郷から伊那郡高遠に移住したのであり、かつ高遠地方が南北朝時代以来、諏訪氏の一族である諏訪高遠氏の所領だったことから、それ以後、同氏の被官《ひかん》（家臣）となって代官などを務めていたものと考えられる。

保科正則

『寛永諸家系図伝』『譜牒余録』『寛政重修諸家譜』などの系譜史料で、保科正光の先祖が登場するのは、いずれも正光より三代前の正則からである（代々の初名《しょみょう》は甚四郎《じんしろう》）。これらの諸史料を総合すると、正則は高井郡保科で誕生し、後に伊那郡高遠に移ったことになっている。しかし、右に見たように、すでに長禄年間には確実に諏訪高遠氏の代官保科氏が存在しており、『寛永諸家系図伝』などにある正則の記述はあまりあてにならない。経歴がより確実になるのは、正則の子筑前守正俊からである。

保科正俊

正俊は永正《えいしょう》四年（一五〇七）五月十三日に伊那郡藤沢で誕生した。その後、武田信玄《たけだしんげん》ならびに勝頼《かつより》に仕えて戦場での高名三七度におよび、数通の感状を得て、文禄《ぶんろく》二年（一五九三）八月六日、八十七歳で死去したとされる。法名を月真といった（『譜牒余録』『寛政重修諸家譜』）。「保科御事歴《ほしなごじれき》」では、上野箕輪《こうずけみのわ》（現群馬県高崎市）で死去し、館林《たてばやし》の茂林寺《もりんじ》に葬られたとする。

武田氏に服属

諏訪地方では、天文《てんぶん》十一年（一五四二）七月に武田信玄が諏訪頼重《すわよりしげ》を滅ぼして以来、武田氏と諏訪高遠氏のあいだで勢力争いがくり広げられていた。そうしたなか、当初高遠氏に属していた保科氏は、天文十五年初めには武田氏に服属したようである（北原道男『信州高遠藩史の研究』、『高遠町誌』）。じっさい保科正俊は、天文十六年九月二十八日付で武田信玄から「栗林七拾貫の所、出し置く者也」（「保科御事歴」）と、諏訪郡栗林（現諏訪郡下諏訪町）で七〇貫文の地を宛行《あてが》われていた。

高遠城入城

保科氏は、武田氏の麾下《きか》として先方衆《せんぽうしゅう》の一翼《いちよく》をにない、武田氏の領国拡大のために動員されていた。そして天正《てんしょう》十年（一五八二）三月に武田氏が滅亡し、同六月の本能寺《ほんのうじ》の変《へん》による織田信長《おだのぶなが》の死などによって、南信濃の情勢が混沌《こんとん》とするさなかの同八月、その間《かん》隙《げき》を縫うようにして保科正俊の嫡子正直が高遠城に入城したのである。とはいうものの、在地小領主の常とはいえ自立した勢力とはとうていなりえず、正直は、武田氏滅亡後の甲斐・信濃攻略を企図する小田原の北条氏と徳川氏の、いずれに与《くみ》するかの選択を迫られることになった。

徳川氏の家臣となる

そして同じ天正十年九月、甲斐新府《しんぷ》（現韮崎市）に進出していた徳川氏に対して、正直は老臣二人を家康の武将酒井忠次《さかいただつぐ》のもとに遣わし「近辺のものと心をあはせて御味方にまいるべきよし」（『寛永諸家系図伝』）を誓ったのである。次の史料は、このとき保科正直が家康から与えられた朱印状《しゅいんじょう》で、後に述べる上総飯野藩《かずさいいのはん》保科家に伝来したものである（福島県立博物館展示図録『生誕四〇〇年保科正之の時代』二〇一一年、以下『保科正之の時代』と略記する）。

今度《このたび》当方へ対せられ忠信有るべきの旨、酒井左衛門尉（忠次）披露、誠に以て神妙の至り也、早速手出しに於いては、伊奈郡半分出し置くべき事、相違有るべからず、いよいよ此の旨を以て軍忠を抽《ぬき》んぜらるべきの状、件《くだん》の如し、

天正十年

十月廿四日　家康（朱印）

保科越前守（正直）殿

この朱印状に見られるように、正直は家康から伊那半郡（二万五〇〇〇石）の所領を安《あん》堵《ど》され、これ以後、保科氏は徳川氏の武将としての道を歩むこととなったのである。

保科正直は天文十一年（一五四二）六月六日に高遠で誕生した。はじめ越前守《えちぜんのかみ》を名乗ったが、後に弾正忠《だんじょうのちゅう》に改めている。正直は武田氏に服属していた当時から抜群の武功をほこり、「世に鑓弾正《やりだんじょう》」と讃《たた》えられたとされる（『譜牒余録』『家世実紀』）。天正十年（一五八二）十月以後は右に述べたように徳川家康に属したが、同十三年十二月のいわゆる鉾持桟道《ほこじさんどう》の戦では、三〇〇〇の兵力で高遠城に攻め込んだ豊臣方の小笠原貞慶《おがさわらさだよし》を討ち、家康から「御褒美の感状ならびに包永《かねなが》の御腰物《こしもの》」を賜った（『寛永諸家系図伝』）。これらの品も上総飯野藩保科家の重宝として今に伝えられている。

正直はその後、豊臣秀吉《とよとみひでよし》の天下統一の総仕上げともいうべき天正十八年（一五九〇）の小田原の陣や翌十九年の奥羽仕置《おううしおき》など、いずれも家康に供奉《ぐぶ》して出陣し、慶長六年（一六〇一）九月晦日《みそか》六十歳で死去した。法名を建福寺殿天関透公《けんぷくじでんてんかんしゅうこう》といい、高遠の建福寺に墓所がある（『寛永諸家系図伝』『譜牒余録』）。

徳川氏との縁戚

これより前の天正十二年（一五八四）七月、保科氏は徳川氏と縁戚関係を結んでいた。正直の正室は初め武田氏の家臣跡部越中守正之《あとべえっちゅうのかみまさゆき》の女《むすめ》（妙貞）であったが、彼女は同十年三月の武田氏滅亡の際に死去しており、正直はこのとき家康の生母伝通院《でんつういん》と久松俊勝《ひさまつとしかつ》とのあいだに生まれた多却《たけ》（長元院《ちょうげんいん》）、すなわち家康の異父妹を後室《こうしつ》として迎えていた（『譜牒余録』『寛政重修諸家譜』）。多却姫は初め松平忠正《まつだいらただまさ》に嫁したが、天正三年（一五七五）閏七月に死別し、その後忠正の弟忠吉《ただよし》に再嫁《さいか》していた。しかし忠吉も早世しており、多却姫にとって保科家は三度目の嫁ぎ先であった（『寛政重修諸家譜』「保科御事歴」）。

多却姫

正之が保科正光の養育を受けることとなった背景には、前述したように武田見性院と正光との関係のほかに、こうした徳川氏との俗縁もその一因だったことは間違いない。

見性院墓（さいたま市緑区東浦和・清泰寺内）

多却は、正直とのあいだに正貞《まささだ》、北条氏勝《ほうじょううじかつ》の養子となった氏重《うじしげ》のほか女子四人を産んだ後、元和四年（一六一八）六月に死去し、武蔵豊島郡西久保の天徳寺《てんとくじ》に葬られた。法名は長元院殿清信授法大禅定尼といった（「保科御事歴」「天徳寺過去帳」）。

見性院死去

なお、幼少の正之を引き取り養育した見性院は、元和八年（一六二二）五月八日に死去し、領地のある大牧村の清泰寺《せいたいじ》に葬られた（「土津霊神事実」）。法名は見性院殿高峰妙顕大姉。武蔵野火止《のびとめ》の平林寺《へいりんじ》にも供養塔《くようとう》が立っている。これより前の元和六年四月十六日、見性院は自分の知行六〇〇〇石のうち半分の三〇〇〇石を正之に譲った。そのとき添えられた見性院自筆の消息《しょうそく》（手紙）には、些少ではあるが鼻紙の足しにでもしてほしい旨が認《したた》められており、この消息は『家世実紀』編纂のときまで残っていたとされる。正之は見性院の死後、年忌の法事をいとなみ、また清泰寺阿弥陀堂《あみだどう》の修復を命じたほか田畑も寄《き》進《しん》した（「会府世稿」）。なお「有泉勝長木牌」では、見性院の死亡日を元和五年五月九日とする。

三　養父保科正光

保科正光

正直と前妻跡部氏（妙貞）とのあいだの子が、正之を養育することとなった保科肥後守正光である。正光は永禄《えいろく》四年（一五六一）に高遠で誕生し、保科氏が徳川氏に属すようになった天正十年（一五八二）、二十二歳のときに初めて家康に謁見《えつけん》し、文禄二年（一五九三）には従五位下肥後守に叙任した。正光はこのころの徳川氏新参譜代の常とはいえ、生涯の多くを戦陣に明け暮れたといっても過言ではない。以下にその戦歴を記してみよう。

正光の戦歴

まず天正十二年（一五八四）の小牧《こまき》・長久手《ながくて》の戦いへの出陣を手始めに、同十八年には小田原の陣に出陣し、翌十九年の奥羽仕置《しおき》では陸奥《むつ》三戸《さんのへ》（現青森県三戸町）へ、また文禄元年（一五九二）のいわゆる文禄の役では肥前名護屋《ひぜんなごや》（現佐賀県唐津市）まで遠征し、慶長五年（一六〇〇）の関ヶ原の戦いでは下野《しもつけ》小山《おやま》（現栃木県小山市）から転じて遠江《とおとうみ》浜松《はままつ》城を警備した。戦後は越前北庄《えちぜんきたのしょう》城（福井城）に在番《ざいばん》のかたわら「国中の事を沙汰」し、同八年二月から八月には信濃川中島《かわなかじま》城主森忠政《もりただまさ》の美作《みまさか》転封をうけて、松代《まつしろ》城・飯山《いいやま》城・長沼《ながぬま》城・牧の嶋《まきのしま》城・稲荷山《いなりやま》城などの諸城を守衛した。同十年には二代徳川秀忠の将軍宣下《せんげ》のための上洛に供奉《ぐぶ》、同十九年の大坂冬の陣では山城淀《やましろよど》城に在番し、翌元和元年（一六一五）の夏の陣では榊原康勝《さかきばらやすかつ》組に属し、先手衆《さきてしゅう》として天王寺表《てんのうじおもて》の合戦に奮戦した。この戦いでは多くの家臣が討ち死にしたという。

保科正光画像（会津若松市・建福寺蔵）

大坂城在番

同二年には越後三条《えちごさんじょう》城に在番して同国蒲《かん》原郡《ばらぐん》の「郡中の仕置等」を勤め、同三年、九年、寛永三年（一六二六）の秀忠の上洛に供奉、この間、元和六年には大坂城の在番も勤めた。在番とは家臣団を率いて一定期間城郭を守衛することであり、実際の戦闘がなくとも、将軍上洛への供奉などとともに、戦場への出陣とおなじ意味をもった。また慶長十一年には江戸城の石垣普請、同十六年には御堀普請の助役《じょやく》も務めていた（『寛永諸家系図伝』『譜牒余録』）。このように保科正光は徳川氏の覇権確立のために、ほぼ日常的に軍役《ぐんやく》動員されていたのである。

下総多胡転封

この間、保科氏は天正十八年（一五九〇）八月から慶長六年十一月までのあいだ、所領を高遠から下総多胡《しもうさたこ》（現千葉県香取郡多胡町）に転じていた。すなわち天正十八年七月、豊臣秀吉による小田原攻めの結果、最後の戦国大名北条氏が滅亡した。これは北条氏直《ほうじょううじなお》が、関白秀吉の上洛命令にしたがわず、また真田《さなだ》氏とのあいだで係争の地となっていた、上野沼田領《こうずけぬまたりょう》の帰属に関する秀吉の裁定に違反したためであった。北条氏の滅亡によって秀吉の天下統一事業が完成した。戦後の論功行賞の結果、徳川氏は駿河《するが》・遠江《とおとうみ》・三《み》河《かわ》・甲斐《かい》・信濃の旧領五ヵ国から武蔵・相模《さがみ》・伊豆・下総・上総《かずさ》・上野《こうずけ》の関東六ヵ国二四〇万石に移され、それにともなって保科氏も多胡一万石に国替《くにがえ》となったのである。

減封の理由

保科氏の旧領高遠は二万五〇〇〇石相当であったから、一万五〇〇〇石の減封《げんぷう》であった。「保科御事歴」ではこの理由を「駿・甲・信三国ノ輩ハ新属ノ故ヲ以テ一統ニ旧領ヨリハ石高減セシナリ」と記している。つまり新参であるがゆえに、というのである。信濃伊那郡には新たに毛利秀政《もうりひでまさ》が封じられ、高遠には城代《じょうだい》として岩崎信徳《いわさきのぶのり》が置かれた。しかし秀政が文禄元年（一五九二）、朝鮮在陣中に死去すると、翌文禄二年、その遺領は京極《きょうごく》高知《たかとも》が一〇万石で継ぐこととなった（『寛政重修諸家譜』）。

夕顔観音

この時期の正光は家康の麾下《きか》として行動していたので、多胡に赴くことはほとんどなく、所領の支配は松沢喜右衛門尉《まつざわきえもんのじょう》・丸山半右衛門尉《まるやまはんえもんのじょう》などの重臣に任せていたようである。また多胡領有時代、正光は領内の樹林寺《じゅりんじ》（千葉県香取市）にある夕顔観音《ゆうがおかんのん》を厚く信仰し、高遠復帰後、同名の樹林寺を建立して、仏師に同じ観音像を彫らせて安置したという（「保科御事歴」）。

家康天下を掌握

慶長五年（一六〇〇）九月、関ヶ原の戦いに勝利した家康は、依然として豊臣氏五大老《ごたいろう》の筆頭という立場ではあったものの、実質的に天下を掌握した。戦後、西軍に与《くみ》し領知を没収された大名は備前《びぜん》五七万石の宇喜多秀家《うきたひでいえ》を筆頭に総数八七人、総没収高は四一五万石であった。また西軍総大将の毛利輝元《もうりてるもと》ほか上杉景勝《うえすぎかげかつ》、佐竹義宣《さたけよしのぶ》らも減封処分となり、その石高は二〇八万石にのぼった。さらに四〇ヵ国に二二二万石あった豊臣氏の蔵入地《くらいりち》（直轄領）も、戦後、摂津《せっつ》・河内《かわち》・和泉《いずみ》などで六五万石となった。没収総石高はじつに七八〇万石にのぼり、藤井譲治氏によれば、これは当時の日本全体の総石高一八五〇万石のおよそ四〇％にのぼり、数字のうえからもこの戦いの持った意味の大きさが窺えるとされている（藤井譲治『天下人の時代』）。

これに対して、戦後の論功行賞では、たとえば下野宇都宮《しもつけうつのみや》一八万石の蒲生秀行《がもうひでゆき》が陸奥《むつ》会津《あいづ》六〇万石へ、豊前中津《ぶぜんなかつ》一八万石の黒田長政《くろだながまさ》が筑前福岡《ちくぜんふくおか》五二万石へと移るなど、外様・譜代合わせて一〇四人の大名が都合六三五万石の加増にあずかっていた。

こうした論功行賞の一環として、伊那郡を支配していた京極高知が丹後《たんご》宮津《みやづ》に一二万七〇〇〇石で移ると、慶長五年十一月、保科正光の旧領高遠二万五〇〇〇石への復帰が実現した。その内訳は、「保科御事歴」が引用する御堂垣外《みとがいと》村藤沢八郎左衛門家に伝わる古文書によれば、高遠城下から三峰川《みぶがわ》下流の春近《はるちか》までの二一ヵ村で一万一二八七石四斗七合七夕《しゃく》、上伊那郡のうち一四ヵ村で五〇四〇石三斗五升三合、藤沢庄一六ヵ村で一二〇〇石余、中沢領一五ヵ村で三六五〇石八斗四升、都合六六ヵ村二万五六七三石一斗三升一合一夕で、永楽銭《えいらくせん》にして二五六〇貫というものであった。ただし、実際この石高の合計は二万一一七八石余にしかならず、高遠藩の表高二万五〇〇〇石とは三八二二石ほどのひらきがある。

正光の高遠への帰還は即座にはなされず、慶長六年八月以後までずれこんでいたようであるが、この間、正光は先に高遠入りした松沢喜右衛門尉・北原庄《きたはらしょう》右《え》衛門尉《もんのじょう》・吉《よし》川《かわ》織部佑《おりべのすけ》・狩野加兵衛尉《かのうかへいのじょう》らの家臣に、百姓の還住《げんじゅう》、夏年貢の徴収、奉公人の確保、鷹の飼育といった領国経営に関する指示をたびたび書き送っていた（「保科御事歴」）。

四　正光の「遺書」

五〇〇〇石の加増

元和四年（一六一八）正光は、筑摩郡洗馬郷《せんばごう》（現長野県塩尻市）において五〇〇〇石の加増を受け三万石となった（『寛政重修諸家譜』「土津霊神事実」）。この加増は、これまでの正光の幕府への奉公に対する恩賞と見ることもできるが、やはり正之を預かったことによる将軍秀忠からの養育料とするのが妥当であろう。

真田左源太

ところで、保科正光には正之のほかに養子ともいうべき男子が二人いた。一人は真田左源太《さげんた》である。『家世実紀』によれば、正光とその正室春陽院《しゅんよういん》（真田昌幸《まさゆき》女）とのあいだには実子がなく、正光の妹と真田氏一族の小日向源太左衛門《こひなたげんたざえもん》とのあいだに生まれた左源太を「御部屋子に御貰い置かれ」ていたとされる。小日向氏に嫁したとされる正光の妹の存在は、「保科御事歴付録」にある「保科御系図」に生没年不詳ながら「小日向源太左衛門室」とあるものの、『寛永諸家系図伝』『寛政重修諸家譜』などの系譜史料では確認できない。しかし左源太は確実に存在していた。

一、幸松様（正之）より馬代として江戸小判弐両
一、同　御べい（幣）銭としてたんしやく（短冊）壱両

一、同銀子壱枚　肥後守様（正光）
一、同たんしやく弐分　左源太様
右の通り、慥かに請取り候者也、
四月十二日　権祝
篠田内膳殿参

この史料は、年未詳であるが四月十二日付で権祝矢島氏が篠田隆吉の嫡子内膳《ないぜん》に宛てた馬代や御幣銭などの請取状《うけとりじょう》である（「権祝矢島家文書」）。左源太は、諏訪大社上社に御幣銭として短冊判《たんじゃくばん》二分を献じており、また正之や正光と並んで記されているところを見ると、左源太が保科氏の一族として処遇されていたことを知ることができる。

保科正貞

いま一人は保科弾正忠正貞《まささだ》である。正貞は正光の父正直とその後室である多劫姫とのあいだの子として、天正十六年（一五八八）閏五月二十一日に高遠で誕生した。正光にとっては異母弟となるが、文禄三年（一五九四）正貞が七歳のとき「御太母様、権現様、台徳院様御対座にて仰せ出され、兄正光養子と為《な》す」（『譜牒余録』）と、家康の母伝通院（祖母にあたる）と家康、秀忠が対座して、正光の猶子《ゆうし》とすることが伝えられていた。

正光、「遺書」を残す

正之を迎えた保科家としては、後々のもめごとをうまぬためにも早急に世継《よつぎ》を決める必要があった。そして、その決定は元和六年（一六二〇）になされていた。その年七月二十二日付で、正光は保科民部正近《みんぶまさちか》・篠田隆吉・北原采女光次《きたはらうねめみつつぐ》ら三人の家老に宛てて「申《もう》置《おき》候次第之事」と題する六ヵ条の、いわば「遺書」を残していたのである（「保科御事歴」）。

「跡式」は正之

それによれば、正光はまず第一条で、自身の死後「跡式《あとしき》（家督）」を正之に譲ることを明言し、そのことを当時江戸町奉行だった米津田政《よねきづたまさ》を介して、年寄土井利勝に言上するよう命じた。このことは当然、土井利勝から将軍秀忠に報告されたことであろう。

幕府と保科家の取次ルート

このころ、諸大名は自身の願いや要求を将軍に取次いでもらうルートを個別に築く必要があり、これは大名自身と将軍側近との、まさに人的関係がものをいう世界であった。大名側はこのルートを通じて幕府からの指令の内示や種々の勧告を受けたり、いっぽうで御家の存続のための様々な忠告を受けたり、便宜《べんぎ》を供与《きょうよ》されたりもしていた。保科氏のばあい、まさに米津田政——土井利勝のルートがこれに相当した。

正之成人までの藩政

第二・三条では、正之が二十歳になるまで藩政全般については現状を維持し、また今後正之に加増があったばあい、家臣団への加増や牢人の新規召し抱えについて、やはり米津に相談し、その指示通りにすべきとした。また第五条では、奥方に仕えた女性たちの処遇そのほか細々としたことは、「別紙」で改めて家老三人に申し渡すとした。

左源太への配慮

左源太については、正光はかなりの配慮を見せている。すなわち第四条で、今後は正之を「頼み置き」、正之の成人後はその意思に従うものの、それまでは左源太の所領として「勝間之郷《かつまのごう》・曽倉之郷《そくらのごう》」（現伊那市高遠町・駒ケ根《こまがね》市）を与え、家臣の果たす軍役《ぐんやく》量としては所領高の半役とし、正之に加増があったときには左源太にも相応の知行を与えること、もし左源太に不届きなことがあっても自分（正光）への孝に免じて容赦すること、また自分の死後五年のあいだは、榑木年貢《くれきねんぐ》の十分の一の金子《きんす》を左源太に与えることなどを正之に伝えるよう命じた。

このように正光は自分の死後、左源太の生活保障にかなり気を遣っていたことがわかる。おそらく正光としては、もともと左源太を世継と決めていたのであろう。そこに将軍秀忠の子である正之の養育を託されたことから、正之を世継に立てざるをえなくなり、そのため正光には左源太に対する後ろめたさがあり、そうした思いが右のような左源太への優遇になっていたものと考えられる。

左源太の死

ところが、その左源太は八年後の寛永四年（一六二七）正月三日に死去してしまった。法名は隆相伝誉といい、亡骸《なきがら》は高遠の満光寺《まんこうじ》に埋葬され、現在も境内には供養の五輪塔《ごりんとう》が立っている。残念ながら死因はわからぬが、（寛永四年）七月四日付で、家老の篠田隆吉に宛てた正光の書状には「左源太盆料として満光寺に俵子五俵程遣すべく候」（「保科御事歴」）とあり、正光は左源太の新盆供養料として満光寺に米五俵を遣わすよう指示していた。

正貞は「気違者」

正貞、大坂の陣で奮戦

いっぽう第六条で、義弟弾正忠正貞に対しては「前後気違者」と断じ、「生々《しょうじょう》世々《せぜ》」つまり永久の「義絶」を幕府年寄衆に言上するよう命じた。正貞の母は前述したように家康の異父妹であり、正貞も祖母伝通院や家康らによって一度は正光の猶子とされていた。だから、現将軍の子を迎えた保科家にとっては、正貞は微妙な存在だったにちがいない。それゆえに正光も自分の死後、家督相続を円滑に運ぶためには、実際そうでなくとも、あえて「気違者」「義絶」という過激な言葉を使うことによって、保科家家臣団や幕府に対して明確な態度を表明しておく必要があったのだろう。

真田左源太墓（伊那市高遠町・満光寺内）

保科正貞は、高遠で暮らすことはほとんどなかったようである。『寛永諸家系図伝』に「大権現御前にて幼少の時よりめしつかハる」とあるように、幼年時代は家康の身辺で成長し、慶長七年（一六〇二）十五歳のときからは秀忠に仕え、同十年には従五《じゅご》位下《いげ》弾正忠に叙任した。大坂冬夏の陣でも秀忠の側近《そばちか》くにあり、とくに夏の陣では養父正光と

保科正貞画像（個人蔵，福島県立博物館提供）

天王寺《てんのうじ》表《おもて》の合戦に参加し、自身四ヵ所の深手《ふかで》を負いながらも小笠原秀政《おがさわらひでまさ》と手勢三〇人ほどで、一〇〇騎余の敵と鑓を合わせ追い崩したとされる（『寛永諸家系図伝』『譜牒余録』）。正貞の官途「弾正忠」が実父正直の官途と同じだったことからすれば、弾正忠を名乗った時点（慶長十年）では、保科家の世継は正貞だったものと考えられる。

家光、正貞を召し出す

しかしその後、正光によって世継が正之に決定すると、元和八年（一六二二）正貞は保科家をはなれ、いちじ叔父で伊勢桑名《いせくわな》一一万石の松平定勝《まつだいらさだかつ》のもとに身を寄せることとなった。ついで寛永六年（一六二九）に将軍家光によって召し出され、上総・下総で三〇〇〇石を賜った。翌七年七月からは大番頭《おおばんがしら》をつとめ、同十年には上総・安房《あわ》・近江《おうみ》などで四〇〇〇石を加増された。そして慶安《けいあん》元年（一六四八）六月に大坂定番《じょうばん》を命じられ、摂津国内で一万石を加増されて都合一万七〇〇〇石の大名となり、上総周准《すす》郡飯野《いいの》（現千葉県富津市）を居所《いどころ》として上総飯野藩を創設した（『寛政重修諸家譜』）。

こうして元和六年七月、正之の保科家の世継としての立場が確定した。このとき正光は、当時としてはけっして若くはない六十歳であったから、正光や静、保科家家臣団の次の関心事は、一日も早く正之が将軍にお目見《めみえ》をし、幕府から保科家の正統な世継として公認されることであった。

第三　保科家相続

一　将軍家光にお目見

秀忠・家光の二元体制

元和《げんな》九年（一六二三）七月、秀忠《ひでただ》は将軍職を嫡子《ちゃくし》家光《いえみつ》にゆずると翌寛永《かんえい》元年九月、江戸城本丸から修築間もない西丸に移徙《いし》した（「大内日記」）。さらに同年十一月に新将軍家光が徳川忠長《とくがわただなが》の屋敷から本丸に移ると（『梅津政景日記《うめづまさかげにっき》』）、実権は依然として大御所《おおごしょ》秀忠が掌握していたものの、形のうえでは、幕府は本丸の将軍家光と西丸の大御所秀忠との二元的な権力構造となった。そして、この体制は秀忠が死去する寛永九年（一六三二）一月までつづいた。

お目見の報せ

高遠《たかとお》藩では、篠田隆吉《しのだたかよし》が寛永六年暮れごろから静《しず》の「御内意」として、諏訪大社上社の権祝《ごんのほうり》矢島氏に対して、さかんに正之《まさゆき》のお目見《めみえ》が叶うようにとの祈念を依頼していた。すると、その祈念の効験《こうけん》が現れたのか、翌寛永七年正月早々に幕府の西丸筆頭年寄土井《どい》利勝《としかつ》から、正之のお目見についての報《しら》せが正光《まさみつ》にもたらされた。正光は即座に使者を高遠の正之のもとに送り、正之も同月十一日には江戸に向けて出立することとなった。静の喜びはいうまでもなく、高遠藩家臣団も歓喜にひたっていた。権祝矢島氏は、さらに正月十日から七日間にわたり、正之のお目見が実現するよう祈念を行った（「権祝矢島家文書」）。

将軍家光とのお目見

正之の初めてのお目見は、将軍家光とのあいだで寛永七年六月二十三日に実現していた。それを明瞭に示すのが左に挙げる史料である。

一、保科肥後殿《（正光）》御もりたて成され候香松様《（幸松）》、一昨日廿二日《（ママ）》ニ　将軍様へ御目見成され、同日の晩ニ大炊殿《おおいどの》へ御振舞いニ御座成さる丶由《よし》申し候、相国様《（秀忠）》へハ将軍様より仰せ上げられ御目見へ御座在るべき様ニ申し候、其《そ》れに就《つ》いて、諸大名衆より御悦びの御使者参るべきかと立ち聞き申し候が、此《こ》の時分は相国様一円御取り上げ成らるべき様ニ思《おぼ》し食《め》されざる由申し候間、今の分ニ御座候は御祝儀の御使者参る間敷《まじ》きと申し候、猶以《なおもっ》て承り合わせ追って言上《ごんじょう》仕《つかまつ》るべく候、（後略）

これは、このころ江戸にいた土佐山内家《とさやまうちけ》の江戸詰め家臣柴田覚右衛門《しばたかくえもん》が、六月二十五日付で国元の岩崎又右衛門《いわさきまたえもん》に宛てた書状（「山内家文書」）の一節である。尚々書《なおなおがき》の部分を省略したが、そこには「今日廿五日に将軍様御舟遊び成させられ」とあり、家光は六月二十五日に「御舟遊び」を行っていた。六月二十五日に家光が船遊びを行ったのは寛永

秀忠、正之との対面を断る

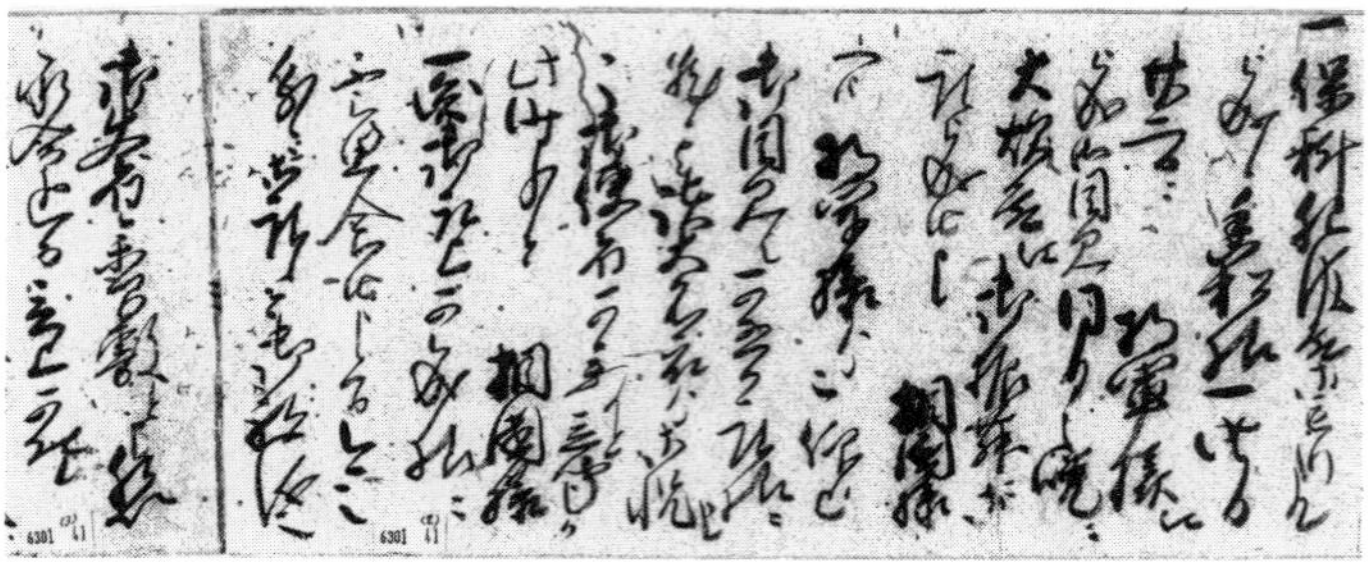

柴田覚右衛門書状（『長帳』甲11，高知県立高知城歴史博物館蔵）
（寛永７年〈1630〉）６月25日付で柴田覚右衛門が国元の岩崎又右衛門に宛てた書状．保科正之の初の将軍お目見について記されている．

七年であるので（『梅津政景日記』「大猷院殿《だいゆういんでん》御実紀《ごじつき》」）、この書状は寛永七年のものと確定できる。また冒頭にある「一昨日廿二日」については、拙稿「保科正之の『御目見』をめぐって」（『信濃』六五巻二号）でも検討したように、明らかに柴田の誤記であり、「廿五日」の「一昨日」は二十三日以外ありえない。

これまで、主に『家世実紀』に見られる「同六年六月廿四日、台徳院様へ初めて御目見仰せ上げらる」との記述を根拠として、多くの著作が正之の初お目見の相手を実父秀忠とし、かつそれを寛永六年六月二十四日のこととしてきた。しかし、じっさいは翌寛永七年六月二十三日のことであり、その相手も実父の秀忠ではなく兄の将軍家光だったのである。したがって、そうした認識は改められる必要がある。

くわえて右の書状によれば、家光は正之と対面した後、西丸の秀忠に正之との対面を勧めてもいた

（「相国様（秀忠）へハ将軍様より仰せ上げられ御目見へ御座在るべき様ニ申し候」）。これが実現したばあい山内氏としても、他の大名が祝儀の使者を立てたとき、これに乗り遅れることはできず、そのため柴田も諸大名の動向を観察していた。これによって、これまで正之が秀忠にお目見していなかったことがわかるのであるが、注目すべきことに「相国様一円御取り上げ成らるべき様ニ思し食されざる由申し候」とあったように、秀忠は家光の申し出を断っていた。この後、秀忠は寛永九年（一六三二）一月に死去するが、その間、秀忠と正之との対面を記す史料はまったくないことから、秀忠は正之のことを江戸城内などで見かけることはあっても、生涯に一度として正式な対面を行わなかった。要するに、秀忠は公的には正之を子として扱わなかったのである。

信濃守

ところで、このころ正之は「信濃守《しなののかみ》」と呼ばれていたらしい。それは、たとえば右に引用した柴田覚右衛門の書状の別の箇条に「香松様を信濃守様と申す由に御座候」とあることや、金地院崇伝《こんちいんすうでん》が『本光国師日記』寛永七年七月十六日の条で「保科肥後殿へ状遣わす、信濃守殿、将軍へ御目見へ目出度《めでた》き由申し遣わす」と、正之の将軍家光とのお目見を祝う書状を正光に送った際、正之を「信濃守殿」と記していたことからも窺うことができる。ただしこれは、幕府から正式に与えられた官途《かんと》ではなく、この呼び名は寛永三年（一六二六）、正之が十六歳のときからのことで、幼名の幸松では不似合いだからと、正光が家臣の者たちに「向後《きょうこう》は信濃守様と申す様に」命じたためとされる(『千載之松《ちとせのまつ》』)。

徳川忠長との対面

家光とのお目見をすませた正之は、同じ寛永七年と推定される十二月十六日付の篠田隆吉が権祝に宛てた書状に、正之らが権祝から御玉會《おたまえ》などを送られた記述につづいて「江戸より昨日飛脚到来、過ぐる八日に　駿州大納言様(忠長)へ出仕申され候処に、種々御馳走」(「権祝矢島家文書」)とあるように、十二月八日に江戸で兄徳川忠長とも対面し饗応《きょうおう》を受けていたことが知れる。『家世実紀』によれば、正光は、秀忠が正之を自分の子として認知し公の場で披露することを望み、その取り成しを徳川忠長に頼んだところ、忠長から居城である駿府城に呼ばれ、対面に至ったとされる。忠長が正之と対面した動機は、『家世実紀』に記されたとおりかもしれない。しかし『家世実紀』はこの対面を寛永六年九月とし、さらに駿府城でのこととしているが、忠長はその時期には駿府にはおらず、また対面の場所も右に見たように駿府ではなく江戸だったのである。

二　正光の死と保科家相続

秀忠病気の報せ

徳川忠長と対面した後、正之はいったん高遠に帰っていたようであるが、寛永八年(一六三一)八月十三日、再び高遠を発ち同十六日に江戸に到着した。父秀忠が病気との報せ《しら》を受けたためである（「土津霊神事実」「会府世稿」）。秀忠は、三男の忠長がこの年二月初旬から正常を欠くようになり、それを知ると以前から煩っていた病がいっそう高じていた。七月十七日には無理をして紅葉山《もみじやま》の東照社《とうしょうしゃ》に詣《もう》でたところ、急に容態が悪化し、以後、寄生虫による寸白《すんばく》と胸痛に苦しみ、日を逐《お》い痩《や》せていった（「江城年録《ごうじょうねんろく》」『梅津政景日記』）。家光は伊勢内宮外宮《ないくうげくう》や延暦寺《えんりゃくじ》をはじめとする全国の主な諸寺社に病気平癒《へいゆ》の祈禱《きとう》を命じ、諸大名は連日、西丸に登城して秀忠の病状を窺った（「大猷院殿御実紀」）。しかし、このとき正之が秀忠を見舞ったとの記録はどこにもない。

「過分なる御諚」

正之はそのまま江戸に留まったと思われるが、このころであろう、高遠にいた篠田隆吉が九月晦日付で権祝矢島氏に宛てた返書（「権祝矢島家文書」）には、

一、昨夕江戸より飛札到来、肥後守（正光）気色然々これ無き由に候事、
一、過ぐる廿四日ニは　御本丸様（家光）より御諚使《ごじょうし》遣わされ、染々《しみじみ》信濃守（正之）方へ過分なる御諚の由に候事、
一、廿五日ニは大炊殿御見舞い、御懇《ねんご》ろの御断わり共、申し宣ぶべき様もこれ無く候事、

とあり、やはり江戸にいた養父保科正光の病状が芳《かんば》しくなく、九月二十五日には土井利勝の見舞いを受けたことが知れる。さらに、その前日の二十四日には、家光（「御本丸様」）

から正之の許へ使者が派遣され、「過分なる御諚」があったとする。家光からどのような言葉が伝えられたのか、残念ながらこの書状には記されていない。しかし「染々」「過分なる」といった語があるところを見ると、実父秀忠の病状はもとより、もう一人の弟忠長が正常でなかったことをも考慮すれば、正之に対する期待などの、兄としての思いがこめられた内容だったことは十分に推測できよう。

諏訪大社上社（諏訪市）

正光死去

寛永八年（一六三一）十月七日、元和三年以来、正之を養育してきた保科正光は、江戸鍛冶橋《かじばし》にあった高遠藩の屋敷において死去した。七十一歳であった。家光は使者として松平信綱《まつだいらのぶつな》を派遣し、正之に悔《く》やみを述べた（「土津霊神事実」『寛政重修諸家譜』）。遺体は八丁堀の金龍寺《きんりゅうじ》（現在は台東区寿）において荼毘《だび》にふされ、遺骨は幼少から正光の側近だった石沢重義《いしざわしげよし》が、高野山成慶院《こうやさんせいけいいん》に運び埋葬したとされる（「保科御事歴」）。墓所は保科氏の菩提寺《ぼだいじ》である高遠の建福寺にあり、その敷地内には今も父正直と並んで墓石が立っている。法名は大宝寺殿信巌道義。室は真田《さなだ》昌幸《まさゆき》の女で春陽院と号した。

高遠三万石を継ぐ

この間、正之はいったん高遠へ帰り、建福寺において正光の葬儀や法事などを執り行っていた。閏十月になり、家臣の遠山《とおやま》伊右衛門《いえもん》を江戸に遣わし、参府の是非を窺ったところ、土井利勝から十一月中に参府せよとの指示があった。正之は家老の保科正近《まさちか》・篠田隆吉・北原光次《きたはらみつつぐ》・一瀬勘兵衛《いちのせかんべえ》・竹村半右衛門《たけむらはんえもん》らを伴い、再び江戸に向けて出立した。むかえた十一月十二日、まず保科正近・篠田隆吉ら五人の家老が本丸筆頭年寄である酒《さか》井忠世《いただよ》の屋敷に呼ばれ、土井利勝列座のもと正之の信濃高遠三万石の家督相続と、正之をよく補佐するようにとの家光の「上意」が伝えられた。ついで同月十八日、江戸城に登城した正之は家光にお目見して家督の御礼を述べ、同行した五人の家老たちも家光に拝謁した（『譜牒余録』『寛政重修諸家譜』『家世実紀』）。

鉾持神社に社領寄進

これより前の寛永八年十月二十八日、正之が正光の葬儀のため高遠に帰っていたとき、篠田隆吉は高遠領内の鉾持《ほこじ》神社（現伊那市高遠町西高遠）に宛てて、

已上、

権現御神領の儀、先年寅の御国替えの節拾石分、其の後　幸松様御立願のため三拾石御寄進成され候、今度御代替わり聊《いささ》かも相違これ無き旨、今朝仰せ出され候、御内意に就き此の如く愚筆を染め候、いよいよ御祈念の儀油断致す間敷く候者也、

寛末　　篠田半左衛門尉
十月廿八日　　隆吉（花押・黒印）
鉾持権現社人衆

との書状を出していた（「鉾持神社文書《ほこじじんじゃもんじょ》」）。「寅の御国替え」の「寅」は慶長《けいちょう》七年（一六〇二）である。しかし、保科氏の下総多胡から高遠への復帰は慶長五年十一月に決定されていた。おそらく、正光の高遠入国が慶長七年にずれ込んでいたのであろう。その慶長七年、正光は鉾持神社に社領一〇石を寄進したが、その後、正之も立願し三〇石を寄進していた。そして寛永八年十月二十八日の朝、正光の死去にともなう「御代替」わりにあたって、正之はこれまでどおり相違ないことを宣言したのである。この時点では、正之の家督は幕府の承認を得ていなかったが、高遠藩では既定の路線だったのである。

元服

寛永八年（一六三一）十一月二十七日、高遠藩三万石を継いだ正之は、この日ようやく元《げん》服《ぷく》し名も幼名の幸松から正之に改めた。このとき二十一歳であった。ただし「正之」の名を付けたのが、養父正光なのか別の人物なのかは、はっきりしていない。ついで翌二十八日、正之は登城すると従五位下肥後守《ひごのかみ》に叙任され、家光から為清《ためきよ》の御刀を拝領した（「土津霊神事実」『譜牒余録』『寛政重修諸家譜』）。正之の元服は、武士の元服年齢としてはかなり遅いほうであるが、これは正之の家督を待って元服させるという高遠藩側の意図によったものと考えられる。

静死去

　高遠藩を継いで以後、寛永十三年七月に出羽山形に移るまでの期間、同十一年の家光の上洛に供奉《ぐぶ》した以外、正之はほぼ在府《ざいふ》しており、高遠に帰ったのは一度だけであった。母静の看病と葬儀のためである。静は、大御所秀忠が寛永九年一月二十四日に死去すると剃髪《ていはつ》して浄光院《じょうこういん》と号し、それまでどおり高遠に居住していたが、同十二年八月から病の床に就いていた。正之はその報せを受けると急ぎ暇《いとま》の許可を賜わり、高遠に急行して看病にあたった。しかしその甲斐なく、静は九月十七日そのまま帰らぬ人となった。享年五十二であった。法名は浄光院殿法紹日恵（「土津霊神事実」「徳川幕府家譜」「以貴小伝」）。静は日蓮宗に帰依《きえ》しており、墓所は甲斐《かい》身延山《みのぶさん》久遠寺《くおんじ》と会津の浄光寺にある。

鉾持神社（伊那市高遠町）

静の人となり

　静が高遠では「御局様」と呼ばれていたことは前に述べた。本節を終えるにあたり、その

「御局様」に関する興味深い書状があるので挙げてみよう。

先日は御局様御しのびにて図らずも御参詣成され候処、様々御とりもち御馳走の趣、御大慶成され候つる、万事品々申し上げ候へば、御気遣い無く御立会い候はん物をと、暮々御後悔の御内意候き、御心易く思し召さるべく候、

これは、年代は未詳ながら八月二十四日付で篠田隆吉が権祝矢島氏に宛てた書状（「権祝矢島家文書」）の一節である。八月のある日、静がお忍びで諏訪大社上社に詣《もう》でたところ、権祝矢島氏から思わぬ歓待にあい、かえって気を遣わせてしまい「御後悔の御内意」を漏らしたというのである。静の人となりが偲《しの》ばれよう。

なお、正之が保科家を継いだ後の、正光の猶子となりながらその遺書で「義絶」された正貞と正之との関係についてふれておきたい。まず寛永十四年（一六三七）に家光の指示によって、家康から保科正直に下された感状《かんじょう》、伊那半郡の領知朱印状、包永《かねなが》の腰物など、保科家累代《るいだい》の宝物が正之から正貞に譲り渡された（「土津霊神事実」『寛政重修諸家譜』）。これによって保科の正統は、正之から正貞が継承することとなったのである。

ついで正保《しょうほう》三年（一六四六）には、それまで行方不明になっていた正貞の実子正景《まさかげ》が突然現れるということがあった。正景以外の子に恵まれなかった正貞は、これ以前に女婿《むすめむこ》の小出吉英《こいでよしひで》（和泉岸和田五万石）の次男正英《まさふさ》を養子としていたが、実子正景の出現により世《よ》

継《つぎ》とすべく、正景への武家としての教育を正之に依頼したのである。正之も正景をよく盛り立てて、寛文《かんぶん》元年（一六六一）十二月には保科本家を相続させた。いっぽう正英は、正貞の遺言どおり遺領二〇〇〇石を分与され寄合《よりあい》に列した。また万治《まんじ》三年（一六六〇）八月、正貞が大坂定番《おおさかじょうばん》の退役を願った際には、大坂城代の内藤忠興《ないとうただおき》を介して、正之に将軍家綱への披露を依頼していた（「保科御事歴」『寛政重修諸家譜』）。このように正之と正貞の関係は良好だったようである。

三　二人の兄

家光と忠長

正之には三人の兄がいた。長兄は長丸といい、慶長六年（一六〇一）江戸城で誕生したが、翌七年九月わずか二歳で早世《そうせい》していた。母はただ「家女《かじょ》」とだけある（「徳川幕府家譜」）。次兄が後に三代将軍となる家光、三兄が駿河大納言《するがだいなごん》と称された徳川忠長である。二人は、いずれも秀忠と正室お江与《えよ》の方（崇源院《すうげんいん》）とのあいだの子として生まれた。本節では保科家とは異なるかたちで、家督をめぐって兄弟の明暗が分かれた正之の二人の兄、家光と忠長の関係を追ってみたい。この二人の兄が、正之のその後の思想や行動に与えた影響は少なくないと思われるからである。

家光将軍となる

家光が生まれると稲葉福《いなばふく》、後の春日局《かすがのつぼね》が乳母として付けられた。これに対して忠長には乳母が付けられず、お江与の方みずからが乳を与えて育てた。そのため秀忠夫妻の愛情は忠長一身に注がれ、そのことが家光と忠長の世継争いを生じさせることとなった。だが、それも最終的には大御所家康の意向が重きをなし、大坂夏の陣が終わった元和元年（一六一五）末ごろ、家光が世継に決定したとされる（藤井讓治『徳川家光』）。

「駿河大納言」忠長

元和九年（一六二三）七月二十七日、家光は伏見城《ふしみじょう》において将軍宣下《しょうぐんせんげ》を受け、江戸幕府三代将軍となった（「大猷院殿御実紀」）。この間、忠長は元和二年（一六一六）九月十三日、甲斐国で一八万石を与えられた（「幕府祚胤伝」）。ついで同六年九月、家光とともに元服して従四《じゅし》位上参議《いじょうさんぎ》に叙任し、同九年七月には従三位権中納言《じゅさんみごんちゅうなごん》に昇進した。寛永元年（一六二四）七月十二日には駿府城を与えられ、同時に「駿州遠州両国五拾万石甲斐中納言（徳川忠長）様御拝領」（「忠利日記《ただとしにっき》」）と、駿河・遠江等で五〇万石を拝領した。

ついで寛永三年八月、忠長は秀忠・家光の上洛に供奉し、このとき従二位権大納言《じゅにいごんだいなごん》となり、これ以後、「駿河大納言」と呼ばれることとなった。こうして忠長は、叔父の徳川義直《よしなお》（尾張名古屋六一万九五〇〇石）、徳川頼宣《よりのぶ》（紀伊和歌山五五万五〇〇〇石）らと官位・領知高ともにならぶ、また常陸水戸二五万石の徳川頼房《よりふさ》をも凌《しの》ぐ、いわゆる親藩大名としての地歩《ちほ》を固めるかに見えた。

忠長の常軌を逸した行動

ところが、寛永八年（一六三一）二月の初旬から忠長の行動は常軌《じょうき》を逸するようになった。すなわち、酒に酔って家臣を手討ちにしたかと思えば、具足《ぐそく》・甲《かぶと》を身につけ逃げる家臣を追いまわしたりもした。また殺害した者の名を翌日には何事もなかったかのように呼んだり、はては禿《かむろ》（前髪の少女）を「唐犬《からいぬ》」に食わせ、女中を酒責めで殺害するといった有り様であった。こうした忠長の行動に対して、細川忠利《ほそかわただとし》らの大名は初めは酒乱のためと考えたが、後には「気違《きちがい》」と認識するようになり、早晩、叔父《おじ》で元和二年（一六一六）に改易された松平忠輝《まつだいらただてる》（越後高田七〇万石）や、秀忠の参勤命令を拒み元和九年に改易された従兄弟《いとこ》に当たる松平忠直《ただなお》（越前福井六七万石）などと同じ処分が下るだろうと噂しあった（『細川家史料』）。いっぽう細川忠利の父で、このころ豊前中津《ぶぜんなかつ》にいた細川忠興《ただおき》はこうした忠長の情報に接して、四月五日付の書状で「将軍様いよいよ御長久と還《かえ》って目出度く候事」（「部分御旧記《ぶわけごきゅうき》」）と報じ、むしろ家光の将軍としての立場は安泰であり、かえってめでたいとの感想をもらしていた。

家光忠長に「異見」

家光は、説得のため酒井忠世《さかいただよ》や土井利勝らの年寄をいく度となく忠長の許に遣わし、またみずからも二度にわたって行動を慎むよう「異見《いけん》」をくわえた。家光のこの「異見」は、薩摩藩の江戸家老が得た情報によれば、二人といない兄弟ゆえに「御惜しみ成され」たうえでのものだったとされる（「後編旧記雑録《こうへんきゅうきざつろく》」）。忠長はそのつど同意するものの、結局その行動が改まることはなかった。家光は当初、この様子を父である大御所秀忠に伝えることはなかったが、忠長が駿府で辻斬《つじぎり》を行っているとの情報を得ると、万一のことを考え秀忠に報告した。秀忠は「将軍様の御異見」を聞かぬのは「沙汰の限り」と忠長の処分を家光に一任し、以後、二度と忠長に会うことはなかった(『細川家史料』)。また驚きのあまり病が高じ、これが秀忠の死期を早めたと見ることもできる。

甲斐にて謹慎

忠長の状態は、四月から五月上旬にかけて一時小康《しょうこう》を得、処分は取りやめになるかに見えた。ところが五月十五日になって、陸奥《むつ》磐城《いわき》平《たいら》、安房国《あわのくに》などいくつか候補地があがっていたなかで甲斐への謹慎が決まった。家光が忠長に与えた条件は「甲斐国にて御一分にて御仕置き候へ、能く候は連々駿河へ遣はさるべく候、悪しく候は御身上果てらるべし」と、甲斐での仕置きが良ければ駿河への復帰を認め、悪ければ改易というものであった。忠長は、これに対して「御意次第《ぎょいしだい》」と返答した(『細川家史料』)。

秀忠の病が重篤《じゅうとく》になった閏《うるう》十月ごろから、忠長は金地院崇伝《こんちいんすうでん》や南光坊天海《なんこうぼうてんかい》らの僧侶に対して、せめて江戸近辺まで出向いて秀忠の機嫌を窺いたく、年寄衆の許可を得てほしい旨の書状を出した。さらに十二月中ごろからは、前非を悔い今後は年寄衆の指示にしたがう旨の誓詞《せいし》を何度も提出し、さかんに父秀忠との面会の取り成しを依頼した。しかし、こうした忠長の願いは受け入れられるはずもなく、秀忠は一度も忠長に面会を許さぬまま、ついに寛永九年（一六三二）一月二十四日亥刻《いのこく》（午後一〇時頃）、江戸城西丸で死去したのである（『本光国師日記』「賜芦文庫文書」『東武実録』）。

忠長の改易

寛永九年十月十二日、家光は内藤忠重《ただしげ》・牧野信成《まきののぶしげ》・井上政重《いのうえまさしげ》を上使《じょうし》として甲府に派遣し、謹慎中の忠長に対して上野高崎での「病気養生アルヘキノ御旨」を伝えた（『東武実録』）。これは忠長の改易を意味し、その所領五〇万石は没収されることとなった。在府の諸大名には十月二十日に、江戸城小広間《こひろま》において忠長の高崎「逼塞《ひっそく》」が年寄衆から申渡され（「江戸幕府日記」）、在国の大名たちには年寄衆の連署奉書《れんしょほうしょ》で伝えられた。その理由は「御作法今に御見届け成されず候に付き」（「細川家文書」）と、作法（が改善されたこと）を家光が見届けていないため、というものであった。

この忠長の処分について、幕府年寄衆の一人で春日局の子でもある稲葉正勝《いなばまさかつ》は、細川忠利に宛てた十一月五日付の書状で「今度《このたび》するか大納言殿高崎へ遣はされ、両国めし上られ候事、年来御さほうあしく万事すまぬ御しかた共、能々《よくよく》存じ申し候間、今さらの様に存ぜず候」と記し、忠長の作法が悪いことは前々からよく知っていたので、今回の処分は「今さらの様」には思わない、と報じた（『綿考輯録《めんこうしゅうろく》』）。

家光の心情

いっぽう島津藩の江戸家老は十一月二日付の書状で、家光は行儀が改まることを期待して忠長を甲州郡内《ぐんない》地方（現山梨県都留《つる》郡）に謹慎させていた。しかし改善が見られるど

徳川忠長墓（高崎市・大信寺内）

ころか、むしろますます悪化したことから、諸大名を江戸城に召して「ほんらい遠国に配流するところだが、弟のことでもあり、万が一にも『心持ち』が改善することを期待してまずは高崎に置くことにしたのだ」との家光の説明があったことを報じた（『後編旧記雑録』）。ここには、極刑を猶予《ゆうよ》し、なお弟忠長の更生《こうせい》を願う家光の兄としての心情を見て取ることができる。

寛永十年（一六三三）十二月六日、忠長は逼塞先の上野高崎において自害し、二十八年という短い生涯を閉じた（『江戸幕府日記』）。悔《く》やみのために江戸城に登城する大名はなかった。また幕府からも「はやしなとも仕り候へ」（『綿考輯録』）と、将軍家連枝《れんし》の死にもかかわらず鳴り物の停止などはなく、日常通りとする指示が出されていた。忠長の亡骸《なきがら》は高崎の大信寺《だいしんじ》に葬られ、峯巌院殿清徹暁雲大居士と諡《おくりな》された（『江城年録《こうじょうねんろく》』）。室《しつ》は織田信良《おだのぶよし》の女で、忠長の高崎逼塞後は江戸城竹橋御殿《たけばしごてん》内に別館を建て暮らし北丸殿《きたのまるどの》と呼ばれた。そして忠長の死後は剃髪《ていはつ》して光松院と号し、元禄四年（一六九一）九月十九日、七十八歳で死去した（「幕府祚胤伝」「徳川幕府家譜」）。

自害の模様

忠長の自害の模様については、当時、江戸に滞在中のオランダ商館員フランソワ・カロン（François Caron）が次のような情報を得て記録している（『オランダ商館長日記』）。すなわち家光は密かに腕の立つ屈強な者たちを、みずからが訪問したように見せかけて忠長の許《もと》に送り、忠長と同席した折りに話のもつれから諍《いさか》いに持ち込み、忠長を殺害する手はずであった。ことは実際に家光の思惑どおりに進んだが、忠長は側近の者たちとともに応戦し刺客を返り討ちにした。しかし、それが自分を亡き者にするための使者であることを悟ると、忠長は自害を決意し、翌日「大なる悲嘆と不満の故に最期をとげた」のである、と。

これまで、家光は忠長にいく度も更生の機会を与え、切腹や遠流《おんる》といった極刑を猶予してきた。しかし右の記録で見る限り、刺客云々の話がどこまで真実を伝えているかは別としても、江戸の人びとのあいだに、家光が忠長を自害に追い込んだという見方があったことは確かなようである。

「御譲りの儀」

家光のこうした変化の背景には家光自身の健康問題と、政権をとりまく状況があった。家光は寛永十年九月十四日、翌十五日の増上寺への御成《おなり》をひかえて、月代《さかやき》を剃り行水を浴びたところ、翌朝になって悪寒を感じ風邪をひいた。この病は思いのほか重く、一時は重篤な状態となり、細川忠利が「若し御大事も御座候はば、御譲りの儀迄仰せられ様御座候」(『細川家史料』)と報じたように、家光は自分が死んだ後の将軍職のことまで口にするほどであった。また大御所秀忠亡き後、家光政権自体も、後世にみるほど順風満《じゅんぷうまん》帆《ぱん》ではなく、きわめて不安定な状況の下での船出を余儀なくされていた(山本博文『寛永時代』)。

家光の危機感

こうしたなか、まだ子のいない家光とすれば、次の将軍候補のなかに乱行を重ねてきた忠長がいることにはさすがに危機感を抱き、ゆえに忠長に自害を強いたと見るのが自然であろう。事実、江戸では家光が死去したばあい、家光の側近たちや彼らに親密な諸大名が、家光の親衛隊を率いて忠長を迎え、忠長を将軍にするため戦争の準備をしているとの噂《うわさ》が広まっており、それはもちろん当の家光にも伝えられていた(『オランダ商館長日記』)。

自滅の出発点

忠長は何故このように自滅の道を歩んだのか。その出発点が、兄家光との世継をめぐる軋轢《あつれき》にあったことは疑いえない。また年寄の井上正就ら秀忠側近のなかにも、家光を軽んじ愚かに思っていた者たちがいたように(「東照大権現祝詞」)、忠長が家光を差し置いて将軍職を望むのも無理からぬところではあった。しかしそれが叶わなくなったとき、その不満や家光への敵愾心《てきがいしん》、そして生来の「御随意《ごずいい》」（『細川家史料』）な性格が、乱行につながっていったのであろう。

「御代始之御法度」

大御所秀忠の死去直後、幕府の状況は、戦争勃発《ぼっぱつ》さえ懸念されるきわめて不安定なものであった。これを前提に忠長の改易を幕藩政治史の視点で捉えたとき、寛永九年五月の外様大大名である肥後熊本五二万石加藤忠広《かとうただひろ》の改易とともに、「御代始之御法度《みよはじめのごはっと》」（『細川家史料』）として将軍家光の妥協《だきょう》を許さぬ確固たる政治姿勢が、幕府の内外に宣言された事件と見なすことができる。また細川忠興が、忠長の乱行が始まると、家光にとってはむしろ好都合だとの感想を述べていたように、大局的には家光権力の強化に繫《つな》がっていたことも否めない。

家光の意識

しかし、これを将軍家内部の問題として見たばあい、家光は、少なくとも寛永九年十月の高崎逼塞までは、忠長に温情をしめして更生の機会をいく度となく与え、できるだけ穏便《おんびん》な処分を行ってきた。したがって、家光には自身の立場や力をより強固にするために、〝政敵〟を葬ったといった意識はなかったに違いない。その意味では、忠長の改易をたんなる兄弟間の確執《かくしつ》とのみ捉えるのは適切ではない。寛永十年のものと推定される六月二十二日付で徳川頼房に宛てた家光自筆の書状（「徳川彰考館所蔵文書」）によれば、家光は頼房をとくに「心安《こころやす》」く思い、今後万事について相談するので、何事も遠慮なく意見を述べてくれれば満足であるとし、自分には兄弟はいても役に立たないので其の方を兄弟同前に思う、とその心情を綴っていた。役に立たない兄弟とは、もちろん忠長のことである。だが見方を変えれば、本来こうした役割を忠長に期待していたからこそ、それが叶わなくなった今、家光はもっとも年齢の近い叔父の頼房により強い絆《きずな》を求めたともいえよう。

もう一人の弟

もちろん、家光にはもう一人の弟保科正之がいた。このときまでに、寛永七年六月の最初のお目見と翌八年十一月の家督御礼のときの、少なくとも二度の対面を済ませており、また家光から正之へ使者を遣わすなど、弟として心にかけていたことは間違いない。しかし、正之は忠長が死んだ時点でまだ二十三歳と若く、かつ保科家に養子に出た身でもあり、何より家光がその能力や人となりを十分には把握していなかったと考えられる。それゆえこの時点で、家光にしてみれば頼房に期待した役割を正之に求めることなど、夢にも思わなかったに違いない。正之が幕府政治の表舞台に登場するのは、まだ先のことであった。

なお寛文五年（一六六五）十二月六日、高崎の大信寺で行われた忠長の三十三回忌法要において、正之は香典として銀一〇枚を兄忠長の霊前に献じていた（「土津霊神事実」）。

四　父秀忠の死と遺産分け

秀忠死去

寛永八年（一六三一）末から重篤《じゅうとく》な状態だった大御所秀忠は、翌九年の元日には西丸の御座の間に出御《しゅつぎょ》し、家光とも対面して簡略ながらも何とか年頭の儀礼をこなした。その後、家光は連日西丸に秀忠を見舞い医師たちも必死に看病にあたった。しかし二十日以後、秀忠は医師の投じた薬も受け付けられぬほどの重体となり、ついに一月二十四日亥刻（午後一〇時頃）、江戸城西丸で五十四年の生涯を閉じた（『東武実録』）。

翌二十五日の朝には「相国様御事愁嘆の余り、今朝森川出羽守私宅に於いて自殺」（「江戸幕府日記」）と、秀忠の側近で西丸の年寄でもあった森川重俊《もりかわしげとし》が自邸で秀忠に殉《じゅん》じた。また金地院崇伝は、同二十六日付で徳川忠長の家臣鳥居成次《とりいなりつぐ》に宛てた書状で「相国様廿四日の夜亥刻薨御成され候、将軍様御周章、下々諸人十方も御座無き躰に候」と記し、秀忠の臨終《りんじゅう》に際しての家光の狼狽《ろうばい》ぶりや、周囲の人々の悲嘆の様子を報じていた（『本光国師日記』）。

ついで二十七日の夜、秀忠の遺骸は土井利勝と一〇人ほどの近習衆《きんじゅうしゅう》に付き添われて、密かに西丸から増上寺《ぞうじょうじ》に移され、松平正綱《まつだいらまさつな》と伊丹康勝《いたみやすかつ》の奉行《ぶぎょう》のもとで土葬にふされ

台徳院霊廟惣門（東京都港区）

寛永９年（1632）に芝の増上寺内に造営され，ここに造られた徳川家霊廟の中では最も規模が大きかった．昭和20年（1945）の戦災で多くの建造物が焼失したが，この惣門は免れた．

た（『本光国師日記』）。葬儀は遺言にしたがって、増上寺において二月十五日から同二十四日までいとなまれた。その間の二十日には朝廷から秀忠に台徳院殿贈正一位の勅《ちょく》号《ごう》が贈られ、二十二日に勅使西園寺《さいおんじ》前内《さきのない》大臣公益《だいじんきんます》によって霊前に位記《いき》が捧《ささ》げられた（『本光国師日記』『東武実録』）。

増上寺台徳院廟普請

正之は法要のあいだ清水門を守衛していたが、三月には幕府から増上寺台徳院廟の普請を命じられた。そして家臣井深監物重《いぶかけんもつしげ》次《つぐ》と赤羽武兵衛《あかばねぶへえ》を奉行に任命し、廟地の普請は七月までに完了した（『土津霊神事実』）。

秀忠の形見分け

さて秀忠が死去すると、その直後に秀忠の子・兄弟に形見《かたみ》分けが行われた。まず嫡子家光には、将軍襲職のときに金五〇万枚、五畿内や関東の直轄領その他が生前贈与されていたが（『細川家史料』）、このとき改めて秀忠の遺物《ゆいもつ》、すなわち不動国行《ふどうくにゆき》の太刀《たち》、江雪正宗《こうせつまさむね》の太刀、宗三左文字《そうざさもんじ》の腰物《こしもの》、豊後藤四郎《ぶんごとうしろう》の脇指《わきざし》、円悟《えんご》の掛物《かけもの》、楢柴《ならしば》の茶入《ちゃいれ》、捨子《すてご》の茶壺《ちゃつぼ》などが分けられた。また弟である徳川義直には会津《あいづ》正宗《まさむね》の脇指と一休《いっきゅう》面壁《めんぺき》の掛物が、徳川頼宣には寺沢《てらさわ》宗貞《むねさだ》の脇指と一山《いっさん》一寧《いちねい》自讃の塞翁《さいおう》の掛物が、徳川頼房には切刃《きっぱ》宗貞《むねさだ》の脇指と藤原俊成《としなり》・定家《さだいえ》両筆の掛物などが与えられた（「江戸幕府日記」『東武実録』）。もちろん三男の忠長は、秀忠から勘当されており形見が分けられることはなかった。

秀忠の遺産

　そして秀忠の遺産分けは、寛永九年二月六日から二十六日にかけて順次行われた。徳川義直・頼宣らの親族から諸大名・旗本はもとより中間《ちゅうげん》・小人《こびと》など幕臣の末端にいたるまでの、およそ五六七〇人余がその対象となった。その総額は、じつに大判金五七九二枚、小判金一三万一九七二両、銀四四万一四五枚におよんだ（根岸茂夫『近世武家社会の形成と構造』吉川弘文館、二〇〇〇年）。

静への遺産はなし

　まず二月六日に、秀忠に縁《ゆかり》のある女性たちに遺産が分けられたが（「大猷院殿御実紀」）、そのなかに保科正之の母である静の名はなかった。秀忠の正室お江与の方は、寛永三年（一六二六）九月十五日に江戸城西丸で没していた（「徳川幕府家譜」）。しかし、その後も静が、江戸城に召された形跡はない。静は「幕府祚胤伝」「徳川幕府家譜」といった後年に編纂された史料で、「御台所《みだいどころ》」につづいて「浄光院殿」あるいは「御妾於静《おしず》之方」としてその略歴が載せられている。しかしそれは、福田千鶴氏も指摘するように、家光が正之を将軍家連枝として優遇したことにともない、その生母に対しても相応の地位が与えられるようになった結果であろう（『徳川秀忠』新人物往来社、二〇一一年）。

三家への遺産分配

二月十三日には、徳川義直・頼宣・頼房ら秀忠の弟たちが江戸城本丸に呼ばれ、義直に銀三万枚、頼宣にも銀三万枚、頼房には銀二万枚が与えられた。また同日、秀忠の遺志によって、死後三年のあいだ幕政に参画することを命じられていた井伊直孝《いいなおたか》と松平忠《ただ》明《あきら》も、各々銀五〇〇〇枚と銀三〇〇〇枚を拝領した（『本光国師日記』）。

正之への遺産

翌二月十四日、正之にも銀子五〇〇枚が分与された（『東武実録』）。しかし、これは正之が秀忠の子だったからというわけではない。『本光国師日記』によれば、この日秀忠の遺産を分与されたのは「銀子千枚之衆」が九人、「銀子五百枚之衆」が一九人、「銀子三百枚之衆」が三五人であった。これらは主に東日本に城地を持つ譜代・外様の大名たちで、領知高七万石を基準として、それ以上が銀子一〇〇〇枚、未満が銀子五〇〇枚と截然《せつぜん》と区別されていた。

表1は、「銀子五百枚之衆」のこの時点での城地・領知高などを一覧にしたものである。この表からもわかるように、銀子五〇〇枚という点で、正之は他の五万石前後の譜代・外様の諸大名とまったく同じ処遇だったのであり、たんに信濃高遠に三万石の所領を持つ、譜代大名のひとりとして秀忠の遺産を与えられていたにすぎなかった。まして

同じ秀忠の子の家光や徳川義直らの親族のように、刀剣や掛物など形見の品が与えられることもなく、秀忠の肉親として特別な待遇を受けることはなかったのである。

この秀忠の遺産分与は、金地院崇伝がそのリストを「将軍様より二月八日に銀子下され候衆の覚書」（『本光国師日記』）などと記していたように、形の上では将軍家光から下賜されたことになっていた。しかしそれは、いうまでもなく亡き秀忠の遺志にもとづいて、あるいは秀忠の意思を斟《しん》酌《しゃく》して行われていたことは間違いない。とすれば、やはり秀忠にとって正之は、静を側室や侍妾の対象としなかったように、信濃高遠藩を継いだ譜代大名のひとりであっても、我が子として認められる存在ではなかったのである。それは、こうした遺産分けの様子から

表1　秀忠の遺産銀子500枚拝領の衆

大　名	城　地	領知高	分類
石川　忠総	（豊後日田）	60,000石	譜代
本多　忠利	三河岡崎	51,500石	譜代
内藤　信照	陸奥棚倉	50,000石	譜代
松平　忠憲	信濃小諸	40,000石	譜代
大久保忠職	美濃加納	20,000石	譜代
相馬　義胤	陸奥中村	60,000石	外様
戸沢　政盛	出羽新庄	68,200石	外様
浅野　長重	常陸笠間	53,500石	外様
脇坂　安元	信濃飯田	55,000石	外様
仙石　政俊	信濃上田	60,000石	外様
秋田　俊季	常陸宍戸	50,000石	外様
津軽　信義	陸奥弘前	47,000石	外様
九鬼　守隆	志摩鳥羽	55,000石	外様
本多　俊次	三河西尾	35,000石	譜代
諏訪　頼水	信濃高島	32,000石	譜代
保科　正之	信濃高遠	30,000石	譜代
水野　忠清	三河刈屋	20,000石	譜代
松平　忠重	上総佐貫	15,000石	一門
溝口　宣直	越後新発田	34,500石	外様

注：『本光国師日記』『寛政重修諸家譜』による.

も見てとることができる。

秀忠の判断

秀忠にしてみれば、正之は、初めから徳川宗家《そうけ》を継ぐ候補者の一人として誕生した子ではなかった。また、その処遇いかんによっては、世継を決めるときの火種を増やすことにもなりかねなかったし、たとえ世継が決まった後であっても、たとえば松平忠輝や松平忠直のように、徳川将軍家の権威を損《そこ》ねる存在となる可能性も否定できなかった。秀忠としては、たんに正室お江与の方の嫉妬が怖かったのではなく、そうした懸念《けねん》を未然に防ぐという政治的な判断もあり、正之に対してその生活の保障はしても、実子として扱うことや、まして公《おおやけ》に諸大名に披露することなどできなかったのである。

第四　最上山形への入封

一　家光の取り立て

秀忠《ひでただ》が死ぬと、正之《まさゆき》は兄家光《いえみつ》によって取り立てられていく。新井白石《あらいはくせき》の『藩翰譜《はんかんふ》』に、家光の鷹野《たかの》をめぐって家光と正之に関わる逸話が載せられているので、まずそこからふれてみよう。要約すると、

保科正之が山形《やまがた》二〇万石を拝領する前のあるとき、家光は目黒《めぐろ》の辺《あた》りに鷹野に出向き、成就院《じょうじゅいん》という寺で休息した。将軍の家臣を装った家光は、客殿に田舎には不似合いな見事な菊の絵が掛けられているのを見ると、成就院の住持《じゅうじ》にいかなる旦那《だんな》がいるのかを尋ねた。住持は保科肥後守という大名の母が祈禱《きとう》などを依頼するが、家が貧しいので布施《ふせ》も豊かではない、と応《こた》えた。重ねて住持が、その肥後守は正しき将軍家の実弟で、にも拘《かか》わらず、わずかの知行しか得ておらず貧困に窮している。身分の高い人というものは情けないものである、と述べたのを聞くと、家光は俄《にわか》に

顔色を変えその場を立ち去った。そして程《ほど》なく正之に山形二〇万石が与えられた。というもので、要するに家光は正之が自分の実弟であることを成就院の住持からの話で初めて知り、即座に山形二〇万石の大身《たいしん》に取り立てたというのである。『藩翰譜』は元禄《げんろく》十五年（一七〇二）の成立で、著者の新井白石は、この逸話をこのとき家光の供《とも》をしていた者の子息から聞いた話として保科氏の譜に載《の》せている。白石としては、正之や静の境遇云々よりも、むしろ家光が肉親の情に厚かったことや、下情《かじょう》にも気を配っていたことをいいたかったのであろう。

目黒の天台宗寺院である成就院（現目黒区下目黒）は、現在でも蛸薬師《たこやくし》として知られ、境内には「お静地蔵」と呼ばれる薬師如来像《やくしにょらいぞう》一体と観音像《かんのんぞう》・地蔵像《じぞうぞう》がそれぞれ三体ずつあり、それは正之の母静が寄進したものとされている。作家の中村彰彦氏は、この点とともに白石がその情報源を明らかにしていることから、この逸話が「実際にあった話」で、「寛永《かんえい》八年十二月頃のことだったのではあるまいか」とされる（『保科正之』）。しかし、これまで述べてきたように、家光は正之の初お目見《めみえ》のとき（寛永七年六月二十三日）と家督御礼のとき（同八年十一月十八日）の、少なくとも二度は正之と対面していた。しかも最初の対面では、西丸の秀忠に正之と会うことを勧めてもいた。これは、正之が秀忠の実子つまり自分の弟であるとの認識を、家光が持っていたからにほかならない。したがって、この一事をもってしても、家光が鷹野の最中に初めて実弟の存在を知り、それがきっかけで正之に山形二〇万石を与えることなどはありえない。

日光社参供奉

家光の正之に対する親族としての扱いは、秀忠の死去直後から見られる。寛永九年（一六三二）四月十七日、下野《しもつけ》日光山において徳川家康十七回忌の神忌祭《しんきさい》が営まれた。将軍家光は、四月十三日に江戸を発ち同十六日に下野今市《いまいち》（現栃木県日光市）に到着したが、父秀忠の服忌《ぶっき》のため日光には赴かず井伊直孝《いいなおたか》が代参した。同様に徳川義直《よしなお》・頼宣《よりのぶ》・頼房《よりふさ》らも、各々の家老たちに代拝させ自身は今市に留まっていた（「大猷院殿御実紀」）。正之も、このとき家光に供奉していたが、やはり今市に到着したところ年寄衆からの奉書《ほうしょ》がとどき、秀忠の服忌のため参拝を控えるようにとの指示がもたらされた。そのため正之は家老の北原光次《きたはらみつぐ》を名代として代参させ、太刀目録《たちもくろく》と銀三〇枚を神納して、自身は江戸に引き返していた（「土津霊神事実」『譜牒余録』「会府世稿」）。

徳川家光画像（公益財団法人 徳川記念財団蔵）

家光、正之を親族として処遇

こうしたことは、この家康の十七回忌のときだけでなく、寛文《かんぶん》六年（一六六六）に死去した天樹院《てんじゅいん》（秀忠長女千《せん》）、寛文十一年に死去した徳川頼宣（秀忠弟）、寛文十二年に死去した天崇院《てんすういん》（秀忠三女勝《かつ》）の際にも正之は喪に服し、幕府の上使によって精進《しょうじん》が解かれたとされる（「会府世稿」）。これらの事実は、幕府が正之を二代将軍秀忠の実子、すなわち徳川氏の親族として処遇していたことを示している（阿部綾子「保科正之の一生」『保科正之の時代』）。寛永九年四月の家光の日光社参のときにも、服忌を理由にした参拝の中止は、奉書すなわち家光の指示によっていた。つまり、秀忠は正之を子として認めることはなかったが、秀忠の死後、家光は即座に正之を弟として処遇することを表明したのである。そして、これを嚆矢《こうし》として正之を取り立てていく。

四品昇進

寛永九年（一六三二）十二月二十八日、月次《つきなみ》の御礼に登城した正之は、松平光長《まつだいらみつなが》・前田光高《まえだみつたか》・同利次《としつぐ》・井伊直滋《なおしげ》・松平定行《さだゆき》らとともに家光にお目見した。そのとき、家光は正之を御前に召して四品《しほん》（従四位下）を仰せ付け、さっそく正之の官位昇進を図《はか》った。翌十年二月十三日には、正之はやはり家光の御前に召され、松平康重《やすしげ》の屋敷を拝領した（「江戸幕府日記」）。高遠《たかとお》藩の屋敷はそれまで鍛冶橋《かじばし》付近にあったが、より登城に利便のある桜《さくら》田門《だもん》内に上屋敷《かみやしき》が与えられたのである。

正室を迎える

ついで同十年十月六日、家光の関わりは不明であるが、正之は陸奥磐城平《むついわきたいら》藩主（七万石）内藤政長《ないとうまさなが》の八女菊を正室に迎えた。正之は二十三歳、菊姫は十六歳であった。翌年十二月二十一日には長子が誕生し、名は正之の幼名と同じ幸松《こうまつ》と付けられた。

家光上洛に供奉

寛永十一年六月二十日、この日将軍家光は江戸を発ち上洛の途についた。この上洛は、供奉人数じつに三〇万七〇〇〇人というかつてない規模のもので、大御所秀忠の亡き後、秀忠にかわって家光が諸大名に対する軍事指揮権、領知宛行権《あてがいけん》を掌握したことを天下に示す、まさに「御代替《みよがわり》の御上洛」であった（藤井讓治『徳川家光』）。正之は、家光が江戸を発つ七日前の六月十三日、黒書院《くろしょいん》で家光にお目見すると、翌十四日、供奉衆《ぐぶしゅう》の第五番手として土井利勝《どいとしかつ》（下総古河《しもうさこが》一六万石）・酒井忠当《さかいただまさ》（出羽鶴岡《でわつるおか》）・諏訪忠恒《すわただつね》（信濃《しなの》諏訪）らとともに江戸を出発した（「江戸幕府日記」『御当家紀年録《ごとうけきねんろく》』）。家光にとって元和《げんな》九年（一六二三）、寛永三年（一六二六）に次ぐ自身三度目であるとともに、正之にとっては初めての上洛であった。

家光の行列は順調に東海道を西に向かい、出発から二十日後の七月十一日、京都二条城に到着した。翌十二日には家光は勅使《ちょくし》・院使《いんし》に対顔《たいがん》し、その後すべての大名たちを引見した。また十三日以後も、家光は親王《しんのう》・諸公家《くげ》・諸門跡《もんぜき》からの礼を受けたり、御三家をはじめとする諸大名を振る舞うなどして日を送った（「江戸幕府日記」）。

侍従昇進

この直後の七月十六日、家光は二条城書院において陸奥会津の加藤明成《かとうあきなり》、安芸広島《あきひろしま》の浅野光晟《あさのみつあきら》、伊勢津《いせつ》の藤堂高次《とうどうたかつぐ》、播磨姫路《はりまひめじ》の本多政朝《ほんだまさとも》、伊勢桑名《くわな》の松平定行、筑前久留米《ちくぜんくるめ》の有馬豊氏《ありまとようじ》、そして信濃高遠の保科正之を召し、侍従《じじゅう》への昇進を直接仰せ付けた（「江戸幕府日記」『寛政重修諸家譜』）。表2に示したように、このとき侍従となった大名の領知高

「台徳院様御子」

表2　寛永11年7月の侍《じ》従成《じゅうなり》大名

大　名	城地	領知高	分類
浅野光晟	安芸広島	376,500石	外様
加藤明成	陸奥会津	400,000石	外様
有馬豊氏	筑前久留米	210,000石	外様
藤堂高次	伊勢津	323,900石	外様
松平定行	伊勢桑名	110,000石	譜代
本多政朝	播磨姫路	100,000石	譜代
保科正之	信濃高遠	30,000石	譜代

を見ると正之のそれはきわめて小さく、正之の侍従昇進は三万石の譜代大名としては異例のものであった。しかし、もちろんこの裏には、正之を徳川一門として処遇し、取り立てようとする家光の意図があったことはいうまでもない。

ところで、この侍従昇進の模様を、上洛中の細川忠利は榊原職直《さかきばらもとなお》に宛てた七月二十三日付の書状（『細川家史料』）で次のように報じていた。

一、侍従に仰せ付けられ候もの、浅野安芸殿・加藤式部殿・有馬玄番(蕃)殿・本多甲斐殿・松平隠岐殿・保科肥後殿台徳院様御子ノ事也、・藤堂大学殿、

榊原職直は細川忠利とは旧知の間柄《あいだがら》で、かつ書院番組頭《しょいんばんくみがしら》をつとめた家光の側近旗本でもあり、今回の上洛には供奉しておらず、このころ仮《かり》の長崎奉行として長崎に派遣されていた（山本博文『鎖国と海禁の時代』）。細川忠利が家光の側近である旗本に対して、正之のことを「台徳院様御子ノ事也」とわざわざ断っているところを見ると、正之が秀忠の実子であることを、依然として知らぬ大名や旗本もいたことになる。逆に見れば、この異例ともいうべき侍従昇進が、正之の出自をより多くの大名・旗本が知る契機ともなっ

ていたことになる。それは次に述べるように、家光が参内《さんだい》したときの、行列における正之の位置にも示されている。

家光参内

家光の参内は七月十八日辰刻《たつのこく》（午前八時頃）から行われた。その行列は、先頭を馬上の京都所司代《きょうとしょしだい》板倉重宗《いたくらしげむね》、ついでやはり馬上の酒井忠行《ただゆき》が進み、従五位下諸大夫《じゅごいげしょだいぶ》の武家一八四人が二列となって徒歩で従い、その後を輿《こし》に乗った将軍家光が進んだ。さらにその後を井伊直孝、松平忠明《ただあきら》、酒井忠勝《ただかつ》、松平定行、保科正之、本多政朝などの少将と侍従の面々が騎馬で従い、榊原忠次《ただつぐ》・水野勝成《みずのかつなり》ら四品の譜代大名九人がそれにつづき、最後尾を柳生宗矩《やぎゅうむねのり》・井上政重《いのうえまさしげ》の大目付《おおめつけ》二人と目付衆および徒目付《かちめつけ》衆が固めた（『江戸幕府日記』『御当家紀年録』）。御先《おさき》の参上を命じられていた四品以上の外様大名たちは、家光の行列をむかえて、井伊直孝ら重臣の後をすすむ正之の姿に注目したに違いない。この参内は、正之にとっては将軍家光の実弟であることの、いわば「お披露目《ひろめ》」の場であったかもしれない。

明正天皇に拝謁

四足門《よつあしもん》で輿から降りた家光は、長橋局《ながはしのつぼね》に導かれ常御殿《つねのごてん》で明正《めいしょう》天皇に拝謁《はいえつ》し、その後、後水尾上皇《ごみずのおじょうこう》の御所《ごしょ》に参り、ついで東福門院《とうふくもんいん》の御所を訪れた（『大猷院殿御実紀』『御当家紀年録』）。今回の参内では、四品以上の大名も天皇に拝謁する予定だったため、正之も明正天皇に拝謁し、太刀目録を献上して天盃《てんぱい》を頂戴した。『家世実紀』によれば、このとき侍従に任ずべき旨の勅命《ちょくめい》を蒙《こうむ》ったとされる。ついで正之は院御所を訪れ上皇に拝謁し、これまた太刀目録を献上した（『御当家紀年録』『譜牒余録』『寛政重修諸家譜』）。ただ姉である東福門院に拝謁したかどうかは確認できない。

寛永の朱印改め

参内を終えたほぼひと月後の閏《うるう》七月十六日、家光は諸大名を二条城に召し、五万石以上の大名と、それ以下でも城持ちの大名を対象にして領知の宛行状《あてがいじょう》を交付した（『江戸幕府日記』）。いわゆる寛永の朱印改《しゅいんあらた》めである。藤井譲治氏によれば、交付対象だった者たちのなかで、今回の上洛に供奉しなかった者など、じっさいには宛行状が発給されなかった譜代・外様大名もおり、その意味で十全とはいえぬものの、それでもこの朱印改めによって、家光が領知宛行権を掌握したことが十分に証明されたとされる（『徳川家光』、『徳川将軍家領知宛行制の研究』思文閣出版、二〇〇八年）。そして信濃高遠城主の保科正之にも、八月四日付で「高遠侍従」を宛名とする領知判物《りょうちはんもつ》が交付され、これによって信濃伊那郡の二万五〇〇〇石と筑摩郡の五〇〇〇石の都合三万石が、改めて正之に安堵《あんど》されたのである。

その後、家光は閏七月二十五日から二十八日まで大坂に滞在し、ついで八月五日に江戸に向けて京都を発ち、同二十日に江戸城に入った（「江戸幕府日記」『御当家紀年録』）。正之も家光の大坂巡行に従い、家光より三日遅い八月八日に京都を発つと、家光の後から供奉して江戸にもどった（『譜牒余録』「会府世稿」）。こうして正之の初めての上洛は終わった。

二　最上山形二〇万石へ

国替の噂

将軍家光は、秀忠の死直後から正之の国替《くにがえ》を考えていたようである。それゆえか、たとえば寛永十年（一六三三）七月五日付で大坂町奉行久貝正俊《くがいまさとし》に宛てた細川忠利の書状には「佐倉《さくら》は未だ参られ候衆知れ申さざる由、保科肥後殿五万石にて遣さる、などと風説の由」（『細川家史料』）とあり、土井利勝が下総古河に移った跡の下総佐倉に正之が五万石で入るとの「風説」や、あるいは家光の上洛後の同十一年十一月十八日付の書状には「伊《い》予《よ》国は如何《いかが》成り行き申すべき哉、保科殿へ参るべきかと申し候」（『細川家史料』）と、この年八月に無嗣改易《むしかいえき》となった伊予松山《まつやま》二〇万石の蒲生忠知《がもうただとも》の跡に移されるといった噂《うわさ》が流れていた。興味深いのは、これら二つの噂に見る領地の大きさが、家光の上洛をはさんで五万石から二〇万石へと大幅に増えていることである。これも正之が侍従に昇進し、家光の弟であると周知されたゆえであろうか。

出羽山形二〇万石拝領

むかえた寛永十三年七月二十一日、家光は正之に一挙に一七万石を加増して二〇万石とし、出羽山形を与えることを表明した（「江戸幕府日記」「公儀所日乗《こうぎしょにちじょう》」）。そして正之が山形に移った跡の高遠には、交換の形で鳥居鶴千代《とりいつるちよ》（忠春《ただはる》）が三万二〇〇〇石で入ることとなった。正之はこのとき二十六歳であった。

最上川流域

山形盆地を貫流する最上川《もがみがわ》の流域は、古来から肥沃《ひよく》な穀倉地帯《こくそうちたい》が形成され、戦国時代には伊達《だて》・最上《もがみ》・武藤《むとう》などの諸氏が割拠《かっきょ》したが、慶長《けいちょう》五年（一六〇〇）九月の関ヶ原の戦い後は、上杉氏の米沢を除いたほぼ全域が山形を本拠とする最上氏の所領（五七万石）となっていた。しかし元和三年（一六一七）三月に最上家親《いえちか》が三十六歳で急死すると、いったんは十二歳の嫡男義俊《よしとし》に相続が許されたものの、その義俊も幕府の支援があったにもかかわらず、祖父義光《よしみつ》以来の家老たちの確執《かくしつ》・抗争《こうそう》を押さえることができず、ついに元和八年八月、改易に処されていた（福田千鶴『幕藩制的秩序と御家騒動』）。

「東国の押」

そして翌九月、幕府は陸奥磐城平一〇万石の鳥居忠政《ただまさ》を「東国の押《おさえ》」（「台徳院殿御実紀」）として山形に二〇万石で移した。同時にこのとき、庄内《しょうない》（鶴岡《つるおか》）一三万八〇〇〇石に忠政の娘婿《むこ》にあたる酒井忠勝《さかいただかつ》（年寄の酒井忠勝とは別人）が、新庄《しんじょう》六万石に同じく妹婿の戸沢《とざわ》政盛《まさもり》が、上山《かみのやま》四万石に同じく従弟《いとこ》の松平重忠《しげただ》が、そして左沢《あてらざわ》（現山形県大江町）一万二〇〇〇石に酒井忠勝の弟酒井直次《なおつぐ》が、それぞれ入封《にゅうほう》していた（「台徳院殿御実紀」『寛政重修諸家譜』）。

出羽国の要衝

最上川流域にあるこれらの地域は、少なくとも家光の頃までの幕府にとっては、軍事的にも米沢《よねざわ》三〇万石の上杉《うえすぎ》氏、久保田《くぼた》（秋田）二〇万五八〇〇石の佐竹《さたけ》氏といった有力外様大名を、南北に見据《みす》えた出羽国《でわのくに》の要衝《ようしょう》であった。そこに山形の鳥居忠政を核として、その縁戚《えんせき》に連なる大名が配置され、その結果およそ五〇万石におよぶ軍事力を備えた幕府の軍事的拠点が築かれたのである。そうしたなかでも、山形城主の鳥居忠政はその指揮官的な役割を担《にな》っていた。

鳥居の名跡を残す

ところが、忠政の後を継いだ嫡子の忠恒《ただつね》は病身のうえに子がなく、世継を決めぬまま寛永十三年（一六三六）七月七日に三十三歳で死去してしまった（『寛政重修諸家譜』）。鳥居家はほんらい改易処分となるところであったが、細川忠利が老中酒井忠勝に宛てた九月四日付の書状で「左京殿（忠恒）舎弟十三に御成り候を、名字御続け成さるべきため、保科肥後殿只今迄召し置かれ候高藤（遠）の御城三万石にて仰せ付けられ候由」（『細川家史料』）と報じたように、三河以来の忠臣である鳥居家の名跡《みょうせき》を残すため、家光は忠恒の弟鶴千代に高遠で三万二〇〇〇石を与えたのである。

家光の意図

正之の山形への加増転封《てんぽう》を、保科正直《まさなお》以来の保科氏の功績によるものと見なすことはできない。この翌年の寛永十四年に、家光の命によって保科家累代《るいだい》の宝物《ほうもつ》が保科正貞《まささだ》に譲られ、保科の正統が正貞に移ったことは前に述べた。この点とともに、正之がこのとき拝領した二〇万石という領知の規模からすれば、この山形への国替は、実弟である正

山形城二の丸東大手門・大手橋（山形市公園緑地課提供）

之を一門の大名として取り立てるだけでなく、鳥居氏に代わって山形という軍事的にも枢要《すうよう》の地を任せようという家光の意図が、はっきりとした形で示されたものであった。

　寛永十三年八月六日、正之は家光にお目見して太刀目録と黄金・帷子《かたびら》・単物《たんもの》等を献じて山形二〇万石拝領の御礼を述べ、同十五日には山形への暇を賜り、その際、家光から行光《ゆきみつ》の腰物を拝領した。そして八月十八日に江戸を発ち、同二十七日に山形に到着すると、幕府から山形城受取《うけとり》の上使として派遣されていた寺社奉行《じしゃぶぎょう》松平勝隆《かつたか》、勘《かん》定頭《じょうがしら》松平正綱《まさつな》、目付牧野成純《まきのなりずみ》らから山形城を受取った（「江戸幕府日記」）。正之はその御礼のため即座に家臣小原《おばら》五郎《ごろう》右衛門《えもん》光俊《みつとし》を江戸に遣わし、九月八日、小原は家光にお目見するとともに山形入城を謝して樽肴《たるざかな》を献じ、家光からは時服《じふく》、羽織それぞれ二領ずつを拝領した（「土津霊神事実」「会府世稿」）。また九月二日には、山形城の支城である延《のべ》沢《さわ》城を赤羽仁《に》右衛《え》門《もん》が、東根《ひがしね》城を樋口七郎《ひぐちしちろう》右衛《え》門《もん》が受取った。延沢城本丸の館その他の傷《いた》みは、目を覆《おお》うばかりであったとされる（『家世実紀』）。

高遠城の引渡

いっぽう高遠城受取の上使として、幕府は七月二十四日に使番斎藤利政《つかいばんさいとうとしまさ》と大番組頭《おおばんくみがしら》天野重房《あまのしげふさ》の高遠派遣を決定し、八月二十五日に高遠藩家老篠田隆吉《しのだたかよし》の応接のもと、高遠城の引渡《ひきわたし》がつつがなく行われた（「江戸幕府日記」『寛政重修諸家譜』）。篠田隆吉は、七月晦日付の権祝《ごんのほうり》矢島綱政《やじまつなまさ》に宛てた書状で「拙者儀爰許《ここもと》の儀埒《らち》明け候は、緩々《ゆるゆる》と罷り立つべき覚悟にて候」と報じ、山形への所替《ところがえ》に際して高遠藩の残務処理を行い、それが済んだ後でゆっくりと山形へ向かうとの意向を述べていた（「権祝矢島家文書」）。

篠田隆吉死去

篠田隆吉は、正之が高遠に来て以来、正之ともっとも身近に接してきた家臣であったが、山形に移った翌寛永十四年八月十七日に山形の地で病死した。その際、隆吉の嫡子篠田内膳《ないぜん》に宛てたのが、次にあげる正之自筆の知行宛行状《ちぎょうあてがいじょう》（東京国立博物館所蔵文書、口絵参照）で、残存する数少ない正之の書のなかでは、おそらくもっとも早いものである。

一、篠田半左衛門（隆吉）知行高の積り、千石になして内膳にとらせ候事、

一、内膳せかれに別各二三百石とらせ候事、

一、数馬《かずま》・権右衛門《ごんえもん》ニ弐百石つヽ、重ねて四百石つヽになしてとらせ候事、
右是《これ》は半左衛門数年別して奉公仕《つかまつ》り候故、子共・孫迄も重恩を取らせ候事、餘のひきへつニはなるましく候者也、

肥後守

（寛永十四年）八月廿一日　正之（花押）

篠田内膳とのへ

隆吉に重恩で報いる

篠田隆吉は高遠時代には三〇〇石を知行しており、山形に移ると一〇〇〇石に加増されていた。そして隆吉の死に際し、正之は内膳に父と同じ一〇〇〇石を与えただけでなく、次男の数馬・三男の権右衛門にも二〇〇石ずつを加増して各々四〇〇石とし、さらに内膳の子にも三〇〇石を与えるなど、隆吉の長年にわたる親身な奉公に対して「重《じゅう》恩《おん》」を取らせることで報《むく》い、しかも、これは他の家臣と比較できるものではないとしたのである。

城詰米の受取り

正之が山形城に入った二日後の八月二十九日、保科氏は鳥居氏から山形城に備えられた城詰米《しろづめまい》等を受取った。鳥居氏の家老高須源兵衛《たかすげんべえ》から保科正近《まさちか》に宛てられた書付《かきつけ》によれば、その額は米四二八九石余、籾《もみ》九五七石余、大豆《だいず》一八七石余、油荏《あぶらえ》五九石余、塩二六一俵、銀子《ぎんす》一〇貫九五一匁《もんめ》余であった。城詰米とは、幕府が有事を想定して特定の

城郭に兵粮米《ひょうろうまい》を備蓄させたもので、城主の交代の際に引き継がれることになっていた。そして対象の城やその仕組みは、寛永十年を画期として全国的に拡大し、かつ整備されていったとされる（藤井讓治『江戸開幕』）。また九月五日には、山形城に備えられていた鉄砲一一〇五挺《ちょう》、具足《ぐそく》八二領をはじめとする武器弾薬の類も保科氏に引き継がれた。ここでも武器の傷みが激しかったとされ、鳥居忠恒時代の山形藩政の弛緩《しかん》した様子を見て取ることができる。

領知目録

ついで九月十日、幕府上使松平勝隆・松平正綱・牧野成純と坪井永重《つぼいながしげ》の連署による、山形二〇万石の領知目録《りょうちもくろく》が正之に宛てて出された。それには天童《てんどう》・東根・延沢・山形各城廻りのおよそ二〇〇余の村・町の名と石高が記され、あわせて本年（寛永十三年）からの年貢徴収を認め、このほか小物成《こものなり》と寺社領分については別紙に書き渡すというものであった。その後、正之は家臣たちへの屋敷割や領内の巡察《じゅんさつ》などを行うとともに、諸役人の人事や御家中御仕置書《ごかちゅうおしおきしょ》、御家中諸公事《ごかちゅうしょくじ》、諸郷村掟《しょごうそんおきて》、道中御法度《どうちゅうごはっと》などの諸法令によって藩政の基本的な指針を定め、十二月八日に山形を後にし、同十八日に江戸に到着した（「土津霊神事実」）。そして二十一日、正之は江戸城に登城して黒書院において家光に参勤の挨拶《あいさつ》をし、銀子一〇〇枚、蠟燭《ろうそく》二〇〇〇挺、漆《うるし》二〇桶《おけ》などを献上した（「江戸幕府日記」）。

三　家臣団の編成

家臣団の拡充

『家世実紀』によれば正之の山形入部に際して、将軍家光はいきなり二〇万石の大身となった正之のために、その軍勢の不足を補うため、老中土井利勝に命じて利勝が持つ武器や家臣団、すなわち鉄砲一〇〇挺、弓五〇張、持弓《もちゆみ》二五張のほか士《さむらい》・足軽等を加勢させ、山形城諸門の警備にあたらせたとされる。ことの当否はともあれ、山形入りした正之にとっては、二〇万石という領知の規模に相応《ふさわ》しい家臣団の拡充は喫緊《きつきん》の課題であった。じっさい寛永十年（一六三三）二月に家光が定めた軍役規定では、もっとも階層の高い一〇万石の大名のばあい、その標準的な軍役量は鑓一〇本、弓六〇張、鉄砲三五〇挺、旗二〇本、そして馬上の武士が一七〇騎とされていた（「大猷院殿御実紀」）。二〇万石の規模では、とくに馬上の武士は単純に二倍することはできぬとしても、それでも三〇〇騎程度は必要だったものと思われる。

譜代家臣への加増

山形に入部すると、正之はまず高遠以来の譜代家臣への加増を行った。『家世実紀』は一〇〇石以上の家臣八三人の姓名と、その加増高および新たな知行高を載せている。それによれば、保科正近が二〇〇〇石を加増され都合三〇〇〇石になったのをはじめとして、田中三郎兵衛《さぶろべえ》正玄《まさはる》が一〇〇〇石の加増を受け一五〇〇石となるなど、加増高が不明な者がいるものの、ほぼ全員が加増の対象となった。そして、これら譜代家臣の新たな知行高の合計は二万八五〇〇石、家臣一人あたりの知行高は三六一石余となった。もちろん一〇〇石に満たない家臣もいたであろうから確実とはいえぬが、譜代家臣全体では三万石程度だったと推定されている（『山形市史』）。

保科正近

この数字は山形二〇万石の規模からすれば一五％にしかすぎず、加増額を意図的に押さえていたきらいがある。一説には正之は保科正近に一万石への加増を打診したが、「清廉《せいれん》の士」である正近がこれを固辞して受けなかったとされる（「唖者之独見《あしゃのひとりみ》」『山形市史』）。しかし正之の二〇万石拝領は、保科家の幕府への奉公に対する恩賞ではなく、ひとえに正之が家光の実弟であることに因《よ》っていた。したがって正近が「清廉の士」だったといった問題ではなく、今後の家臣団の拡充を視野に入れれば、これは当然の措置であった。なお、正近は保科正光の祖父正俊の三男三河守正勝を父に持ち、正光とは従弟になるという生粋《きっすい》の保科一族であった（「保科御事歴」）。

「左京衆」の召抱え

新たな家臣団の召抱《めしかか》えは八月二十九日から漸次《ぜんじ》行われた。そのなかでももっとも多く召抱えられたのは鳥居氏の遺臣《いしん》であった。鳥居氏は二二万石から三万二〇〇〇石と大幅に減封されたため、多数の牢人が発生していた。また鳥居忠恒が左京亮《さきょうのすけ》を名乗っていたことから、彼ら鳥居家の牢人はとくに「左京衆」と呼ばれていた。正之は領内統治の必要からも、この左京衆を積極的に採用したのである。今村伝十郎盛勝《いまむらでんじゅうろうもりかつ》と神保隠岐長利《じんぼおきながとし》の二〇〇〇石を筆頭にその数は一五八人におよび、左京衆全体に与えた知行高は四万五六〇〇石、一人あたりの知行高は二八九石余であった。役職としては、さすがに家老などの藩政中枢の要職に登用された者はこの時点ではおらず、組頭《くみがしら》や物頭《ものがしら》といった軍事上の要職に就く者もいたが、多くは侍組《さむらいぐみ》の組付《くみつき》であった。特徴的なのは、町奉行や郡奉行《こおりぶぎょう》・代官《だいかん》といった領民支配の役職を命じられた者が三二人もいたことである。譜代家臣にこうした役職に就《つ》いた者はなく、正之にとって新領国の円滑《えんかつ》な統治のためには、町方《まちかた》・村方《むらかた》の事情に通じた鳥居遺臣こそが適役だったのである。

このほかにも、正之が山形時代に召抱えた家臣は二五人にのぼり、六六五〇石の知行が与えられた（知行高不明が一人）。この結果、山形藩保科家の一〇〇石以上で姓名の知れる知行取《ちぎょうどり》家臣《かしん》は都合二六五人となり、その総知行高は八万七五〇石であった。このうち一〇〇〇石以上の家臣は一三人しかおらず、多くは三〇〇石以下でそれは全体の八三%を占めていた。もちろん一〇〇石未満の家臣もいたことは間違いない。『家世実紀』が各年末に載せる「御所務《ごしょむ》」によれば、寛永十六年以後の総草高《そうくさだか》（家臣団への給与分を除いた石高）は一〇万石前後であるから、山形時代をつうじた家臣団全体への給与分は一〇万石程度であったと推定される。

地方知行

新たに編成された家臣団に対する給与は、入部当初は蔵米《くらまい》で支給されていたが、寛永十六年からは地方知行《じかたちぎょう》に切り替えられたとされる（『家世実紀』）。蔵米知行は、一般に知行高の四〇％前後を藩庫から俵で与えるもので、幕府旗本のばあいは、通常、知行高の三五％を三斗五升入りの俵で支給されていた。これに対して地方知行は、じっさいに地方《じかた》（村落）を与え、そこから租率《そりつ》に応じて年貢収入を得させる知行形態である。この地方知行への切り替えは、後に見るように寛永十五年から十六年にかけて実施された領内の総検地をうけて行われたものと考えられ、『家世実紀』では「御近習地方《ごきんじゅうじかた》」と「外様《とざま》地方《じかた》」に分けて所領を与えたとされる。「御近習」は藩の要職に就いた家臣を、「外様」は侍組など一般の家臣を指しているが、じっさい誰がどの村を支配したか、一円知行か相給《あいきゅう》かなど、具体的なことは一切わかっていない。

神保長利

ところで、左京衆のなかには最上家の遺臣も多かったとされるが、なかでも特筆されるのが右にも記した神保長利である。長利は越中《えっちゅう》の住人神保氏春《うじはる》と織田信長の家臣佐々成政《さっさなりまさ》の女《むすめ》とのあいだに生まれ、慶安《けいあん》二年（一六四九）正月七日、八十三歳で病死したとされる。その間、上杉家に仕官したのを手始めに、慶長六年（一六〇一）に上杉氏が米沢《よねざわ》に移ると、以後、最上家、鳥居家と山形の領主が替わるたびに主家を転じていた。そして寛永十三年七月に保科正之が入部すると、九月一日に正之から旧禄の二〇〇〇石で召出され物頭（鉄砲頭）を命じられていた。このようにいく度も仕官《しかん》できたのは、長利が上杉家の家臣時代から抜群の武功を誇ったからである。とくに天正《てんしょう》十八年（一五九〇）六月の武蔵八王子城落城の際には一番乗りの高名をあげ、上杉景勝《うえすぎかげかつ》から感状も賜っていた。そのため正之もたびたび長利を御前に召して、戦場での様子や鑓合《やりあ》わせのときの心構えなどを尋ねたとされる（「唖者之独見」）。

左京衆の優遇

『山形市史』によれば家臣団の知行高においては、全体として高遠以来の譜代家臣よりも左京衆の方が優遇されていたとされる。たしかに、一人あたりの知行高こそ譜代家臣の方が七〇石ほど上回っていたものの、今村盛勝と神保長利の二〇〇〇石は保科正近につぐ知行高であったし、また四〇〇石以上の家臣の数では譜代の一四人に対して左京衆は二五人と、左京衆のほうが一一人も多くなっている。

「家中弐ツに成り候」

こうしたことからだろうか、寛永十四年（一六三七）十一月十八日付で細川忠利が伊達忠《だてただ》宗《むね》に宛てた書状には「最上保科肥後守家中喧嘩を仕り、家中弐ツに成り候由、専ら爰元《ここもと》に申し候、少の儀たるべきと推量仕り候事」（『細川家史料』）とあり、あくまでも江戸での噂であるが、保科家内部が二つに分かれ、喧嘩《けんか》状態にあったことが報じられている。忠利は大したことはないと推測しているものの、家臣団の出自と処遇からすればありえないことではなかった。ただし残念ながら、これについて忠利はこの後なにも報じてはおらず、また『家世実紀』にも関連記事はなく、これ以上のことはわからない。

四　白岩一揆と島原・天草一揆

江戸城本丸修築

　寛永十四年（一六三七）正月、前々年から開始されていた江戸城惣構《そうがまえ》の大造替《だいぞうたい》工事の総仕上げともいうべき、江戸城本丸御殿《ごてん》の修築工事が開始された。この一連の普請《ふしん》には多くの譜代・外様大名が動員されていたが、保科正之は、将軍家光がこの年正月十四日に本丸から西丸に移徙《いし》したのを受けて、同月十六日から二の丸の警備を命じられていた。そして同年八月二十六日に本丸の殿舎《でんしゃ》が完成し、翌九月十九日に家光が本丸に戻ると、正之はその祝儀として書棚を家光に献上した（「江戸幕府日記」『御当家紀年録』「土津霊神事実」）。

正室死去

　これより前の同十四年五月十四日、正之の正室の菊《きく》が病気のため桜田の屋敷で没した。享年二十。早すぎる死であった。遺体は城東の霊巌寺《れいがんじ》に埋葬され、泰教院殿耀誉天晴涼月大信女と諡《おくりな》された（「土津霊神事実」『寛政重修諸家譜』）。なお『家世実紀』では、菊の享年を十九としている。また菊の産んだ幸松も、母の後を追うように翌年六月二十七日に五歳で夭折《ようせつ》し、法名は清賢院殿日浄と付けられ、谷中《やなか》の感応寺《かんのうじ》に埋葬された。

正室に先立たれた正之にとって、悲しみに暮れる間もなく、この冬急遽《きゅうきょ》山形へ向かわねばならぬ事態が起こった。

島原・天草一揆勃発

寛永十四年十月下旬、肥前島原《ひぜんしまばら》と肥後天草《ひごあまくさ》両地方のキリシタン民衆がいっせいに蜂起《ほうき》した。いわゆる島原《しまばら》・天草一揆《あまくさいっき》の勃発《ぼっぱつ》である。一揆勢ははじめ島原城や天草下島《しもじま》にある富岡《とみおか》城(現熊本県天草郡苓北町《れいほくまち》)などを攻めた。だが攻略かなわぬと見ると、十二月初旬には益田四郎時貞《ますだしろうときさだ》を大将として島原半島南端の原城《はらじょう》に立て籠もり、この後、およそ三ヵ月にわたって幕藩連合軍と戦うこととなった。

家光の対応

一揆発生の第一報が、豊後目付《ぶんごめつけ》(豊後萩原配流《はぎわらはいる》の松平忠直《ただなお》を監視する役)から幕府にもたらされたのは十一月九日であった。家光は即座に鎮圧の上使として三河深溝《みかわふこうず》藩主板倉重昌《いたくらしげまさ》と目付石谷貞清《いしがやさだきよ》の島原派遣を決定した。また島原藩主松倉勝家《まつくらかついえ》と豊後府内《ふない》藩主日根野吉明《ひねのよしあき》に帰国を命じ、島原に近接する肥前佐賀《ひぜんさが》の鍋島勝茂《なべしまかつしげ》と唐津《からつ》の寺沢堅高《てらさわよしたか》には、松倉勢のみで鎮圧できぬばあい、国元の留守居に軍勢を加勢させるよう命じた。その後も家光は、主に九州の諸大名に対して様々な対応策を指示するとともに、相ついで島原に使者を派遣した(「江戸幕府日記」)。

帰国を命じられる

出羽山形に所領のある正之も、十一月十三日には庄内藩主酒井忠勝の嫡子酒井忠当《ただまさ》、伊予松山の松平定行《さだゆき》、定行の弟で伊予今治《いまばり》の松平定房《さだふさ》らとともに帰国を命じられ、呉服・銀子などを拝領した（『江戸幕府日記』）。正之は、江戸の留守居《るすい》として北原光次《きたはらみつつぐ》を残し、またとくに遠山伊右衛門《とおやまいえもん》を召して、頻繁《ひんぱん》に登城して家光の機嫌《きげん》を伺いつつ、老中方にも出向いて島原の情報を集め、山形へ注進するよう指示した。そして自身は急ぎ帰国の途《と》についた。

白岩一揆

帰国した正之を待ち受けていたのは、山形に近接する白岩領《しらいわりょう》（現寒河江市《さがえし》白岩）で起こった農民一揆への対応であった。出羽白岩領八〇〇〇石は、元和八年（一六二二）八月の最上氏の改易以後、酒井忠勝（庄内藩主）の弟酒井長門守忠重《ながとのかみただしげ》の所領となっていた。庶民《しょみん》の手習《てならい》教本である往来物《おうらいもの》としても著名な「白岩目安状《しらいわめやすじょう》」（『雞肋編《けいろくへん》』）によれば、忠重は白岩領を拝領して以後、過重《かじゅう》な年貢の取りたてや夫役《ぶやく》の徴発など過酷な農民収奪を行ったとされる。これに対して白岩一七ヵ村の農民たちは、家光が代替《だいが》わりにあたって松《まつ》前《まえ》・奥羽《おうう》地方に派遣した国廻目付《くにまわりめつけ》に、七度まで窮状《きゅうじょう》を訴えた。しかし訴状などはいっさい受け取らぬようにとの家光の厳命もあったため（『細川家史料』）取りあげてもらえず、白岩の農民たちは寛永十年（一六三三）七月ついに幕府に訴え出たのである。

酒井忠重の所領没収

農民たちの必死な嘆願にもかかわらず、幕府は忠重の非を認めることはなかった。それでも長年の苛政《かせい》が幕府の知るところとなったゆえか、同十五年三月七日、忠重は所領を没収され、その代わりに最上幕領《もがみばくりょう》から年貢米八〇〇〇俵を支給されることとなった。

白岩義民供養碑（山形県寒河江市・誓願寺内，寒河江市教育委員会提供）

そして白岩領は幕府の直轄領（天領）となり、延沢の代官小林時喬《ときたか》の支配するところとなっていた（『寒河江市史』「江戸幕府日記」）。

加勢を求める

幕府の代官支配となった後も、白岩領の農民たちの窮状は変わらなかったのであろう、不穏《ふおん》な情勢は収まることなく一触即発《いっしょくそくはつ》の状態がつづいていた。これに対して幕府は小林時喬にその取り鎮《しず》めを命じたが、代官の手勢のみでは容易に鎮めることができず、小林は山形に帰国中の保科正之に加勢を求めたのである。

首謀者全員を磔刑

正之は即座に家老保科正近を現地に送り、状況を調査させた。その結果、農民たちに非があるとして首謀《しゅぼう》者《しゃ》を数人ずつ山形城下に集めさせ、寛永十五年六月二十八日に全員が揃ったところで一挙に捕縛《ほばく》した。正之は首謀者の処分について江戸の老中酒井忠勝に伺いを立てたとされるが、その返答が曖昧《あいまい》なまま（忠勝の返書があったか否かが不明）、翌七月二十一日、山形城下を流れる馬見ケ崎川《まみがさきがわ》の広河原《ひろがわら》（現山形市長町）において、首謀者全員を磔刑《たっけい》に処したのである。その人数は『家世実紀』では三六人とし、また白岩の浄土宗誓願寺《せいがんじ》にある元禄《げんろく》年間の建立とされる「白岩義民の碑」には、三八人の法名が刻まれている。

島原・天草一揆鎮圧

島原・天草一揆は、発生からおよそ四ヵ月後の寛永十五年二月二十八日、幕藩連合軍の総攻撃によってようやく鎮圧された。その原因が、領主による重税とキリシタン信仰への弾圧だったことはいうまでもない。また神田千里氏によれば、この一揆は主として一度は棄教し再びキリスト教に入信した農民たち(「立ち帰り」)が起こした、武装蜂起を手段として幕府にその信仰の承認を求めた訴訟運動だったとされる(『島原の乱』中央公論社、二〇〇五年)。そのいっぽうで、この一揆が幕府や諸大名にとっては「階級敵」としての本質を持つものだったことも否定できない(山本博文『寛永時代』)。それゆえ従軍の諸大名への恩賞はいっさい無く、幕府からは兵員一人に一日五合の扶持米が支給されただけだったし、総攻撃に当たっては、老若男女《ろうにやくなんによ》を問わない撫《な》で斬《ぎ》りの指令が出され、じっさいそれが実施されるなど徹底した殺戮《さつりく》が行われていた。

「鎖国」的状況の形成

そしてこの島原・天草一揆を契機として、キリシタンの根絶《こんぜつ》が国是《こくぜ》となり、それまでポルトガル人の追放までは考えなかった将軍家光が、寛永十六年(一六三九)七月ついにそれを実行し、かつその後の出入国管理体制の構築、すなわち、いわゆる「鎖国」的状況が形成されていったのである。このように、幕府の外交方針を大きく転換させる最大の契機となったのが、島原・天草一揆であった(山本博文『鎖国と海禁の時代』)。幕藩領主階級にとって、この一揆はそれほどの脅威《きょうい》となっていた。

陸奥・出羽のキリシタン

いっぽう白岩一揆のばあい、関係史料のなかにキリシタンの姿を見いだすことはまったくできない。それでも日本フランシスコ会管区長をつとめ、山形を訪れたこともあるディエゴ・デ・サン・フランシスコ（Diego de San Francisco）の報告書によれば、寛永六年ごろには陸奥・出羽両国で、およそ二万六〇〇〇人のキリスト教信者がいたとされる。また最上川流域、たとえば山形では寛永五年に父忠政の遺領《いりょう》を継いだ鳥居忠恒は、にわかにキリシタンへの迫害《はくがい》を強め、寛永七・八年の二年間で四一人の殉教者《じゅんきょうしゃ》を出していたし、白岩領でも寛永六年九月、ディエゴ清吉というキリシタンが火炙《ひあぶり》にされ、その父母、妻と三人の子が斬首《ざんしゅ》されていた。このほか鶴岡・酒田・新庄などでも、この時期、多くのキリシタンが迫害を受けていたとされる（浦川和三郎『東北キリシタン史』日本学術振興会、一九五七年）。

一揆対応の可否

とすれば、こうしたキリシタンが、苛政にあえぐ白岩の農民たちと結びつくことは容易に想定されるところであった。つまり、島原・天草一揆と同じ構造を持つ農民一揆の勃発は、この地域でも十分にありうる現実的な問題であった。そして、正之にもこうした認識があったことは間違いない。白岩一揆の全体像は不明な点も多いのであるが、正之の対応をめぐっては、大名側の一存《いちぞん》では処分できぬ天領の農民が対象だっただけに、たとえば『家世実紀』には、正之の家老たちが「一応御伺なく自分仕置きの様に仰せ付けられ候段、公辺如何これ有るべき哉」と、幕府への聞こえを案じる意見を述べていたことが記されている。しかし幕藩領主たる正之とすれば、幕府の指示の存否《そんぴ》などは問題ではなく、こうしたキリシタン一揆勃発の芽を未然に防ぐためにも、極刑《きょっけい》をもって対処したのは当然のことだったのである。

松倉氏の処分

寛永十五年（一六三八）七月十九日、肥前島原藩主松倉勝家が島原・天草一揆の責任を問われ、預けさきである美作《みまさか》津山《つやま》藩主森長継《もりながつぐ》の江戸下屋敷で切腹に処された。勝家の弟重《しげ》俊《とし》も、これ以前に讃岐《さぬき》高松《たかまつ》の生駒高俊《いこまたかとし》に預けとなっていたが、この日、死罪を赦され、かさねて正之が預かることを命じられた（「江戸幕府日記」『細川家史料』）。山形藩侍組の組頭三宅藤兵衛《みやけとうべえ》、旗奉行《はたぶぎょう》間瀬弥右衛門《ませやえもん》らの警護のもと、重俊が八月三日に山形に到着すると、正之は重俊の屋敷への出入りを家老保科正近・北原光次ら一〇数名にかぎる旨を直《じき》書《しょ》で命じたとされる。

一年半ぶりのお目見

さて、むかえた十二月一日、正之は山形城の守衛や家臣団の勤番体制、領国内外に異変があったばあいの対処法など、領内の統治に関する一四ヵ条の条目《じょうもく》を保科正近に渡して不測《ふそく》の事態への対応をはかり、翌十二月二日、江戸へ向けて山形を出発した。正之が山形に滞在したのは初入部のときと今回の二度だけであり、以後、山形を訪れることはなかった。そして、十二月十一日に江戸に到着した正之は、同十九日、江戸城に登城し黒書院《くろしょいん》において松平忠明・酒井忠勝・水野忠清《みずのただきよ》らとともに、およそ一年半ぶりに将軍家光にお目見した（「江戸幕府日記」）。『家世実紀』によれば、このとき家光はとくに正之を側近《そばちか》くに呼び、前年初めから煩《わずら》っていた病もだいぶ良くなり、来春には全快するだろうから安堵《あんど》するようにとの言葉を直接伝え、また江戸城では正之のお目見のため、その前日、諸番所の清掃ほか諸事不作法のないようにとの触れがあったとされる。

政治への献策

翌寛永十六年正月十一日、正之のもとに家光の上使として奥小姓《おくこしょう》内田信正《うちだのぶまさ》が派遣され、今後は政治に関して遠慮なく思うところを述べるようにとの上意が伝えられた。正之は「御諫《いさ》めの品《しな》其《そ》の外《ほか》存じ寄りの儀」を数ヵ条の書に認《したた》めて献上し、その後もたびたび献策を行ったとされる（「土津霊神事実」「会府世稿」『寛政重修諸家譜』）。これは、正之の白岩一揆への対応を家光が評価したゆえとされるが（相田泰三『保科正之公伝』など）確証はない。正之がどのような献策を行ったか、関係書類は正之自身が焼却したとされ、また「江戸幕府日記」などの幕府側の史料にも、すくなくとも家光時代には関連の記述はなく、たとえ献策があったとしても、残念ながらその内容を知ることはできない。

継室万

こうしたなか、正之の正室菊が寛永十四年（一六三七）に死去した後、正之の厚い寵愛をうけたのが万《まん》である。万は元和六年（一六二〇）京都上賀茂社《かみがもしゃ》の神官藤木《ふじき》氏の子に生まれ、菊の死後から正之に奉公したとされる。正之と万とのあいだには、四男五女のじつに九人の子が生まれた。正之は一五人の子女を儲けたが、正之の死後まで存命だったのはわずか三人であり、このことは後述する。

寛永十七年（一六四〇）十二月四日には、正之にとって二男となる正頼《まさより》（幼名は虎菊《とらぎく》）が、翌十八年十一月十四日には、後に出羽米沢の上杉綱勝《うえすぎつなかつ》に嫁すことになる長女の媛《はる》が生まれている。いずれも母は万である。

五　山形時代の農政

領内総検地

山形に帰国中の正之は、寛永十五年四月から領内の総検地に着手していた。ここでは、その実施状況と山形藩の年貢《ねんぐ》徴収法《ちょうしゅうほう》を中心に、正之時代の山形藩農政について述べてみよう。

山形藩保科氏の寛永検地は、寛永十五年四月から翌十六年三月にかけての、およそ一年を費やして実施された。検地役人は鳥居氏の遺臣をふくむ五〇石から一五〇石取《どり》の中下級家臣で、三〜四人が一組となって村々を廻り、かつ実測を原則としていたとされる。その基準は、六尺五寸竿《さお》で三〇〇歩一反《いったん》制を採《と》っていたが、これは前領主の鳥居氏が行った検地とまったく同じ基準であった。検地帳には一筆《いっぴつ》ごとに耕地の所在地名・縦横《じゅうおう》間数《けんすう》・地種《ちしゅ》・等級《とうきゅう》・面積・名請人《なうけにん》などが記載されていた。なお鳥居氏の検地は、元和九年（一六二三）四月から翌寛永元年四月にかけて行われたが、後世「左京縄《さきょうなわ》」と呼ばれて怨嗟《えんさ》された、過酷な農民収奪のもととなった検地だったとされる。

「定納一紙」

検地が終了すると、山形藩は寛永十六年（一六三九）三月十日付で、柳田主水《やなぎだもんど》・坂清左衛門《ばんせいざえもん》・日向兵左衛門《ひなたへいざえもん》ら郡奉行《こおりぶぎょう》三人の連署による「定納一紙《じょうのういっし》」を領内の村々に一斉《いっせい》に交付した。定納一紙とは、村高《むらだか》、耕地の地種等級ごとの斗代《とだい》・面積・取米《とりまい》（年貢額）、そして最後に村全体の耕地面積と取米などが記され、毎年霜月晦日《しもつきみそか》を期限として年貢の皆済《かいさい》を命じた紙面で、山形藩では以後この定納一紙をもとに年貢が徴収された。

斗代取米法

保科氏の年貢徴収法は、鳥居氏にならい斗代取米法《とだいとりまいほう》が採用されていた。一般に斗代とは石盛《こくもり》と同義で、田畑一反当たりの米の生産額のことであるが、定納一紙の斗代は地種等級ごとの一反当たりの年貢額を指している。この斗代に面積を掛けて全体の年貢額を算出するのが斗代取米法である。こうした方式に拠ったのは、最上氏の領国時代からこの地域では精密な検地が実施されておらず、石盛法を採れなかったためとされる。しかもこの斗代は同じ地種等級でも一定ではなく、たとえば上田《じょうでん》の斗代は、山形藩領全域で一石二斗五升から五斗五升までの二四段階が設定されていた（『村山市史』『山形県史』）。

それにしても、上田の反当たり取米の一石二斗五升という数字は、きわめて高い斗代といわざるをえない。これを太閤検地《たいこうけんち》原則の石盛、すなわち上田一反＝一石五斗に照らせば、一石五斗の生産額から一石二斗五升の年貢を取ることになり、これでは五公五民をはるかに超える、じつに八三・三％という高い租率になってしまう。

村高の決定法

これは、山形藩の独特な村高の決め方に因《よ》っていた。すなわち右に述べたように、この斗代に田畑の面積を掛けて一村の年貢総額が決定されるが、その年貢総額が平均免《めん》三ツ九分三厘（年貢率三九・三％）に相当するように村高が決められていた。たとえばある村の年貢総額が三九三石とすれば、それを平均免三ツ九分三厘（〇・三九三）で除し、村高は一〇〇〇石となる。つまり通常見られるように、検地によって確定した村高に免を掛けて年貢額が決定されるのとは逆に、反当たりの年貢額（斗代）がまずはじめにあり、そこから逆算して村高が決定されていたのである。

こうした方式は、鳥居氏による元和検地以来のものであった。そして保科氏は免を平均三ツ九分三厘に固定し、従来の年貢額を下まわらないことを課税の方針としたため、じつはこの斗代もそこから逆算して算出されており、かならずしも実際の反当たりの生産額に見合った年貢額を表したわけではなかった。

「肥後様御縄」

鳥居時代の平均免は四ツ二分五厘（四二・五％）であった。保科氏は山形入国翌年の寛永十四年（一六三七）こそこの免を踏襲していたが、翌十五年以後は三ツ九分三厘に固定していた。よって表面上、租率は三・二％ほど引き下げられたことになる。それゆえか、元和検地が「左京縄」といって農民たちの怨嗟をかったのに対して、寛永検地は後世「肥《ひ》後《ご》様《さま》御縄《おなわ》」と呼んで讃えられたとされる。

しかし、村高の決め方が右のようなものであったことからすれば、それはたんに鳥居氏の免との数字上の比較にすぎず、実際に農民負担が軽減されていたか否かは別の問題である。『山形市史』よれば、寛永検地後、たとえば松原村《まつばらむら》（現山形市大字松原）での田方《たがた》全体の年貢率を、通常の石盛（一反＝一石五斗）に換算して算出したばあい五七・一％になり、同様に長谷堂寺町《はせどうじまち》（現山形市大字長谷堂）のやはり田方全体では、じつに七二・四％と驚くべき高額な年貢率であった。

寛永の大飢饉

ところで、正之の山形領有時代は、寛永の大飢饉《だいききん》が進行していた時期と重なっており、とくに寛永十九・二十年は全国的にもそのピークにあった（藤田覚「寛永飢饉と幕政」(一)(二)、『歴史』五九・六〇輯、一九八二・八三年）。山形藩も例外ではなく、寛永十六年（一六三九）に四万二六〇四石余だった藩の収入が、同十九年には三万二二七九石余にまで減少するなど藩財政は悪化の一途をたどっていた（『家世実紀』）。連年の凶作によって農民たちの年貢未納が重なったからである。

容赦ない年貢取り立て

そのため山形藩では、大飢饉のさなかにもかかわらず、容赦ない年貢の取り立てを行っていた。たとえば志土田《しとだ》村では、寛永十六年から十九年まで四年分の未納年貢を翌二十年に完納していたが、そのために村内の屋敷持ちの百姓六〇軒のうち、じつに六〇人の身売《みう》りが行われていた。正之はこの年七月に会津へ国替《くにがえ》となっていたから、その前に未納分をすべて取り立てようとしたのだとされる（榎本宗次「寛永飢饉と身売り」『日本歴史』一一三号、一九五七年、朝尾直弘『鎖国』小学館、一九七五年）。

保科氏の寛永検地は、鳥居氏以来の耕地の実情をより精緻《せいち》に把握し、斗代の修正や等級の引き下げなど、公正の度合いがより担保《たんぽ》されていた点でその意義が認められる。しかし農民の負担という視点から見れば、鳥居氏以来の徴祖法である斗代取米法の踏襲といい、右のような過酷ともいえる年貢の取り立てといい、保科時代の山形藩の農政も、農民から歓迎されるようなものでなかったことは確かなようである。

第五　陸奥会津への入封

一　入封前の会津

会津地方

陸奥《むつ》会津《あいづ》地方は、東の奥羽《おうう》山脈、西の越後《えちご》山脈、北の飯豊《いいで》山地、南の帝釈《たいしゃく》山脈など多くの山々に囲まれた会津盆地を中心とする地域で、気候は日本海岸式気候《にほんかいがんしきこう》の特性を備え、冬期には豪雪となるいっぽう夏期にはかなり気温が上がり、そのぶん稲作には適しており、現在でも日本有数の穀倉地帯となっている。

領主の変遷

室町《むろまち》から戦国時代にかけて会津を治めたのは蘆名《あしな》氏であった。しかし天正《てんしょう》十七年（一五八九）六月、米沢《よねざわ》から南奥羽に勢力拡大を狙う伊達政宗《だてまさむね》が蘆名義広《よしひろ》を討つと蘆名氏は滅亡した。翌十八年七月、豊臣秀吉《とよとみひでよし》は小田原の陣への遅参《ちさん》を理由に政宗から会津を没収し、ついで八月九日、政宗にかえて伊勢松ケ島《いせまつがしま》（のち松坂《まつざか》）の蒲生氏郷《がもううじさと》を四二万石で移した。氏郷は会津に入ると若松城《わかまつじょう》の築城や城下の整備を行い、また領内の総検地を実施した。これによって、蒲生氏の所領は実質九二万石に増加したとされる。なお、若松はもともと黒川《くろかわ》と呼ばれていたが、「会津旧事雑考《あいづきゅうじざつこう》」によれば、文禄《ぶんろく》元年（一五九二）六月、氏郷が蒲生家代々の氏神《うじがみ》である近江馬見岡綿向神社《まみおかわたむきじんじゃ》（現滋賀県日野町）参道の「若松の森」にちなんで、若松と命名したとされる。

上杉から蒲生へ

慶長《けいちょう》三年（一五九八）正月になると、氏郷の跡を継いだ秀行《ひでゆき》が、秀吉から家中騒動《かちゅうそうどう》を咎《とが》められて下野宇都宮《しもつけうつのみや》一八万石に転じ、会津には代わって上杉景勝《うえすぎかげかつ》が越後春日山《かすがやま》から一二〇万石で入った。だが、その景勝も関ヶ原の戦いの後、徳川家康《とくがわいえやす》によって米沢三〇万石に封じ込められ、慶長六年八月、再び蒲生秀行が会津に六〇万石で戻ることとなった。その後、秀行は同十七年五月に三十歳で病没し、わずか十歳の嫡男鶴千代《つるちよ》（のち忠郷《たださと》）に相続が許されたが、その忠郷も寛永《かんえい》四年（一六二七）正月四日、疱瘡《ほうそう》のためこれまた二十五歳の若さで世継《よつぎ》のないまま死去したのである。

加藤氏会津入封

これに対して幕府は、寛永四年二月十日、蒲生の名跡《みょうせき》を残すため忠郷の弟で出羽上《かみの》山《やま》四万石を領していた忠知《ただとも》を伊予松山《いよまつやま》に移し、近江の旧領四万石とをあわせて二四万石を与えた。この蒲生忠知の松山移封《いほう》にともない、交換の形で会津に入ったのが伊予松山で二〇万石を領し、賤ヶ岳《しずがたけ》の七本槍《ななほんやり》としても知られる加藤嘉明《かとうよしあき》であった。そして、四年後の寛永八年九月に嘉明が死去すると、その遺領会津四〇万石は嫡子明成《あきなり》が継いだのである（『梅津政景日記』「寛明日記」『寛政重修諸家譜』）。

加藤明成領地没収

会津若松城（福島県会津若松市追手町）

寛永二十年（一六四三）五月三日、越前福井の松平忠昌《まつだいらただまさ》、越後高田の松平光《みつ》長《なが》、加賀金沢の前田光高《まえだみつたか》などをはじめとする、在府の諸大名三〇人が江戸城白書院《しろしょいん》に召し出された。もちろん、そのなかには保科正之もふくまれていた。そして井伊直孝《いいなおたか》、土井利勝《どいとしかつ》・酒井忠勝《さかいただかつ》の両大老《たいろう》に堀田正盛《ほったまさもり》、松平信綱《のぶつな》・阿部《あべ》忠秋《ただあき》・阿部重次《しげつぐ》ら三老中の列座《れつざ》のもと、酒井忠勝と松平信綱から会津四〇万石加藤明成の領地没収と、嫡子明友《あきとも》に石《いわ》見安濃郡吉永《みあのうぐんよしなが》（現島根県大田市）で一万石を与えること、明成は同地に居住し病気養生すべきことなどが伝えられた（『池田光政日記』「寛永録」）。

領地返上の真相

明成の領地没収については、明成が

自主的に返上を申し出たもので、それを幕府が認めたのだが、その主な原因はいわゆる堀主水《ほりもんど》事件《じけん》にあるとされてきた。これは、先代加藤嘉明以来の家老で猪苗代《いなわしろ》城代《じょうだい》だった堀主水と新藩主明成との確執という、この時期に典型的に見られる御家騒動《おいえそうどう》で、くわえて、明成による若松城の無断修築や領内の苛政などにも原因があったとされた（『会津若松史』『福島県史』等）。しかし、これらの諸説はいずれも確実な史料によったものではなく、一次史料で見るかぎり、自身の病気と家臣の人材不足によって藩政のままならぬ明成が世間の評判を気にして、やはり自主的に領地返上を申し出たというのがことの真相だったようである（三宅正浩「会津領主加藤明成改易をめぐる諸認識」『福島大学人間発達文化学論集』二〇号、二〇一四年）。

なお加藤明成と堀主水との対立は、最終的に将軍家光の裁断で堀に非があるとされ、堀は即座に明成によって処刑されたが、その審理の過程で、大坂の陣のとき明成が豊臣方に内通していたのを堀が暴露したとする説もある（『御当家紀年録』）。また加藤氏と正之との関係という点では、明成の正室が保科正直の女だったこともあってか、加藤氏の石見転封《てんぽう》後、とくに寛文《かんぶん》期になると正之は、明成の嫡子明友《あきとも》とも頻繁に交流していたようである（『寛政重修諸家譜』『国史館日録』）。

若松城の守衛体制

さて同じ寛永二十年五月三日、やはり江戸城白書院西の縁《えん》において、陸奥米沢三〇万石の上杉定勝《さだかつ》が若松惣構《そうがまえ》の御番《ごばん》を、出羽庄内《しょうない》一四万石の酒井忠勝、陸奥白川《しらかわ》一〇万石の丹羽光重《にわみつしげ》、越後新発田《しばた》五万石の溝口宣直《みぞぐちのぶなお》、出羽上山《かみのやま》二万五〇〇〇石の土岐頼行《ときよりゆき》が若松在番《ざいばん》を家光から直接命じられ、銀子・御袷《あわせ》・羽織などを拝領した。また城受取《しろうけとり》の上使として勘定奉行《かんじょうぶぎょう》伊丹康勝《いたみやすかつ》、大目付《おおめつけ》宮城和甫《みやぎまさよし》が、目付として使番《つかいばん》多賀常長《たがつねなが》・能勢頼《のせより》隆《たか》が命じられた（「寛永録」『御当家紀年録』）。

城受取

城受取とは改易された大名の城を接収《せっしゅう》することで、御番・在番とはその城を次の城主が決まるまで預かることをいい、当然、領知高を基準にした軍事動員がともなっていた。動員される大名には、十分ではないものの幕府から扶持米《ふちまい》が支給され、こうした軍事行動に公的性格が付与されていた。また大名側もきわめて迅速に行動し、かつ幕府が要求する以上の軍事力を投入することが多かったとされる（藤井讓治「平時の軍事力」『講座日本の近世』一、中央公論社、一九九一年）。

二　陸奥会津二三万石へ

会津への国替

「江戸幕府日記」寛永二十年（一六四三）七月四日の条には、

一、午后刻《うまのごこく》御黒書院出御《しゅつぎょ》、保科肥後守召させられ会津へ得替《とくがえ》、三万石御加恩、都合廿三万石、次丹羽左京大夫（光重）召し出され二本松《にほんまつ》へ得替、次松平式部大輔（榊原忠次）召し出され白川《しらかわ》へ得替、三万石御加恩、都合拾四万石也、右の通りこれを仰せ付らる、

とあり、この日午后刻（午後一時頃）、江戸城黒書院に出御した家光は、まず保科正之を召し三万石を加増し都合二三万石として陸奥会津への国替《くにがえ》を、ついで丹羽光重に陸奥二本松（一〇万石）への国替を、榊原忠次《さかきばらただつぐ》に三万石を加増し都合一四万石として陸奥白川への国替をそれぞれ命じた。そして七月十二日には、黒書院次の間において、右の三人に国替にともなう知行書出《ちぎょうかきだし》が、酒井忠勝と老中列座のもと交付された。

奥羽統治の根拠地

会津は豊臣秀吉の天下統一以来、中央政権による奥羽統治の根拠地であった。江戸幕府成立後も秀吉政治の影響はのこり、幕府は蒲生、加藤という親幕とはいえ豊臣氏と関係の深い外様大名をこの地に入れざるをえなかった。しかし開幕後四〇年、初期の軍事的緊張が薄れていくなかで、ようやく奥羽の要《かなめ》の地である会津に、家光はもっとも信頼にたる保科正之を入れたのである。正之は三十三歳になっていた。

南山御蔵入

同時にこのとき、正之は会津南方の山岳地帯にあり南山御蔵入《みなみやまおくらいり》と呼ばれる会津郡・大沼郡《おおぬまぐん》の村々と、岩瀬郡《いわせぐん》のうちの勢至堂村《せいしどうむら》、下野塩谷郡《しもつけしおやぐん》のうち三依郷《みよりごう》六ヵ村の都合五万五〇〇〇石余（『家世実紀』では五万一二〇〇石余）の幕府直轄領を、「私領同前」に預かることも伝えられた（『譜牒余録』「会府世稿」『寛政重修諸家譜』）。

「私領同前」

南山御蔵入の地が、会津藩領として一括して正之に与えられなかったのは、家光が叔父である徳川頼房の水戸徳川家に遠慮して、その表高《おもてだか》である二八万石を超えるのを憚《はばか》ったためとされる（「会府世稿」）。いかにもありそうな理由である。しかし、この「私領同前」とは幕府が会津藩への課役としてその管理を委任したということであって、家光が正之への恩恵として、南山御蔵入の統治権をまったく会津藩に委ねたわけではない（丸井佳寿子「徳川幕藩体制下の大名預所について」『日本歴史』四四五号、一九八五年）。「会府世稿」は、正之が「謙遜《けんそん》なる生質故《せいしつゆえ》」に三年に一度ずつ年貢勘定《かんじょう》を仕立《したて》てたとするが、これは幕府の指示であって会津藩としては当然のことであった。

山形城在番体制

幕府は七月五日、出羽新庄《しんじょう》六万石の戸沢政盛《とざわまさもり》に山形城本丸と東根城《ひがしねじょう》・延沢城《のべさわじょう》の在番を、出羽本庄《ほんじょう》二万石の六郷政勝《ろくごうまさかつ》に山形城二の丸の在番を、出羽由利《ゆり》二万石の岩城宣隆《いわきのぶたか》に山形城三の丸の在番をそれぞれ命じた。ついで同二十三日には、幕府小姓組鈴木《こしょうぐみすずき》重氏《しげうじ》と丹羽正長《まさなが》を山形城引渡《ひきわたし》の上使とし、二人は家光の黒印状《こくいんじょう》と下知状《げちじょう》ならびに黄金五枚ずつを拝領した（「江戸幕府日記」『寛政重修諸家譜』）。

いっぽう正之は、七月六日に山形にいる保科正近《まさちか》ほか六人の家老たちに対して直書《じきしょ》を送り、山形城の掃除や本丸・二の丸以下の警備体制、城詰米・武器弾薬の管理など三九カ条にわたる詳細な指示を出し、上使への山形城引渡の万全《ばんぜん》を図《はか》った。七月十三日からは、若松城受取のため保科正近・遠山伊右衛門《とおやまいえもん》・小原光俊《おばらみつとし》らの重臣が山形を出発し、その他の家臣団も相次いで山形を発《た》った。

若松城受取

むかえた八月二日、保科正近らは若松城太鼓門《たいこもん》内において、幕府の上使伊丹康勝・宮城和甫、町野幸和《まちのゆきかず》らと対面して、若松城とともに領地目録《りょうちもくろく》、蠟漆之帳《ろううるしのちょう》、小物成帳《こものなりちょう》、御兵器之帳《ごへいきのちょう》などを受領し、城受取は無事に完了した。なお右の町野幸和は元《もと》蒲生家の家臣で、蒲生忠郷の死後家光に鉄砲頭として仕えていたが、若松城の事情に通じているとの理由で、家光からとくに会津に派遣されていた（『寛政重修諸家譜』）。

会津藩の所領

新たに保科正之が入った会津藩の所領高は「会津古事伝略記《あいづこじでんりゃくき》」に、

御知行高御目録
都合弐拾五万四千百八拾石五升四合
内弐拾三万石　御書出本田
弐万四千百八拾石五升四合　古新田新新田共ニ

とあるように、「御書出本田」（表高《おもてだか》）二三万石と新旧の新田二万四一八〇石五升四合を合わせ、都合二五万四一八〇石五升四合であった。表高二三万石の内訳は『家世実紀』に引用された領地目録によれば、猪苗代領で二万六二二石五斗五升三合、山之郡《やまぐん》（耶麻郡）で八万一三六六石一斗七合、河沼郡《かわぬまぐん》で二万五五四石三斗四升三合、稲川郡《いなかわぐん》で三万五

表3　会津藩の領知高

郡・領	会津入封時	寛文印知
猪苗代領	20,622石553	21,019石126
山之（耶麻）郡	81,366石107	81,483石0207
河沼郡	20,554石343	20,110石649
稲川郡	35,004石452	34,650石3023
小川庄（蒲原郡）	9,113石756	8,973石388
大沼郡	57,370石646	57,516石9
安積郡	6,027石633	6,246石614
合　計	230,000石	230,000石
新　田	24,180石054	

注：会津入封時は『家世実紀』「会津古事伝略記」に，
寛文印知は『寛文朱印留』による．

○○四石四斗五升二合、小川庄《おがわのしょう》（越後蒲原郡《かんばらぐん》）で九一一三石七斗五升六合、大沼郡《おおぬまぐん》で五万七三七○石六斗四升六合、安積郡《あさかぐん》で六○二七石六斗三升三合で（表3参照）、このほか「改出新田《あらためだししんでん》」として二万一九七○石を載せているが、「会津古事伝略記」の新田の高とは二二一○石余の違いがある。

若松城付の武器

また御兵器之帳によれば、加藤氏から引き継いだ若松城付《づき》の主な武器は、鉄砲三九三二挺《ちょう》、石火矢《いしびや》一六挺、鉛玉五四万四三○○発、唐金《からかね》（青銅）玉三二万一七○○発、玉薬《たまぐすり》一万九六三五貫目、火縄一万筋、塗弓《ぬりゆみ》四八○張、靫《うつぼ》二五○、矢二万三六四○本、弓弦《ゆみづる》一三七○筋、槍八四一本、幟具足五○領などであった。これは、庄内藩酒井氏の正史「雞肋編《けいろくへん》」の数字とも一致している。

山形城引渡

八月七日、山形城受取の上使鈴木重氏・丹羽正長と羽州《うしゅう》代官松平親正《ちかまさ》が山形に到着すると、翌八日、会津藩組頭神保長利《じんぼながとし》・日向次吉《ひなたつぐよし》の応接のもと山形城の引渡が行われた

（「唖者之独見」）。また山形城付の武器弾薬、すなわち火薬四五六二貫余、鉄砲玉三四万七八七〇発、塩硝《えんしょう》六五〇貫余、火縄一三〇〇筋などが鳥居氏家老の高須源兵衛発行の目録とともに、神保・日向・坂清左衛門《ばんせいざえもん》から二の丸在番をつとめていた六郷政勝の家臣太田市郎兵衛らに渡された。ほかに城詰米四七六八石余、大豆一八八石余、油荏五九石余、塩二六一俵、銀子一〇貫九五一匁余が、やはり高須源兵衛の目録を添えて、代官松平親正に渡された。城詰米以下は、鳥居氏から引き継いだ額とほぼ同じであった。なお、この後の山形には、寛永二十一年（一六四四）三月に結城秀康《ゆうきひでやす》（家康の二男）の五男で越前大野《えちぜんおおの》五万石の松平直基《なおもと》が、一〇万石の加増を受け一五万石で入っている（「松平諸家系譜」）。

朝鮮通信使

この間、正之は七月十一日に徳川家綱《いえつな》が生見玉《いきみたま》の御膳《ごぜん》を父家光に献じた際、家光が主催した饗宴に井伊直孝、土井利勝、酒井忠勝らとともに招かれた。同十八日には、朝《ちょう》鮮通信使《せんつうしんし》の礼聘《れいへい》が江戸城大広間で行われた。朝鮮通信使は寛永十三年についで五度目の来日であり（初めの三回は回答兼刷還使《かいとうけんさつかんし》といった）、今回は家綱の誕生祝賀が目的であった。家綱の誕生については章を改めて述べる。この日巳上刻《みのじょうこく》（午前九時頃）、朝鮮国の正使・副使・従事官《じゅうじかん》の三使《さんし》が大広間下段の東側に着座すると、正之はその向座《むかいざ》に井伊直孝、松平定行《さだゆき》、土井利勝、酒井忠勝、堀田正盛らの少将、侍従の面々とともに束帯《そくたい》を着して列座し威厳を添えた（「江戸幕府日記」『御当家紀年録』）。このとき井伊直孝、酒井忠勝、堀田正盛らは上段に座る家光のもとに行って上意を伺い、三使を応接する対馬《つしま》藩主の宗義成《そうよしなり》にその旨を伝えたりしたが、松平定行（父定勝《さだかつ》は家康の異父弟）や正之がそうした役割を担うことはなかった。これは井伊直孝らが徳川氏の家来筋の家柄であるのに対して、正之や定行が徳川氏の一門・縁戚に連なる家系であることと、正之らが日常的に家光に仕えていた側近ではなかったことに因っている。

若松城入城

このように正之は幕府の諸行事に日を送り、会津に向けて江戸を発ったのは国替を命じられたほぼひと月後の八月二日であった。そして同八日、会津に到着するとようやく若松城本丸に入ったのである（「土津霊神事実」）。

三　新領国会津の統治

入国の祝儀

その八日後の寛永二十年（一六四三）八月十六日、正之や主な家臣に対して会津城下の町人たちから入国の祝儀《しゅうぎ》が贈られた。「御入国御祝四町之入用」によれば、「御城」すなわち正之には銀二〇枚、昆布《こんぶ》一〇把、烏賊《いか》二〇連、鰹二〇連、御樽二荷《か》が、また城代保科正近には銀三枚、鰹二〇連が、このほか北原光次、小原光俊、田中正玄《たなかまさはる》、神尾《かみお》六左衛門には鰹一〇連ずつが、遠山伊右衛門と坂清左衛門にも金一両と鰹一〇連ずつが贈られた。その総額は金二九両、銭に換算して一四四貫九〇〇文となり、会津城下の新町《しんまち》、博《ばく》労町《ろうまち》、甲賀町《こうがまち》、馬場町《ばばまち》、大町《おおまち》、後町《うしろまち》、南町《みなみまち》、河原町《かわらまち》の八町が、その所持する伝馬《てんま》の数に比例してこれを負担した。

領地と領民の掌握

　正之は入部直後から城下をはじめとする領内各地を精力的に巡見し、新領国会津の領地と領民の掌握《しょうあく》に努めた。まず八月十二日に若松大町の札辻《ふだのつじ》に喧嘩口論《けんかこうろん》や押買狼藉《おしかいろうぜき》、博奕《ばくち》、また他国者やキリシタンへの宿貸《やどがし》、寺社・在家《ざいけ》への乱入と竹木《ちくぼく》の伐採などを禁じた制札を立て、城下の治安確保を目指した。八月二十三日には代官を対象に一九ヵ条の郷村諸収納方之次第《ごうそんしょしゅうのうかたのしだい》を定めて年貢収納に関する詳細な指示を与え、当年（寛永二十年）の確実な年貢徴収を図った。ついで十二月朔日には、五人組・十人組の編成の仕方やキリシタン穿鑿《せんさく》の徹底、博奕諸勝負事や欠落《かけおち》男女の隠匿《いんとく》禁止など、一八ヵ条にわたる地下御《じげお》仕置書《しおきしょ》を発布して、この後の農村支配の基本方針を明らかにした。もちろんこれには、農民を領主に抵抗しない確実な年貢負担者とする意図があった。

口留番所

　この間の十月一日には、越後街道の赤谷ほか越後に通じる石間・栃堀・矢沢、米沢街道の桧原《ひばら》、下野街道《しもつけかいどう》の糸沢《いとざわ》、白川街道の勢至堂《せいしどう》、二本松街道の壺下《つぼした》など他領に通じる諸口に口留番所《くちどめばんしょ》を設置して番人を置いた。そして蠟《ろう》・漆《うるし》・鉛《なまり》・熊皮《くまがわ》・巣鷹《すだか》・女・駒《こま》・紙の「八品」を津留品《つどめひん》に指定して物資の不足を防ぎ、かつ翌正保元年八月の口留番所之定《くちどめばんしょのさだめ》に

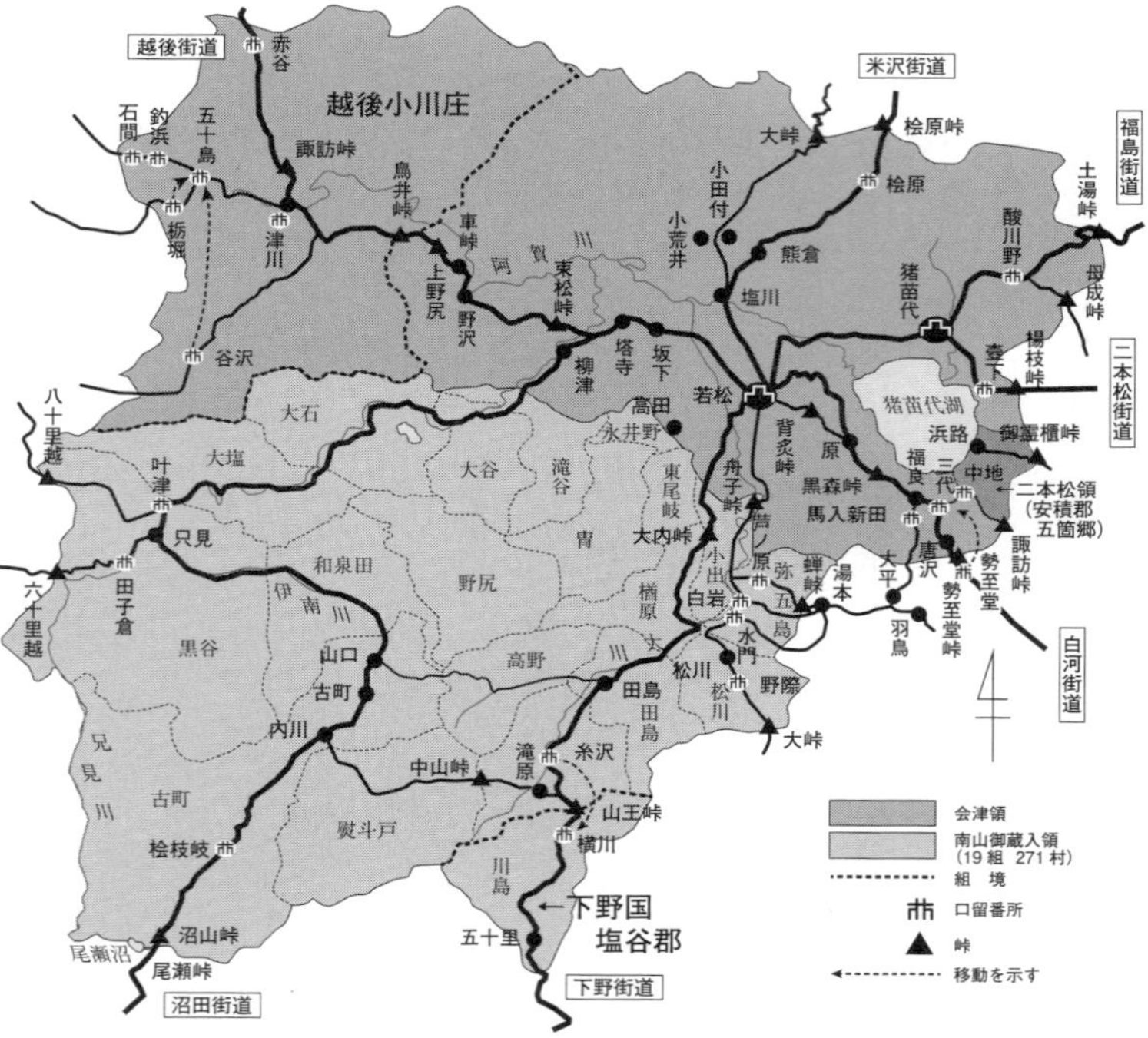

会津領および南山御蔵入地図

『会津若松市史』5巻（2001年）をもとに作図.

よって出入りの品々を管理・統制して領内経済の安定化を図った。

半石半永制

さらに十月十九日には若松町中の米市《こめいち》を毎月五日・十日・十五日・二十日・二十五日・晦日《みそか》の月六回に定めた。会津では蒲生氏が入封して以来、田年貢を米と貨幣で半々ずつ徴収する半石半永制《はんごくはんえいせい》が採られていたが、米の換金市場は主として領内の金銀山であったから、この月六回の米市は、農民だけでなく年貢米を売却して生活する家臣団にも配慮したものであった。

金銀山の統制

藩の重要な収入源である金銀山の統制も行った。会津藩領には石ケ森《いしがもり》金山《きんざん》、金山沢金山、黒森金山、高玉金山、軽井沢《かるいざわ》銀山《ぎんざん》、桧原銀山、岩尾銀山、蟬平《せみひら》銅山《どうざん》などの諸鉱山があったが、八月二十七日に金山諸役之定《きんざんしょやくのさだめ》によって、たとえば鉛五貫目につき金一分、石筋《いしすじ》（鉱脈）一本につき銀一匁六分、研札《とぎふだ》一枚につき銀八匁など運上《うんじょう》金銀の徴収額を定め、また諸鉱山への払米《はらいまい》については常に若松城下の米相場の五匁増《ま》しとした。十月十八日には、領内最大の銀山である軽井沢銀山に五ヵ条の定書《さだめがき》を発し、新鉱脈発見の奨励、開掘・生産の保護、運上役の厳重な取立てなどを定めて収入の増大を図った。ただし、これらの鉱山はいずれも蒲生、加藤時代に採掘のピークを迎えており、正之が入部した後の十八世紀初頭には採掘量も減少傾向にあった。たとえば石ケ森金山は蒲生時代には三六〇万両余を、加藤時代には六五〇万両を採掘したのに対して、正之の入部から万治《まんじ》元年（一六五八）までの採掘量は、一万六四〇〇両余と吹金三八貫余にすぎなかったとされる（『会津若松市史』）。

実務担当役人

このように、代官や村方、諸鉱山に諸々の法令を発布し、藩の収入確保ないし増大を図るいっぽう、それらの実務を担当する役人も決定した。すなわち十一月九日、正之は会津藩領と南山御蔵入の差引《さしひき》（支配）を遠山伊右衛門に、惣金山奉行を坂清左衛門に、惣山林と売山の差引を佐川勘兵衛《さかわかんべえ》に、蠟・漆の元締《もとじめ》を鵜沼善助《うぬまぜんすけ》と林治右衛門《はやしじえもん》にそれぞれ担当させ、その責任の所在を明らかにした。

寺社領の寄進

ついで会津領内の諸寺社に対しては、正之はまず十一月十五日に会津の前領主である加藤氏が勧請《かんじょう》した大権現宮《だいごんげんぐう》（現大沼郡会津美里町）に参拝すると、別当の延寿寺《えんじゅじ》に東照大《とうしょうだい》権現《ごんげん》御供料《おそなえりょう》として二〇〇石を寄進したほか、同じ十一月十五日付で興徳寺《こうとくじ》・恵日寺《えにちじ》・蓮華寺《れんげじ》・実相寺《じっそうじ》・成願寺《じょうがんじ》・円蔵寺《えんぞうじ》・融通寺《ゆうつうじ》・高岩寺《こうがんじ》・天寧寺《てんねいじ》・恵倫寺《えりんじ》・示現寺《じげんじ》・諏訪《すわ》社《しゃ》・亀福院《きふくいん》などにも五〇石から二〇〇石の所領をいっせいに寄進した（「興徳寺文書」「示現寺文書」「八角神社文書」「土津霊神事実」）。その寄進状には、いずれも「先規の如く寄進し訖《おわん》ぬ」といった文言があり、正之はこれら諸寺社の既得権を追認し当面の秩序の維持を図ったのである。

新寺院の建立

そのいっぽうで、山形浄土寺の住僧霊徹が若松の願成寺《がんせいじ》の住職を仰せ付けられるなど、

猪苗代城代

陸奥國会津領河沼郡
寛永廿年
十一月十五日
肥後守
融通寺

寛永20年11月15日付　保科正之寺領寄進状
（会津若松市・融通寺蔵）

多くの僧侶が山形から会津に移っていた。そして、彼らは若松城下において新たに寺地を拝領して、浄光寺《じようこうじ》・建福寺《けんぷくじ》・善竜寺《ぜんりゆうじ》・文明寺《ぶんめいじ》・大竜寺《だいりゆうじ》・大法寺《だいほうじ》・西竜寺《せいりゆうじ》・静松《せいしよう》寺《じ》などの諸寺院が建立された。これらのなかには、正之の生母静《しず》の菩提寺である浄光寺の日遵や、保科氏の菩提寺建福寺の鉄舟など、高遠以来の僧侶で正之に従って山形、ついで会津へと移ってきた者たちもいた。

十二月には猪苗代城に初めて城代を置いた。猪苗代城は領内最大の支城であり、かつ会津統治の重要な拠点でもあった。入国時に左京衆の杉浦《すぎうら》藤八郎《とうはちろう》成信《しげのぶ》が受取って以来、侍組《さむらいぐみ》の組頭が三〇日交代で在番していたが、このとき会津出身で領内の事情に通じた旗奉行沼《ぬま》沢《さわ》出雲《いずも》忠通《ただみち》が、組士《くみこ》一〇騎を率いて常駐することとなった。

このように正之は様々な施策を矢継ぎ早に実施し、そのまま年を越して寛永二十一年

（十二月十六日に正保《しょうほう》と改元）正月を若松城でむかえたが、同三日には早くも参勤のために会津を発った。そして九日に江戸に到着すると十六日、正之は江戸城に登城して家光に拝謁し、銀三〇〇枚、綿二〇〇把、漆一〇桶を献上した。またこのとき家光の嫡子家綱にも、銀一〇〇枚、綿一〇〇把、蠟燭五〇〇挺を献上してお目見した（「江戸幕府日記」「会府世稿」）。

四　家臣団の掌握と統制

家臣の召抱え

新たに会津に入封した正之にとって、大名権力を支える家臣団の掌握と統制は、当面する大きな課題であった。会津に入国した八月、正之はまず安達兵左衛門知世《あだちへいざえもんともよ》を一〇〇〇石で、山高忠左衛門《やまたかちゅうざえもん》を四〇〇石で召し出すなど、加藤家の牢人一一人を召し抱えた。領国経営のため、とくに民政の巧者をすすんで召し出したとされる（『会津若松史』）。また翌正保元年（一六四四）九月朔日には、加藤家で家老をつとめた萱野権兵衛長則《かやのごんべえながのり》を旧知の一五〇〇石で召し出し奉行職とした。萱野は隠居後もたびたび家老たちから藩政の諮問を受けたとされる（「唖者之独見」）。

ところで、会津入国時に正之が召し抱えた一一人という数は、山形入封のとき抱えた鳥居家の牢人（左京衆）の一五八人という多さとはきわめて対照的である。これは今回の加増高が三万石と山形入封時ほど多くはなかったことに因っているが、そのいっぽうで、山形時代に領知高に見合う（幕府軍役に対応できる）規模の家臣団が、すでに編成されていたことも示している。

家臣団の総加増

ついで十一月十三日には家臣団の総加増を行った。すなわち新たに召し抱えた者、家督を継いでいても若輩の者、長病人などを除き、一〇〇石から三五〇石までの家臣に五〇石ずつを、四〇〇石から五〇〇石の家臣には一〇〇石ずつを、六〇〇石から七〇〇石の家臣には一五〇石ずつを、八〇〇石から一〇〇〇石の家臣には二〇〇石ずつを、それぞれいっせいに加増した。また北原光次と田中正玄に各々五〇〇石、小原光俊に四〇〇石、今村盛勝と神保長利に各々三〇〇石といったように、一〇〇〇石以上の上級家臣には銘々に加増がなされた。なお、保科正近はこれ以前に四〇〇〇石となっていたが、今回も加増を固辞したとされる。長病人など例外があるので正確な数字ではないが、山形時代における家臣団の構成をもとにすると、このときの加増高は全体で一万六五〇〇石ほどと推定される。

この総加増は一〇〇〇石以上の上級家臣を除けば機械的・事務的なものではあったが、それでもこうした恩典を与えることは、正之と家臣団との主従関係をより強固なものとし、かつ知行高が軍役賦課の基準だったことからすれば、この加増は会津藩軍事力の増強にも繋がるものであった。また同じ日、入国の祝儀として、この年に限って口米《くちまい》一〇〇石に付き八斗、糠《ぬか》・藁《わら》銭一〇〇石に付き金一分が支給された。これより前の十月二十日には、勘定所を通じて江戸詰め家臣や奉公人たちへの扶持米・給金の支給基準を定め、江戸での出費が不可欠な家臣団への負担軽減も図っていた。

表4　寛永20年8月の会津藩家臣団階層構成

階　層	人数（%）	石高合計
4000石台	1人　(0.2)	4,000石
3000石台		
2000石台	4人　(0.9)	8,800石
1000石台	10人　(2.4)	12,450石
900石台		
800石台	6人　(1.4)	4,950石
700石台	1人　(0.2)	750石
600石台	14人　(3.3)	8,400石
500石台	25人　(5.9)	12,800石
400石台	19人　(4.5)	7,600石
300石台	81人　(19.1)	26,450石
200石台	149人　(35.2)	33,650石
100石台	79人　(18.7)	10,770石
100石未満	34人　(8.0)	1,933石66
合　計	423人（100.0）	132,553石66

注：「会津他藩中分限鑑」による.

知行取家臣

表4は「会津《あいづ》他《た》藩中《はんちゅう》分《ぶ》限鑑《げんかがみ》」をもとに作成した、寛永二十年末時点における知行取家臣団の階層ごとの人数と知行高を表したものである。知行取家臣は四〇〇〇石の保科正近を筆頭に四〇石の者までの都合四二三人であり、その知行高の総計は、会津藩の表高《おもてだか》二三万石の半数を超える一三万二五五三石余となった。また一〇〇石未満の家臣

には、大工、甲冑師《かっちゅうし》、塀屋などの職人もふくまれていた。もちろん知行取家臣だけではなく、扶持米や給金を支給される下級家臣もおり、家臣団全体の数は寛永二十年末では不明なものの、寛文五年（一六六五）の時点では三〇八九人にのぼっていた。なお『福島県史』収載の「会津御入部御供之諸士知行附会城明細記」では、会津入国時の家臣団の総数は四二〇人、知行高の総計は一三万九五一石余であり、表4の数字とは若干異なっている。

侍組

知行取家臣の主な者は、藩軍事力の中核である侍組（外様組《とざまぐみ》ともいった）に編入された。侍組は藩主身辺の護衛はもちろん、城中、城下、領内や国境の警備などを行ったほか江戸勤番にも当たった。通常は一組三〇人程度で編成され、正之の時代には八組があり、その組頭は井深監物《いぶかけんもつ》・赤羽仁右衛門《あかばねにえもん》・篠田内膳《しのだないぜん》・日向半之丞《ひなたはんのじょう》次吉《つぐよし》ら高遠以来の譜代家臣のほか、今村盛勝・神保長利・沼沢出雲・三宅孫兵衛《みやけまごべえ》重次《しげつぐ》・安達知世など鳥居家や加藤家の遺臣もつとめていた。

蔵米知行への移行

これら家臣団の知行形態は山形時代のように地方知行《じかたちぎょう》は採用せず、多くの譜代大名と同じようにすべて蔵米《くらまい》知行とし、本知《ほんち》・加増高とも四ツ物成《ものなり》、つまり知行高の四〇％を藩庫から俵《たわら》で支給する仕組みをとった。この地方知行から蔵米知行への移行は、給人《きゅうにん》（知行地を与えられた武士）の恣意《しい》的な農民収奪の道を遮断すると同時に、すべての家臣が藩に依存しなければ「家」の存続ができなくなることを意味し、逆に藩主の側から見ればその絶対的権力、いわゆる大名宗主権《そうしゅけん》の確立を物語るものでもあった。

大名宗主権の確立

正之も先に述べた総加増とこの蔵米知行への移行によって、大名宗主権を確立して家臣団を強力に掌握したのである。この背景には、正之に藩主としての資質が十分に備わっていたことはもちろんだが、くわえて正之への加増が戦陣での恩賞によるものではなかったこと、すなわち家臣の側からも多額な知行または知行地を望む動きがなかったこと（これは保科正近が加増を固辞したことに如実に示される）、そして二度の転封によって家臣と在地との関わりがまったく払拭《ふっしょく》されていたことなどが考えられる。

家臣団の統制

こうして編成された家臣団に対して、その統制も漸次《ぜんじ》強化された。まず慶安四年（一六五一）十一月十一日、二〇〇石から一万石までの家臣団の軍役量を定め、翌十二月には出陣における騎馬の指物《さしもの》の制を定めた。承応《じょうおう》元年（一六五二）正月には、改めて軍禁《ぐんきん》一五ヵ条、軍令《ぐんれい》一四ヵ条、家中掟《かちゅうおきて》一四ヵ条、道中掟《どうちゅうおきて》一三ヵ条などの法度《はっと》を定め、かつ毎年正月十一日と七月十八日の両日に、家臣団に読み聞かせることも命じた。これらは将軍家光の死後、正之の在府が長期にわたることが予想されたため、国元の家臣団の緩《ゆる》みに対処するものであった。ついで明暦《めいれき》三年（一六五七）正月十一日には、これまでの軍禁・軍令を廃棄し、改めて甲州流軍学を基本にした軍令一〇ヵ条と軍禁五ヵ条を定め、以前と同様に正月十一日と七月十八日に組頭・物頭が、その禁令や備《そなえ》の図を組士に読み聞かせることなどを厳命した。

新たな軍役規定

寛文四年（一六六四）五月二十日、正之は一〇〇石から五〇〇〇石までの家臣の新たな軍役規定を公布した。これは側近の友松氏興に命じて作成させた、初期会津藩軍役の集大成とされるものである（『会津若松史』）。これによれば、たとえば五〇〇石取では従者《じゅうしゃ》の動員人数が一二人で、幕府軍役と比較すると全体として数量的にはやや小さく、乗馬《のりうま》は藩からの貸馬《かしうま》であるなど、家臣団の経済状態をも考慮したものであった。

五　会津藩政の展開

藩主不在の藩政

会津に国替となって以後、正之はほとんどの期間を江戸で過ごしており、会津に赴いたのは生涯でわずか五回にすぎなかった。また会津での滞在期間は延べにしても約二年ほどしかなく、しかも正之は寛文九年四月二十七日に致仕《ちし》（隠居）が許されていたので、藩主として在国したのは、その治世二七年間のうちおよそ一年二ヵ月ときわめて短期間であった（二八八頁「保科正之の居所表」参照）。逆に見れば、正之時代の会津藩政は、ほとんどが藩主不在のままで行われていたことになる。

加判衆

その会津藩政の核となったのが、城代を筆頭に家老・奉行衆などで構成される加判《かはん》衆《しゅう》であった。加判とはほんらい法令などに署名・押印することであるが、加判衆は藩主正之の意向を前提として、主に家老が藩政の基本方針の決定や法令の作成を行い、奉行衆が庶政の分担、法令の制定・公布といった実務を担っていた。そして、これらの政務を統括したのが城代であった。城代は高遠時代から保科正近がつとめていたが、慶安二年（一六四九）四月に正近が病死すると、翌三年二月から寛文六年（一六六六）四月まで北原光次が、ついで同十二年五月まで田中正玄がその任に当たっていた。

大寄合

加判衆の評議は寄合《よりあい》と呼ばれ、明暦二年（一六五六）六月には正之の長期不在が確実なため、毎月三と八の付く都合六日を大寄合日とすることが定められた。この日に加判衆と大目付らが参会して正之からの指示を受けるほか、諸役人の善悪の詮議や人事、領内支配の方針などが話し合われた。また政務処理の迅速性も考慮してであろう、江戸にいる正之の意向がなくとも、少々のことについては加判衆のみでの決定権も与えられていた。そして、この加判衆の下に町奉行や郡奉行《こおりぶぎょう》・代官が置かれ、町方や郷村の支配が行われたのである。

会津藩政の課題

さて正之時代の会津藩政において、そのもっとも大きな課題は前節で述べた家臣団の統制・掌握とともに、農民から安定的に年貢・諸役を徴収する仕組みを作り、藩財政を確立することであった。そのためには、まず寛永飢饉や前領主加藤明成時代の圧政によって荒廃した農村を復興し、そのうえで年貢・諸役の負担に耐えられる村落・農民を育成することが求められた。

農民の召返し

会津への国替が決定した直後の寛永二十年（一六四三）七月、正之は早くも会津の村々に欠落・逃散《ちょうさん》した農民の召返《めしかえ》しを触れ、人によっては諸役の免除や以前の不届きを不問にすることなどを表明した。また、その後もたびたび欠落農民の帰村を命じ、承応元年（一六五二）二月には召返役《めしかえしやく》をも設置した。もちろんこれらは、農村での労働力確保が最大の目的であった。いっぽう正保四年（一六四七）十一月には初めて農民から目安《めやす》を提出させ、明暦以後もしばしば横目《よこめ》・徒目付《かちめつけ》に領内を巡察させて目安を受取り、これをみずからが閲覧するなど、正之は農民支配における末端の業務や農村の実情をより深く把握しようとつとめた。

慶安検地

加藤時代の会津農村は、「迷高《まよいだか》」と呼んで土地のない所にまで石高が付けられ、そこからも年貢が徴収されるなど、農民たちは困窮をきわめていた。これを是正したのが慶安検地である。検地は慶安元年（一六四八）から実施されたが、それは農民たちの訴願によっていたとされる。正之は検地に当たり「百姓の甲乙、郷村の善悪、引方《ひきかた》、免相《めんあい》（年貢率）に疎意なきよう」指示し、その結果、検地を受けた一七九ヵ村で都合約一万三〇〇〇石の村高が減少し、かつ迷高もまったく廃止され、その廃止分の七〇〇〇石と合わせて二万石余が減石《げんこく》となった。そしてこの検地によって確定した村高が、その後の会津藩年貢徴収の基礎となった（山口孝平編『近世会津史の研究』上巻）。

正之は会津入部当初から夫食米《ふじきまい》を低利で貸し出すなど、積極的に農民救済を行っていたが、そうした政策のひとつの帰結が社倉制度《しやそうせいど》である。社倉とは、本来凶作や飢饉に備えて米穀を蓄えた倉庫のことで、中国宋代の儒学者朱熹《しゆき》（朱子）が民衆救済のために考案し、日本には山崎闇斎《やまざきあんさい》『朱子社倉法』などによって紹介されていた。

承応三年（一六五四）十一月、正之は当年が万一凶作のばあいは、百姓を救うために藩で米六・七〇〇〇俵を買い上げて代官に預け置き、低利で貸し出すよう指示した。これを承けた会津藩では加判衆や郡奉行が協議し、山形領有時代に欠所《けつしよ》収公して得た金九六一両を原資として、金一〇両に七三俵の値段で米七〇一五俵一斗四升を買い上げ、これを二割の利息で貸し出すことを決定し、翌明暦元年の春から実施に移した。これが後に社倉法と呼ばれるようになるのである。

当時、一般的な借米の利息は三割から五割だったから、二割はかなりの低利であった。その結果翌二年十月、正之は「利米一四〇〇俵を得、元利合わせて八四〇〇俵となり、当年暮れには一万八〇俵が見積もれ、また百姓一同もきわめて有り難く存じています」

との報告を加判衆から受けていた。そして万治元年（一六五八）には、基金四九両三分銭八五八文をもって社倉金も置かれたとされる（『会津若松史』）。

社倉米金の運用法

その後、社倉金渡方定之《わたしかたさだめの》条々・社倉米渡方定之条々・社倉米之内出役之者《しゅつやくのもの》へ相渡候定之条々によって、社倉米金の運用方法が明確に定められた。いちいち条文を挙げることはせぬが、そこには、年貢を納められない百姓への無償貸与と二〜三年の返済猶予、堰堤川除普請《せきつつみかわよけぶしん》および郷村出張の諸役人にかかる費用への充当など、全体として窮乏農民の救済と最低限の生活維持にくわえ、郷村支配にかかる経費一切を社倉米金から支出することが規定されていた。

社倉の形骸化

社倉制度は初めの資金こそ会津藩の藩庫から支出され、また極貧の者への無償貸与や返済の猶予も規定されていたが、その後は全体として借りる側の郷村や農民たちが払う二割の利息で運用された。つまり社倉制度は、藩財政からは分離された一種の基金なのであって、その最大の目的である農民救済にくわえて、郷村支配にかかる経費一切が理屈のうえでは藩財政を圧迫しないことになり、その意味でもまことに巧妙な仕組みだった。しかし正之の死後、とくに元禄《げんろく》以後になると、藩財政の窮迫にともなって社倉米はたびたび家臣団の救済にも充てられるようになり、元文《げんぶん》年間（一七三六―四一）には流用額の合計が四万一六〇〇〇俵余におよぶなど、社倉制度は当初の主旨からは離れ、形骸化してしまったとされる（高木昭作「幕藩制第一段階から第二段階への移行について」『歴史学研究』二七七号、一九六三年）。

「社倉ハ民ノ為」

後に述べるように、正之は儒学、なかでも朱子学に深く傾倒しており、社倉制度創設の意図も、儒教的徳治主義《とくちしゅぎ》にもとづく仁政《じんせい》の実現にあったことは間違いない。それは、正之が遺したいわゆる「家訓《かきん》十五条」の第十四条にも「社倉ハ民ノ為ニ之ヲ置ク、永利ノ為ノ者也、歳饑《としう》ヘレバ則チ発出シテ之ヲ済《すく》フベシ、之ヲ他用スベカラズ（原漢文）」とあり、社倉は民のために凶作・飢饉への備えとして置くのであって他に用いてはならぬ、と厳命していたことでも首肯される。しかし、正之の意図とは別に、その貧民・飢民の救済も、詰まるところは藩財政を支える年貢負担者の維持という点に帰結するのであって、結局は封建的領主支配の枠組みを一歩も超えるものではなかった。

老養扶持

このほかにも、正之は民間風俗の粛正、迷信・淫祠《いんし》・卑猥《ひわい》な所業の制禁、人身売買の厳禁、火葬および産子《うぶこ》殺しの禁止、残忍な刑罰の廃止、孝子節婦《こうしせっぷ》の積極的表彰、老養扶《ろうようふ》持《ち》の創設などによって、儒教的倫理観の涵養《かんよう》をはかり庶民生活の向上に努めた。とくに最後の老養扶持とは、寛文三年（一六六三）八月に開始された会津領内の九十歳以上の貴賤男女すべてに生涯一人扶持《いちにんぶち》（通常一日米五合で年間一石八斗）を支給するもので、「前代未聞之御善政」（『家世実紀』）と評価され、現代の国民年金制度に比すべきものと見る向きもある。ただこの制度も、封建支配の枠内で行われた恩恵であって、『会津若松史』も述べるように、けっして庶民一般の権利として与えられたものではなかった。

第六　徳川家綱の誕生と家光の死

一　徳川家綱の誕生と元服

家綱誕生

江戸幕府四代将軍となる徳川家綱《とくがわいえつな》は、寛永《かんえい》十八年（一六四一）八月三日巳刻《みのこく》（午前一〇時頃）江戸城本丸で誕生した。母は家光《いえみつ》の側室でお楽《らく》の方（宝樹院《ほうじゅいん》）といった。父家光にとっては、長女千代姫《ちよひめ》につぐ第二子であり、かつ三十八歳にしてようやく恵まれた待望の男子であった。家綱が生まれると、それを待ちかねたように徳川義直《よしなお》らの御三家をはじめとする在江戸の諸大名や旗本が相次いで登城《とじょう》し、黒書院《くろしょいん》において残らず家光にお目見《めみえ》して祝いをのべた。そして家光からも御酒が振る舞われ、その後も義直らは連日、家綱の機嫌窺《きげんうかが》いのために登城した（「江戸幕府日記」）。

七夜の儀

同八月九日には家綱の七夜《しちや》の儀が行われ、南光坊天海《なんこうぼうてんかい》が特旨《とくし》をもって父家光と同じ「竹千代《たけちよ》」の初名を奉じた。また、この日初めて御三家の当主とその世子《せいし》、そして譜代筆頭の井伊直孝《いいなおたか》が御座《ござ》の間《ま》において家綱に対顔《たいがん》した（「江戸幕府日記」）。ついで諸大名・旗本から家綱に祝儀の品が献上された。一〇万石以上三〇万石以下の大名の品は、腰物《こしもの》、脇指《わきざし》と産衣《うぶぎ》五重、三種二荷と定められ、山形二〇万石の保科正之も光忠《みつただ》の腰物と吉貞《よしさだ》の脇指などを献上した（『御当家紀年録』「土津霊神事実」）。

御加の役をつとめる

寛永十九年二月九日、家綱の宮参りが行われた。家綱はまず巳刻に二の丸の東照社《とうしょうしゃ》に詣でた。このとき近習《きんじゅう》数人が装束を身にまとって供奉《ぐぶ》し、太刀《たち》目録《もくろく》を献じて神酒《みき》を頂戴したが、その御酌《しゃく》の役を吉良義冬《きらよしふゆ》が、神酒を入れる器を持つ御加《くわえ》の役を保科正之がつとめた。家綱に関する儀礼の場で、こうした役割を正之が果たすのはこれが初めてのことであった。その後、家綱はいったん本丸に戻り、巳下刻《みのげこく》（午前一一時頃）に大手門から出て紅葉山《もみじやま》東照社に詣で、ついで山王社《さんのうしゃ》（日枝《ひえ》神社）にも参詣《さんけい》した。山王社は徳川氏の産土《うぶすな》神であることから、父家光も宮参りのときに詣でており（「慶長見聞録案紙《けいちょうけんぶんろくあんし》」）、その吉例《きちれい》に倣《なら》ったもので以後将軍家の恒例となった。そして御酌・御加の役は最前と同じく吉良義冬と正之がつとめた。

山王社から還御《かんぎょ》の途中、家綱は井伊直孝宅に立ち寄り御膳の献上を受けていたが、これもその後の慣例となった。大手門から紅葉山そして山王社へと向かう家綱の行列は、たとえば家綱の後にしたがった鉄砲二〇挺には猩々緋《しょうじょうひ》が被《かぶ》せられ、鑓二〇本は虎皮《とらがわ》の投鞘《なげざや》におさめられるなど「諸大名・旗本ノ面々綺麗ヲ尽シ、馬・鞍・鎧ニ至ルマテ花麗

井伊直孝画像（大阪城天守閣蔵）

ヲ尽シ」とあるように、将軍家世継《よつぎ》の誕生を寿《ことほ》ぐように、きわめて壮麗《そうれい》なものであった（『御当家紀年録』「大猷院殿御実紀」「寛明日記」）。

髪置

家綱の髪置《かみおき》は、寛永二十年（一六四三）正月十一日に行われた。この日、御三家をはじめとする在江戸の諸大名が登城するなか、午刻《うまのこく》（正午頃）に家綱が御座の間に出御《しゅつぎょ》すると、家綱の頭髪に家光が鋏《はさみ》を入れ、酒井忠吉《さかいただよし》が家綱の長寿を願って白髪を献じた。ついで正保《しょうほう》元年（一六四四）十二月十七日には、家綱に諱《いみな》が与えられ、以後、幼名の「竹千代」から「家綱」を名乗ることとなった（「大猷院殿御実紀」「幕府祚胤伝」）。

少将昇進

正保二年（一六四五）四月十七日、家光は井伊直孝と保科正之を召し、家綱の元服《げんぷく》式を迎えるにあたって、直孝に加冠《かかん》役を、正之に理髪《りはつ》役をつとめるよう直接命じ、ついで四日後の二十一日には、直孝を少将から中将に、正之を侍従から少将に昇進させた（「江戸幕府日記」『御当家紀年録』「土津霊神事実」等）。このとき御三家をのぞく徳川一門のなかでは、越前福井五二万五〇〇〇石の松平忠昌《まつだいらただまさ》が正四位下参議《さんぎ》と、もっとも高い官位を有していた。その忠昌は寛永十九年（一六四二）三月に発病し、いったんは快復したものの、家綱が元服した直後の正保二年八月一日に死去しているので（『幕府祚胤伝』）、この元服式の時点で御三家をのぞいた徳川一門のなかでは、実質的には正之の従四位下少将が、越後高田二五万石の松平光長《みつなが》とならんで最高の官位となった。

家綱の元服式

そして、その家綱の元服式は四月二十三日に行われた。家綱はこのとき五歳であった。まず巳刻、御太刀役の品川高如《しながわたかゆき》、御刀役の本多忠隆《ほんだただたか》、脇指役の内藤忠吉《ないとうただよし》、小さ刀《ちいさがたな》役の松平直綱《なおつな》、御守《おまもり》役の牧野富成《まきのとみしげ》、末広《すえひろ》役の石川総氏《いしかわふさうじ》を従えた家綱が、白書院に出御して上段褥《しとね》の上に着座した。つづいて加冠役の井伊直孝と理髪役の保科正之が、それぞれ御縁の左右から出座して下段の左方に伺候《しこう》し、つぎに泔坏《ゆするつき》を松平乗壽《のりなが》が、打乱箱《うちみだりのはこ》を酒井忠能《ただよし》が持って御座の左右に控えた。泔坏は蒔絵《まきえ》の台に置かれた。泔坏とは髪を洗う湯水の入った器で、このときは白銀製のものが用いられた。また打乱箱とは櫛《くし》、元結《もとゆい》、笄《こうがい》など髪上げの道具を入れる木製の箱で、その脇に篦刀《へらがたな》と掻板《かきいた》が置かれた。そしてこの後、井伊直孝が家綱の後ろへまわり、家綱の髪の先を篦刀と掻板をもちいて丁寧に切り揃えると、正之がやはり家綱の後ろから櫛を取って理髪を行った。ついで牧野信成《のぶしげ》が烏帽子《えぼし》を柳の箱に載せ上段の左に持参し、直孝がこれを受け取って家綱に加冠した。これをもって元服式じたいは滞りなく終了した。

この後、家綱は大広間に移り、その上段に着座すると、菊亭経季《きくていつねすえ》と飛鳥井雅宣《あすかいまさのぶ》の両勅使《ちょくし》が持参した大納言の宣旨《せんじ》と従三位の位記《いき》を吉良義冬が受け取り、さらに幼少の家綱に代わって牧野信成が頂戴した。これによって、家綱は「大納言殿」と呼ばれることになった。ついで勅使・院使が持参した禁裏《きんり》（後光明天皇）、仙洞《せんとう》（後水尾上皇）、新院《しんいん》（明正上皇）からの太刀目録を吉良義冬が頂戴し、さらに覧箱《らんばこ》に入れられた正二位推叙《すいじょ》の位記が、やはり吉良によって御前に運ばれ、松平乗壽が頂戴した。

家綱は「化現の御人」

この元服式に列席していた沢庵宗彭《たくあんそうほう》は、四月二十六日付の小出吉英《こいでよしひで》（但馬出石《たじまいずし》五万石）に宛てた書状で、儀式が行われている間、家綱には五歳の子にしては少しのわがままな振る舞いも、また並み居る大人たちに怯《ひる》んだ様子もなく「化現《けげん》の御人と申す儀に候」と報じていた（『沢菴和尚書簡集』）。「化現」とは神仏が化けてこの世に出現することであるが、沢庵が意識したその神仏とは東照大権現家康にほかならなかったとされる（高木昭作『将軍権力と天皇』）。

長光の腰物拝領

ついで午刻、家綱は譜代大名や旗本が予参《よさん》して待ちうけるなか、紅葉山の東照社に詣で、ついで二の丸の東照社にも参詣した。還御の後、未刻《ひつじのこく》（午後二時頃）に家光と家綱が黒書院に出御して家綱が家光に御礼すると、つづいて三献《さんこん》の儀が執り行われ、家光から家綱に紀新大夫《きのしんだゆう》の太刀と新身藤四郎《あらみとうしろう》の脇指が贈られた。それが終わると、この日加冠と理髪の役をつとめた井伊直孝と保科正之が順に家綱と家光から召され、盃を頂戴して太刀その他の品を拝領し、かつ進物を献上した。正之は家綱には守家《もりいえ》の太刀、行光《ゆきみつ》の腰物、鞍置馬《くらおきうま》一疋を、家光には来国光《らいくにみつ》の腰物を献上し、家綱から将監長光《しょうげんながみつ》の腰物を、家光からも長光の腰物を拝領した。

酒宴数刻におよぶ

こうしてすべての儀式が終わると、殿中参上の面々に竹の間において酒肴の膳が振舞われ、猿楽《さるがく》衆が伺候して高砂《たかさご》、東北《とうほく》、老松《おいまつ》などが演じられた。酒宴は数刻におよび、最後に万歳楽《ばんざいがく》が唱えられ散会となった。この日と同じ四月二十三日付で、老中松平信《のぶ》綱《つな》・阿部《あべ》忠秋《ただあき》・阿部重次《しげつぐ》が、在国中の永井《ながい》尚政《なおまさ》（山城淀藩主）・直清《なおきよ》（同勝龍寺藩主）兄弟に宛てた連署奉書《れんしょほうしょ》には、この日行われた儀式のあらましが報じられ、最後は「御作法残る所無く、天気まで能《よ》く相済み、御機嫌大形《おおかた》ならず候、誠に以て千秋万歳目出度《めでた》き御事、これに過ぐべからず候」と結ばれていた（「吉良家日記」「江戸幕府日記」「家綱公御元服之次第」『御当家紀年録』「永井家文書」）。

最大規模の元服式

家綱の元服式は、加冠役が彦根井伊家に、理髪役が会津保科家（のち松平家）に固定されるなど、その後の将軍家世継の元服に際して多くの面で先例となっていた（阿部綾子「将軍家元服儀礼における加冠・理髪役について」『福島県立博物館研究紀要』二一号、二〇〇七年）。いっぽうで「家綱公御元服之次第」の作者である林羅山《はやしらざん》がその末尾で述べているように、家綱の元服式はこれまでの公家・武家のそれをはるかに凌ぐ規模で行われてもいた。野村玄氏によれば、この点とともに家綱が従三位と大納言に「直任」されたことをもって、家光にはこの元服式を通して、家綱が摂家・武家を超越し「天皇家に連なる人物として別格であることを他大名に示す意図」があったとされる（『徳川家光』ミネルヴァ書房、二〇一三年）。そうした儀礼において、もっとも重要な役割が加冠役であることは間違いなく、井伊直孝は家綱の烏帽子親《えぼしおや》となり、二人のあいだには擬制的《ぎせいてき》な親子関係が成り立っていたが、それにつぐ理髪役を正之がつとめたことの意味は、この後の正之と家綱との関わりを見通すうえでも無視できぬものがある。

家光が将軍となったのは二十歳で、このとき父秀忠はもちろん存命であり、その後の一〇年間を秀忠は大御所として家光を支えていた。また秀忠にしても、その初政の約一〇年は大御所家康が駿府に君臨していた。つまり秀忠や家光は、大御所という庇護者《ひごしゃ》の存在を背景に、時間的余裕をもって将軍としての権威と実力を身に付けることができた（高木昭作「江戸幕府の成立」岩波講座『日本歴史』9、一九七五年）。しかし、生まれつき病弱な体質の家光にとって、みずからの存命中に家綱を将軍職に就けられるか否かはまったく未知数であった。将軍権力じたいがもつ脆弱《ぜいじゃく》さは、家光晩年のこの時期にはもはや克服されていたといっても、また家綱が「天皇家に連なる人物として別格」だったとしても、家光にしてみれば家綱が将軍になったとき、自分に代わってその後ろ盾となる存在は不可欠だったのである。

一般に、元服は十五歳前後に行われる成人への通過儀礼で、これによって一人前の大人と見なされた。だが、家綱はいまだ数え年五歳の幼児であり、元服したといってもそれは形式的なもので、依然としてその姿は童形《どうぎょう》のままであった。家光が、幼い家綱の元服を急ぎ、加冠役に強力な後ろ盾を配した意味はここにある。

家光の意図

加冠役をつとめた彦根三〇万石の井伊直孝は、譜代筆頭の家格とともに強力な軍団をもち、秀忠の遺言で幕政に参与したいわば家光の後見的存在であり、もちろん来るべき家綱政権をも支えることのできる有力な家臣であった。しかし直孝はこのとき五十六歳で、幼い家綱の行く末を考えたとき、その後ろ盾として、より若くかつ相応の家格と実力を持った人物が必要であった。そうしたなかで、保科正之はこのとき三十五歳であり、年齢からいっても、また家綱の叔父という血筋からいっても不足はなかった。家光にとって、正之は直孝とともに家綱の身を託すにはもっとも適した人物だったのである。正之が理髪役をつとめた裏には、家光のこうした意図を読み取ることができる。

二　家光の死と「託孤の遺命」

老中招請

家綱の元服式が終了すると、ひと月後の正保二年（一六四五）五月二十日、正之は理髪役を無事につとめあげた祝儀として、松平信綱・阿部重次らの老中と酒井忠清を自邸に招き振る舞った。「老中招請《しょうせい》」と呼ばれるもので、加冠役をつとめた井伊家でも行われており、これもその後の慣例となった（野田浩子「井伊家の家格と幕府儀礼」『彦根城博物館研究紀要』一七号、二〇〇六年）。ついで七月十四日になると正之は従四位上に叙された。これは正之の姉東福門院《とうふくもんいん》が仙洞《せんとう》（後水尾上皇《ごみずのお》）に願い実現したとする（「土津霊神事実」『寛政重修諸家譜』）。

正経らの誕生

翌正保三年十二月二十七日には、正之の世継となる四男の正経《まさつね》（幼名は大之助《だいのすけ》）を万が産んでいる。二年後の慶安元年（一六四八）は慶事がつづき、正月十二日には四女の松が誕生し、五月三日には五女となる石が産まれている。松を産んだのは側室の塩《しほ》で、石の母は万である。後に松は加賀藩の前田綱紀《まえだつなのり》に嫁し、石は小田原藩の稲葉正往《いなばまさゆき》のもとに嫁ぐことになる。そして同年十一月朔日には、二男虎菊（のち正頼）の家光へのお目見も行われた。

非常時の登城制

慶安二年（一六四九）八月二日、この頃江戸では地震が頻発していたため、この日地震その他非常時の登城制が定められた。それによれば有事の際、大手橋辺りに待機し御用があれば将軍家光のもとに参上する人々として、松平頼重《よりしげ》・井伊直孝・保科正之・酒井忠勝・酒井忠清・堀田正盛《ほったまさもり》・松平信綱・阿部忠秋・阿部重次・朽木稙綱《くつきたねつな》・酒井忠吉《ただよし》ら一六人が、また下乗橋《げじょうばし》辺りに待機する面々として板倉重宗《いたくらしげむね》・土井利隆《どいとしたか》・酒井忠直《ただなお》・青山幸《あおやまゆき》利《とし》ら五七人が定められた。いっぽう大納言家綱のもとに参ずる面々は、家綱付の松平乗《のり》壽《なが》・酒井忠能《ただよし》・増山正利《ますやままさとし》・大久保忠正《おおくぼただまさ》・大久保忠貞《ただざだ》・内藤政次《ないとうまさつぐ》ら一〇人と、このほか抱傅《かかえふ》七人に同朋《どうぼう》の永倉真治《ながくらしんじ》とされた（「大猷院殿御実紀」）。

家綱はすでに寛永二十年（一六四三）七月二十五日に本丸から二の丸に居を移していたが（「江戸幕府日記」）、この登城制が示すように、家綱の元服式で加冠・理髪をつとめたといっても、井伊直孝も正之も、家綱の起居する二の丸に詰めるようになったわけではなく、二人がこれまでどおり将軍家光に付属する本丸付の家臣だったことに変わりはない。そしてこれは、家光が死去するまで変わることはなかった。

家光病

その家光は、慶安二年（一六四九）の冬以来、風邪気味だったことにくわえて腹の違和感に悩まされており、翌三年元旦の儀礼は取りやめられ、代わって家綱が諸大名からの礼をうけていた。その後も家光の体調はすぐれず、上巳《じょうし》、端午《たんご》、七夕《たなばた》などの諸儀礼はやはり家綱が代行した。それでも八朔《はっさく》、重陽《ちょうよう》、歳暮《せいぼ》の儀礼には諸大名の礼をうけるなど、この年後半には一旦は健康を取り戻したかにみえた。しかし翌慶安四年になると病状は徐々に悪化し、二月半ばからはまったく政務につけない状態になっていた（藤井譲治『徳川家光』）。ただ四月六日には柳生《やぎゅう》の兵法《ひょうほう》を、十一日には小笠原忠真《おがさわらただざね》の家臣高田吉次父子の槍術《そうじゅつ》を上覧し、また十七日には家綱とも対面するなど（「江戸幕府日記」『寛政重修諸家譜』）、家光の病状はいまだ小康を保っていた。

家光死去

ところが、むかえた四月十九日の申下刻《さるのげこく》（午後四～五時頃）から容体《ようだい》は一気に危険な状態となった（「吉良家日記《きらけにっき》」）。この様子を元《もと》加賀藩主の前田利常《としつね》は、国元の重臣に宛てた翌四月二十日付の書状で「公方様御不例、昨日よりをも（重）らせられ候、多分御本復は有るまじき体に相見え申し候」と記し、もはや快復の見込みのない絶望的な状況を書き送っていた（「本多氏古文書《ほんだしこもんじょ》」）。そして利常の推測どおり、御三家をはじめ在府の諸大名や諸物頭・諸役人が登城するなか、同じ四月二十日申刻（午後四時頃）、ついに家光は江戸城本丸で息を引き取ったのである（「江戸幕府日記」）。享年四十八であった。なお「吉良家日記」は家光の臨終を未《ひつじの》下刻（午後二時～三時頃）としている。

最後の上意

ちょうど家光の臨終と同じころであろうか。御座の間縁頬《えんがわ》に大老酒井忠勝、老中松平信綱・阿部忠秋・阿部重次が列座するなか、まず徳川頼宣・頼房・光友《みつとも》の御三家に対して、酒井忠勝から「御幼君の儀万事を御引受け、御不沙汰遊ばされざる様に頼み候」

（「水戸記」）との家光の最後の上意が伝えられ、ついで松平光長・松平直政《なおまさ》・前田利常、そして保科正之・松平定行の順で、やはり忠勝から同様の御諚《ごじょう》が伝えられた。その後、譜代大名が一同に黒書院に召し出されてやはり家光の上意が伝達され、また晩には竹の間において殿中伺候《しこう》の面々に、老中松平信綱から家光の薨御《こうぎょ》と遺言が申渡された。このとき旗本には勝手に落髪《らくはつ》することが禁じられ、かつこれまでどおり御番・役儀をつとめることも命じられた。そして翌二十一日、御三家をはじめ在府の諸大名・旗本が惣登城するなか、家光の死が公式に発表されたのである。なお家光が死んだ二十日の申下刻には、家光の寵臣《ちょうしん》で元《もと》老中の堀田正盛、現老中の阿部重次、御側出頭《おそばしゅっとう》の内田《うちだ》信正《のぶまさ》が各々の自邸で家光に殉死《じゅんし》した。このほかにも翌二十一日には元小十人頭《こじゅうにんがしら》の奥山安重《おくやまやすしげ》、そして二十三日には元書院番頭三枝守恵《さえぐさもりしげ》らが相次いで家光に殉じていた（「江戸幕府日記」）。

家光の埋葬

家光の遺体は、遺言にしたがい二十三日の晩にまず東叡山寛永寺《とうえいざんかんえいじ》に移され、二十六日卯上刻《うのじょうこく》（午前五時過ぎ）に日光に向けて寛永寺を発ち、二十九日未刻（午後二時頃）に日光山に到着して本坊に安置された。ついで五月六日、家光の棺は本坊から三仏堂《さんぶつどう》に移され、その後、慈眼堂《じげんどう》（天海の廟所）のある大黒山《だいこくやま》の頂上に埋められた。朝廷からは内大臣西園《さいおん》寺《じ》実晴《さねはる》が勅使として派遣され、実晴は五月十七日に日光山に到着し、家光に太政大《だいじょうだい》臣《じん》・正一位を追贈《ついぞう》し、大猷院《たいゆういん》の諡号《しごう》を贈った（藤井讓治『徳川家光』等）。

大猷院廟二天門（日光市・輪王寺内）
境内で最も大きな門で，正面の扁額《へんがく》は後水尾上皇筆．

この間の四月二十五日、正之は国元《くにもと》会津の加判衆に対して将軍の死に動揺することなく領内の仕置きを徹底するよう命じ、五月朔日にはキリシタン穿鑿《せんさく》の強化も指示した。いっぽう翌五月二日、正之は土井利隆《としたか》（下総古河一三万五〇〇〇石）とともに日光大猷院廟《びょう》の地《じ》普《ぶ》請《しん》の手伝いとして、人足一〇〇〇人ずつを出すよう命じられ、そのため普請惣奉行として萱野権兵衛《かやのごんべえ》を、また名代として田中正玄《たなかまさはる》らを日光に派遣し、普請は五月二十六日までに完了した（『江戸幕府日記』『家世実紀』）。

ところで「土津霊神事実」「会

府世稿」『家世実紀』などによれば、家光の最後の上意が御三家や保科正之・松平定行らの一門に伝えられた後、家光はひとり正之を寝所《しんじょ》に呼び、堀田正盛に背中を支えられながらもみずから正之の手を取って「大納言事頼むぞ」と語りかけ、正之も涙ながらに身命を抛《なげう》って家綱に奉公する旨を応えた。家光はこれを聞くと安堵《あんど》の表情をうかべ間もなく死去した。そして正之は、その直後から三日のあいだ家綱の居る西丸に詰めきりになったとされる。いわゆる「託孤《たつこ》の遺命《いめい》」と呼ばれ（飯沼関弥『会津松平家譜』一九三八年）、実際の出来事として、今日まで正之に関する多くの著作のなかで取り上げられているものである。

最後の上意は家光死後か

しかし、これは事実とはやや異なっているようである。「江戸幕府日記」が引用する「水戸記《みとき》」によれば、

昨夜中より御不例ニて、御家門方登城、老中上使ニて御座之間へ出御、其の節御家門方へ仰せ出され候は、御内々御対面も遊ばされ、御遺言も遊ばさるべきと思《おぼ》し召し候処、俄《にわか》ニ御差し詰まり遊ばされ、御対面も遊ばされ難く候ニ付き、上使を以って仰せ遣わされ候、

とあり、そもそも家光の最後の上意（「御遺言」）は、家光が御三家以下の人々と対面のうえで直接申し渡すはずであった。ところが、病状が急変したために代わって「上使」で

ある酒井忠勝が伝達していたのである。これについては、四月二十三日に登城した岡山藩主池田光政が、やはり酒井忠勝から「皆々へ御直に仰せ渡さるべきと思し召し候へ共、御気色俄におもらせられ候へば其の儀なく候」（『池田光政日記』）と伝えられていたことも「水戸記」の記述を支持している。要するに、御三家以下の人々に最後の上意が伝えられていた時刻には、家光はすでに死去していたか（藤井讓治『戦国乱世から太平の世へ』岩波書店、二〇一五年）、あるいは人事不省に陥っていた、つまり言葉を発することができる状態ではなく、したがってその後に家光が正之を寝所に呼び、言葉をかけることなどきわめて困難だったと考えられるのである。

ただし、「託孤の遺命」じたいがなかったとはいいきれない。それは後のことになるが、正之が死去した直後の寛文十二年（一六七二）十二月二十一日に、側近の友松氏興《ともまつうじおき》が稲《いな》葉《ば》正往《まさゆき》（正之の婿《むこ》）に提出した書付《かきつけ》（「友松氏興辞役願書《じやくがんしょ》」）にも、

一、大猷院（家光）様御他界の日少し前ニ肥後守（正之）を御前へ召し出され、若君（家綱）様御事御頼み成
　され候よし御意成され候、

とあり、「御他界の日」ではなく、その「少し前」に、正之を御前に召した家光が家綱のことを託したのだと、正之みずからが語っていることでも了解されよう。もちろん、こうしたことは内々のことだったろうから、「江戸幕府日記」やその他の確実な史料に

は残っていない。『家世実紀』をはじめとする会津藩側の諸史料が、いずれも後年の編纂であることからすれば、おそらく藩祖正之が「託孤の遺命」を受けたことを、正之（または会津藩）と将軍家とのより強い絆をしめす出来事として後世に伝えるためには、家光が死ぬ直前のこととするのがもっとも効果的と考えられたのであろう。

『輔養編』

承応《じようおう》元年（一六五二）十一月、正之は朱子学《しゆしがく》に精通した幕府番医土岐敦山《ときあつのぶ》に命じて『輔養《ほよう》編《へん》』と題する書物を編纂させていた。この書は儒教の古典から君主となるべき者の教養訓を撰述したもので、「程子経筵《ていしけいえん》を論ずる第一劄子《さつし》」など全八編からなっていた（相田泰三『保科正之公伝』）。そして翌十二月、正之はこれを幕府に献呈するとともに、家綱の近習たち一人ひとりにも頒布《はんぷ》した（「会府世稿」『寛政重修諸家譜』）。正之の意図は、まず家綱の側近《そばちか》くに仕える近習たちを教化し、その影響によって家綱を高徳《こうとく》で英邁《えいまい》な君主に育てることにあったと考えられる。

儒学に傾倒

なお正之は、若かりしころには『六韜《りくとう》』『三略《さんりやく》』などの雑書を読みこれを崇敬していたが、この年承応元年、四十二歳のときに朱子の『小学《しようがく》』を読んで以来、学問の極みが儒学（朱子学）にあると悟り、これまで読んだ老子や仏教の書をことごとく廃棄して、以後儒学に深く傾倒《けいとう》していったとされる（「土津霊神事実」）。正之が『輔養編』を編纂した背景には、正之が家光から家綱の後事を託されていたことのほかに、こうした事実があったことも間違いない。

三 「生まれながらの将軍」家綱

上洛なしの将軍宣下

慶安四年（一六五一）六月二十五日、家光から家綱への代替わりの御礼が行われた。家綱は御三家や一門をはじめとする諸大名・旗本の御礼を受け、これによって前将軍家光の正式な後継者となった。ついで八月十八日、江戸城で将軍宣下《せんげ》の儀が行われた。この日午上刻、家綱は白書院に出御して御三家のお目見を受けた後、席を大広間に移しその上段に着座した。そして告使御蔵民部丞正直《みくらみんぶのじょうまさなお》が庭上から家綱に向かい「御昇進、御昇進」と二声発すると、勅使菊亭経季らが持参した征夷大将軍、右近衛大将《うこんえのだいしょう》、右馬寮御監《うめりょうごげん》、淳和奨学両院別当《じゅんなしょうがくりょういんべつとう》、源氏長者《げんじのちょうじゃ》の宣旨《せんじ》と、内大臣、随身兵仗《ずいじんひょうじょう》、牛車《ぎっしゃ》兵仗の宣旨が、それぞれ吉良義冬の取り次ぎのもと家綱に披露された。これによって家綱は正式に江戸幕府四代将軍となった。弱冠十一歳であった。この様子を正之は、大広間西の板縁に井伊直孝・松平定行らとともに列座して見守っていた（「江戸幕府日記」）。

家光までの将軍宣下はいずれも京都で行われていたが、家綱は上洛することなく将軍となった。この点については、家綱が幼少だったことがその理由としてまず考えられよう。しかし、五代将軍の綱吉も江戸で将軍宣下を受けていたことからすれば、やはり家康から家光までの間に安定した幕朝関係が築かれていたことや（藤井讓治『幕藩領主の権力構造』）、幕藩関係においても諸大名に対する幕府の優位性が確立されていたことがその本質的な理由であろう。また、これまででも上洛しなければ将軍宣下が受けられなかったのではなく、むしろ上洛は将軍宣下があったことを天下に示すもので、将軍宣下じたいは、じつは実力で天下人となった徳川氏に、その権威と正当性を与えるものにすぎなかったとする議論もある（山本博文『徳川将軍と天皇』中央公論社、一九九九年）。

将軍となるべく誕生

ところで、家綱の出生をめぐり、家康の側室だった英勝院《えいしょういん》お梶《かじ》の方（太田氏《おおたし》）が、大《だい》僧正《そうじょう》天海に宛てた寛永十七年十月頃とみなされる「廿四日《にじゅうよっか》」付の消息《しょうそく》によれば、家康はその生前に、自身が天文《てんぶん》十一年（一五四二）寅年の生まれ、秀忠が天正《てんしょう》七年（一五七九）卯年の生まれ、家光が慶長《けいちょう》九年（一六〇四）辰年の生まれなので、家光に巳年生まれの子が授かれば徳川の天下は永く安泰となろうと常々語っていたとされる（『慈眼大師全集《じげんだいしぜんしゅう》』）。そして家綱は、まさに寛永十八年巳年のしかも巳刻（午前一〇時頃）の生まれであった。家綱には三歳違いの長松（綱重《つなしげ》）、五歳違いの徳松（綱吉《つなよし》）と二人の弟がいたが、父家光のように弟との世継をめぐる確執もなかった。つまり家綱は、東照宮家康の予言と祝福のもとに将軍となるべく誕生し、誕生後も当然将軍となるべき者として育てられていたのである

（高木昭作『将軍権力と天皇』）。一般に家光をさして「生まれながらの将軍」と呼ぶことが多い。しかし、右に見たような事実からすれば、また沢庵をして家康の生まれ変わりと言わしめたことからも、まさに家綱こそが「生まれながらの将軍」と呼ぶにふさわしい人物だった。

「左様せい様」

「厳有院殿御実紀附録《げんゆういんでんごじつきふろく》」は、家綱を評して「仁厚恭謙の徳」があり「よく御心を虚《むな》しう」して老臣の言葉を聞いたので「一代の善政」を行えたが、「元より御虚弱」で「晩年にはこと更《さら》御病がち」だったため、「万機の政務大小ともに宰臣《さいしん》に委任あり」と記している。また、とくに後半の病弱ゆえに政務を「宰臣に委任」したという点が強調され、何でも老臣（とくに酒井忠清《さかいただきよ》）のいうがままにしたので、世間では「左様《さよう》せい様」と呼んでいたともされる（福田千鶴『酒井忠清』）。この「左様せい様」は、家綱の人物を端的に語る言葉としてもっとも知られたものであろう。

家綱は十一歳で将軍となったのだから、その当初はみずから政治的な判断など下せるはずもなく、井伊直孝や酒井忠勝ら経験豊富な重臣に囲まれて「左様せい」と答えるほかなかったかもしれない。そうしたことが、後に家綱の評価として定着したのであろう。

家綱は短気で激情家

しかし、これらはあくまでも後世の評価であり、じっさいの家綱はかなり違った側面も持ち合わせていた。たとえば、家綱は体調がすぐれぬと機嫌が悪くなり、奥方の女中たちの奉公ぶりが気にかかってたびたび叱責したり、またあるときは側衆の久世広之《くぜひろゆき》・内藤忠清《ないとうただきよ》・土屋数直《つちやかずなお》らの、やはり奉公ぶりが悪いと激怒してしばらく言葉もかけず、彼らへの指導を酒井忠勝に命じたりもしていた（「酒井家文書」）。このように、家綱はかなり気短で激情家の一面も持っていた。

為政者の資質

政治的にも、とくに成人後は番方《ばんかた》・役方《やくかた》の諸役人に対する勤務の督励を「面命《めんめい》」という形で頻繁に行っており、決して老中任せばかりではなかったことが指摘されている（辻達也『江戸幕府政治史研究』続群書類従完成会、一九九六年）。また右に見たように、側近の奉公振りに憤慨しても、怒りにまかせて処分を下すようなことはせず、その指導を老練な忠勝に命じていた。こうしたことからは、家綱の為政者《いせいしゃ》としての資質を十分に窺うことができる。じっさい久世広之と土屋数直は、後に若年寄《わかどしより》から老中となり、家綱の政治を支える存在となっている。

第七　将軍後見時代

一　家光死直後の正之の役割

主不在の江戸城

江戸城本丸に君臨していた家光《いえみつ》が死去した前後、家綱《いえつな》は西丸に起居《ききよ》しており、本丸に移徙《いし》するのは将軍となってじつに八年後の万治《まんじ》二年（一六五九）九月五日、十九歳になってからのことである。つまり、それまで江戸城本丸は主《あるじ》が不在だったことになる。その主となるべき家綱も将軍となったのはわずか十一歳のときであり、当初は将軍としての判断を下せるはずもなかった。このような幕府の状況をさして、かつて朝尾直弘氏は「「第一人者」不在の「公儀」」と呼んだが（「将軍政治の権力構造」）、家光亡き後の幕府政治は、まさに「第一人者」が不在のまま行われることとなった。

こうした状況のもとで政治運営に当たったのは、譜代筆頭で近江彦根《おうみひこね》三〇万石の井伊《いい》直孝《なおたか》、若狭小浜《わかさおばま》一二万三五〇〇石の大老酒井忠勝《さかいただかつ》、武蔵川越《むさしかわごえ》七万五〇〇〇石の老中松平信綱《まつだいらのぶつな》、同じく老中で武蔵忍《おし》六万石の阿部忠秋《あべただあき》らで、家光に殉死した堀田正盛《ほったまさもり》・阿部重次《しげつぐ》をのぞいた家光時代からの人々がほぼそのまま残っていた。そして、これに家綱付家臣だった上野館林《こうずけたてばやし》六万石の松平乗壽《のりなが》が、家光が死んだ直後から新たに老中としてくわわり、ついで承応《じょうおう》二年（一六五三）閏六月、それまで諸儀礼の場で奏者役《そうじゃやく》をつとめていた上野前橋《まえばし》一〇万石の酒井忠清《ただきよ》が、いきなり老中の筆頭《ひっとう》となった。

後見の上意

これより前、承応元年六月十日の「江戸幕府日記」には、

一、紀伊亜相（徳川頼宣）・水戸黄門（徳川頼房）・尾張参議（徳川光友）召しに依り登城、上意の旨有り、各御暇《おいとま》賜るべきと雖《いえど》も、御幼少の間は、在府せしめ御後見勤むべし三卿御腰物拝領、次に井伊掃部頭《かもんのかみ》御馬二疋これを下さる、三卿同前の上意有り、

とあり、徳川頼宣・頼房・光友の御三家が江戸城に呼ばれ、本来ならば帰国を許されるところ、家綱が幼少のため在府して「御後見」をつとむべきことが命じられ、ついで井伊直孝にも御三家の人々と同前の上意があった。新たに船出した家綱政権は、こうした人々によって幼将軍を補佐する、いわゆる「集団指導体制」がとられたのである（横田冬彦『天下太平』、杣田善雄『将軍権力の確立』等）。

保科正之については、「江戸幕府日記」などの確実な史料に、御三家の人々や井伊直孝が命じられたような家綱の後見とする記事はない。では、家綱が将軍となった当初、正之の活動や役割はどのようなものだったろうか。

正之の活動で目立つのは、将軍家の法要に関する行事で家綱の名代をつとめていたことである。承応元年（一六五二）四月五日、家光の墓所《ぼしょ》である東叡山大猷院廟《とうえいざんたいゆういんびょう》において遷座《せんざ》（入仏）法要が、ついで翌六日にも同地で法華曼荼羅供《ほっけまんだらく》が執行された。まだ幼い家綱はこれらの行事に出席することはなく、両日ともに老臣たちをしたがえ、家綱の名代として参堂し焼香したのは正之であった（「江戸幕府日記」）。また、はじめ四月二十日の予定だったが、当日が雨天のため翌二十一日に延期となった家光の一回忌法会《ほうえ》では、

一、御法事相済み出家衆《しゅっけしゅう》退出、三門跡計《もんぜきばか》り相残られ、御名代として保科肥後守御内陣《ないじん》ニて御焼香これ有り、次ニ長松殿（綱重）・徳松殿（綱吉）御名代家老一人ツ、拝これ有りて退去す、

とあるように（「吉良家日記」）、法会が終わり出家衆が退出した後、日光門跡《もんぜき》・青蓮院《しょうれんいん》門跡・毘沙門堂《びしゃもんどう》門跡の三門跡のみが残るなか、内陣においてやはり家綱の名代となった正之が焼香し、つづいて家綱の弟である綱重《つなしげ》・綱吉《つなよし》のそれぞれ「御名代家老」が一人ずつ拝礼して退いていた。

こうした法要に関連した将軍家の毎月行われる行事に、歴代将軍家霊廟《れいびょう》への参詣《さんけい》があった。家綱の時代には、初代家康の月命日である十七日の紅葉山東照宮《もみじやまとうしょうぐう》、二代秀忠の月命日である二十四日の三縁山増上寺台徳院廟《さんえんざんぞうじょうじたいとくいんびょう》、三代家光の月命日である二十日の

東叡山寛永寺（または紅葉山）大猷院廟と、この三日が参詣日であった。もちろん、これには将軍が詣《もう》でるのが建前《たてまえ》であったが、将軍が参詣できぬときは通常は老中が名代として代参することになっていた（「職掌録《しょくしょうろく》」「有司勤仕録《ゆうしきんしろく》」）。

霊廟への代参

家光の生前に正之が代参することは、もちろん一度としてなかったが、家綱が将軍となった翌承応元年からは正之も代参するようになった。とくに承応元年と翌二年は、すべての代参は正之と酒井忠清の二人だけで行われていた。いま「厳有院殿御実紀」によって正之の代参した回数を記すと、承応元年が九回、翌二年が七回、同三年と明暦《めいれき》元年（一六五五）が各々八回ずつあり、その後、明暦二・三年では、家綱みずからの参詣や松平信綱・阿部忠秋ら老中の代参が徐々に増え、反面それとは反比例するように三回ずつと減少し、そして万治元年（一六五八）以後正之の代参は行われなくなった。酒井忠勝や井伊直孝が代参することはなかった。なお家綱の参詣は、承応二年十一月二十日の大猷院廟を嚆矢《こうし》とし、その後承応年間（一六五二―五五）では三年一月十七日と同二十四日のわずか三回であったが、正之はその三回すべてで江戸城本丸の留守を命じられていた。

特殊な役割

このように、ほんらい将軍家綱が執り行うべき諸行事において、幼い家綱の名代として列席したのが正之であり、けっして家綱の元服式で加冠役をつとめた井伊直孝や、後見を命じられた御三家の人々が名代をつとめることはなかった。また正之が名代をつとめたのは、老中とは異なる立場からのものでもあった。こうした点に、家綱を支えていた他の人々には見られない、正之の特殊な役割を見いだすことができる。

幼将軍家綱の後見

くり返すが、確実な史料に正之が家綱の「後見」を命じられたとする記述は確認できない。しかしそれは、正之が家綱の唯一の叔父という立場から、あえて記されるまでもない自明なことだったからとも考えられ、「後見」の意味を「年少者などのうしろだてとなって補佐すること」(『広辞苑』)と解せば、まさに正之の立場は幼将軍家綱の後見だったということができよう。

二　家綱政権の始まりと末期養子の禁緩和

では、正之の役割は右のような幕府の諸行事の面だけで、政治への関与はなかったのだろうか。

諸大名平伏

この時期の幕藩関係を語るとき、必ず引かれるのがつぎの逸話である。すなわち、家光が死去した翌日、幕府は諸大名を江戸城西丸の大広間に召し、幕閣の面々が列座するなか、酒井忠勝が諸大名に向かって「公方様御他界には候へども、大納言様御家督の事に候へば、いづれも安堵あるべし、若《も》し天下を望まれんとならば此の節に候ぞ」と声高《こわだか》に発すると、すかさず保科正之とやはり一門の松平光通《みつみち》（越前福井四五万石）が進み出て「各々讃岐守申す旨承らるべし、此の砌《みぎり》誰か天下を望む者これ有るべき、若し不思議の企て仕る輩も候はゞ、我々に仰せ付けらるべし」と応じて威圧した。これを聞いた居並ぶ諸大名は、ただ平伏するほかなかったという（『武野燭談《ぶやしょくだん》』「厳有院殿御実紀」）。

「天下を望」む大名

この類の話は、秀忠から家光への代替わりの際にもあり、真偽のほどは定かでない。ただ、ここには「第一人者」不在の状況をむかえて、諸大名に対して先手を打つ幕府の姿勢が垣間《かいま》見えるとともに、その実行者のなかに保科正之がいることは、家綱政権ないし徳川一門における、後世からみた正之の立場が現れていて興味深いものがある。しかしより本質的には、こうした逸話は、開幕《かいばく》後ほぼ半世紀を経たこの時期に至っても、依然として「天下を望」む大名の出現する可能性のあったことを示している。

とはいえ、さすがにこの時期には家光時代までのように、幕府に対する諸大名の不穏《ふおん》な動きや、戦争勃発《ぼつぱつ》の風聞《ふうぶん》が流れるということはなかったが、それでも世間の耳目《じもく》を集めるような事件はいくつか起こっていた。

松平定政事件

その一つは松平定政《さだまさ》事件である。慶安《けいあん》四年（一六五一）七月十日、三河刈谷《みかわかりや》二万石の城主松平定政が井伊直孝・阿部忠秋らに宛てて二通の諫書《かんしょ》を認《したた》め、自身は東叡山最教院《さいきょういん》に入り遁世《とんせい》して能登《のと》入道《にゅうどう》不《ふ》白《はく》と号し、江戸の町を托鉢《たくはつ》して歩くという行動にでた。その諫書は定政が二十歳以後に見た夢想《むそう》と、幕府政治を批判したと見られる和歌数首、そして自身の領地や武具・馬具・諸道具などの返上と家光が蓄えた金銀の諸人への下賜《かし》を願う内容だった。また返上する自分の領地二万石で、ひとり五石ずつ分配すれば四〇〇〇人を養えると提案したともされる（「寛明日記」「松山叢談《まつやまそうだん》」）。

定政の諫書

定政は家康の異父弟松平定勝《さだかつ》の六男で、徳川一門の系譜に連なるとともに、家光によって小姓から小姓組組頭、そして大名に取り立てられていた（『寛政重修諸家譜』）。こうした経歴ゆえか、定政が領地の返上などを申し出たのは、家光に殉死できなかったことが遠因ともされている。

松平定政の諫書は初め井伊直孝のもとにもたらされ、七月十日に直孝が登城し、老中らに披露された。「寛明日記」はその面々を保科正之・酒井忠清・松平信綱・阿部忠秋・松平乗壽とするが、「江戸幕府日記」にそうした記事はなく、正之がどこまで関与していたか、確実なことはわからない。結局、定政の行動は狂気とされ、同十八日、定政の兄松平定行《さだゆき》（伊予松山一五万石）が江戸城に召され、定政の改易《かいえき》と定行の領地松山での蟄居《ちっきょ》が伝えられて、この事件は終焉《しゅうえん》をみた。その後、定政には家綱から蔵米二〇〇〇俵が支給された。

由比正雪の乱

いま一つは、いわゆる由比正雪《ゆいしょうせつ》の乱である。慶安四年七月二十三日夜、江戸本郷において牢人丸橋忠弥《まるばしちゅうや》とその妻子および一党三人が町奉行石谷貞清《いしがやさだきよ》によって捕縛《ほばく》され、また四日後の二十七日には、忠弥ら一味の首魁《しゅかい》とされる牢人由比正雪が駿府梅屋町《すんぷうめやまち》（現静岡市葵区）の旅宿《りょしゅく》で党類七人とともに自殺し、このほか僧侶一人、下人《げにん》一人が生け捕りとなり、二十九日にも多くの牢人が逮捕された（「江戸幕府日記」「厳有院殿御実紀」）。

この事件は、一般に由比正雪ら幕府に不満を持つ牢人たちが幕府の転覆《てんぷく》を狙《ねら》ったものとされるが、その計画の正確な内容はかならずしも明らかではない。ただ正雪の遺体の脇に置かれていた七月二十六日付の書置《かきおき》によれば、その主張は幕府転覆《てんぷく》ではなく、「天下の制法無道」で「上下困窮」をまねいた張本《ちょうほん》たる酒井忠勝ら幕閣の更迭《こうてつ》にあったとされている（進士慶幹『由比正雪』吉川弘文館、一九六一年）。

旗本の窮乏と牢人の増大

松平定政事件と由比正雪の乱、これら二つの出来事はいずれも家綱が将軍になる前のもので、寛永の前半から進行し寛永飢饉《ききん》によって決定的となっていた旗本層の窮乏《きゅうぼう》と、家光時代までの大名改易によって発生した牢人の増大という問題が根底にあった。こうした幕府政治の矛盾が、家光の死直後の将軍空白期を突いて一挙に噴出したのである。

大名存続

もっとも、これまで幕府は強権を発動して、やみくもに大名を改易していたわけではない。たとえば元和《げんな》八年（一六二二）八月に改易された最上《もがみ》氏のように、当主が幼少で家督を継いだばあい、通常、幕府は経験豊富な旗本を国目付《くにめつけ》として大名家に派遣し、その当主が成人するまで藩政を指導させていた。また正之が入封する前の会津の加藤氏や柳川《やながわ》事件《じけん》で有名な対馬宗《つしまそう》氏の御家騒動《おいえそうどう》などでも、幕府は藩主よりもそれと対立する家老の側を意図的に処罰していた（荒野泰典「大君外交体制の確立」『講座日本近世史』2、有斐閣、一九八一年）。このように、家康、秀忠、家光各々の時代で諸大名への対応に相違はあるものの、全体として見れば、幕府の大名統治の基本方針は、改易よりもむしろ大名存続にあったということができる（三宅正浩「江戸幕府の政治構造」『岩波講座日本歴史』近世二、岩波書店、二〇一四年）。

末子養子の禁

こうしたなかにあって、幕府が厳《きび》しい態度で臨んでいたのが末期養子《まつごようし》であった。諸大名・旗本は家督相続にあたって実子がないばあい、当然養子を迎えねばならなかったが、それは事前に幕府に届け出て許可を得る必要があった。末期養子とはそうした手続きをせぬまま当主が危篤《きとく》（末期）となり、あわてて養子を立てて相続を願い出ることをいった。幕府は、これを常に死を覚悟すべき武士たるものの怠慢《たいまん》としてかたく禁じ、その結果、多くの大名が改易されていたのである（杣田善雄『将軍権力の確立』）。こうした跡継ぎのないまま改易された大名の数は、家光の時代だけでも改易された大名四六家のうち二四家（五二％）におよぶなど（藤野保『新訂幕藩体制史の研究』吉川弘文館、一九七五年）、末期養子を禁じたことが牢人発生の大きな原因となっていた。

禁緩和

慶安四年（一六五一）十二月十日、井伊直孝・保科正之・酒井忠勝・酒井忠清・松平信綱・

阿部忠秋・松平乗壽らが江戸城白書院に集まり、牢人問題が討議された（「寛明日記」）。そして翌十二月十一日、幕府は諸大名・旗本を江戸城に召して、これまで禁じていた末期養子を緩和《かんわ》し、五十歳以下の者が末期におよんで養子を願ったときは、その養子が筋《すじ》目《め》正しい者であれば許可することを表明した（『徳川禁令考《とくがわきんれいこう》』「教令類纂初集《きょうれいるいさんしょしゅう》」）。これは幕府にとっては、これまでの大名統制策からの大きな転換であった。その後も末期養子は、寛文《かんぶん》三年（一六六三）八月の旗本諸士法度《はたもとしょしはっと》で十七歳以下の者も認められることとなり、天和《てんな》三年（一六八三）七月の五代将軍綱吉の武家諸法度天和令では、さらに五十歳以上でも吟味のうえで可能となった。その結果、これ以後、大名・旗本の無嗣断絶は激減したのである（大野瑞男『松平信綱』）。

政治への影響力はまだ先

「寛明日記」によれば、十二月十日の評議においては、正之は大老酒井忠勝の江戸から牢人を一掃《いっそう》させるという意見に松平信綱とともに賛意を示したが、結局、それに反対する阿部忠秋の意見が採用されたとされる。こうした評議の場にその名が見られることからすれば、どこまで発言力があったかは別としても、正之は集団指導体制の一員となり、幕府政治に関与するようになったかに見える。しかし「寛明日記」じたいが後世の編纂物であるのにくわえ、本来幕閣が議論した内容は表《おもて》に出る性質のものではなく、その信憑性《しんぴょうせい》に疑問符が付くことは否《いな》めない（児玉幸多「慶安～寛文・延宝期の幕政」『日本歴史大系』

近世）。したがって、正之が家綱の政治に影響力を持つようになるのは、もう少し先と見たほうが妥当のように思われる。

三　酒井忠勝と正之

日光参詣

慶安四年（一六五一）七月十八日、保科正之は家綱から日光参詣の暇《いとま》をたまわると、同二十一日に江戸を発ち、二十四日に日光山に到着した。正之はまず大猷院廟《たいゆういんびょう》に参拝して香典《こうでん》の白銀三〇枚を納めた。ついで翌二十五日には東照宮に詣でて太刀馬代《たちうまだい》として黄金一枚を献上し、そして同じ二十五日、江戸に向けて日光を出発した（「江戸幕府日記」「土津霊神事実」）。その帰路、おそらく下総古河《こが》宿で認《したた》めたと思われる七月二十六日付で酒井忠勝に宛てた返書がある（『保科正之の時代』）。やや長い史料であるが、数少ない正之の書状の一通でもあるので全文を挙げてみよう。

酒井忠勝宛返書

尚々、かろき《（軽き）》者共ふしぎ《（不思議）》の事を存じ立ち、曲事千万《くせごとせんばん》ニ存じ候、万々参上の節申し上ぐべく候、以上、

念入れられ候貴墨忝《かたじけな》く拝見仕り候、先《ま》ず以って　上様いよいよ御機嫌能《よ》く御座成させられ候由、恐れ乍《なが》ら目出度《めでた》く存じ奉り候、然《しか》らば其の御地に於いて牢人共少々

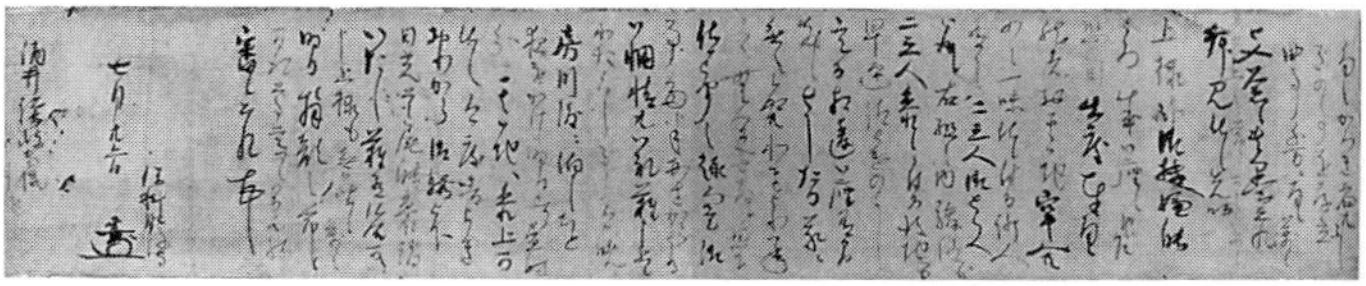

酒井忠勝宛保科正之書状（個人蔵，福島県立博物館提供）
（慶安4年〈1651〉）7月26日付で出されたもの．

一味仕り候に付きて、訴人これ有り、二三人御とらへ成され候、右組の内駿河へも二三人参り候ニ付きて、彼の地へも早速仰せ遣わさる丶のよし、定めて相違御座有る間敷《まじ》く候、さしたる義ニこれ無く候得共わきより承り候は丶、心元無く存ずべくと思し召し、仰せ聞けらる丶の趣、寔《まこと》に御事多き半《なか》ば、あさからさる御悃情共御礼申し上げ難く候、わたくし事、今晩房川渡《ぼうせんのわたし》ニ泊り申し、ちと夜をかけ明日は昼時分ニ其の地へ参上仕るべく候、今度《このたび》はよきおりから御暇下され、日光首尾能く参詣いたし、有り難き仕合せ申し上ぐべき様も御座無く候、万々明日拝顔の節尊意を得べく候間、審《つまび》らかに能《あた》はず候、恐惶頓首、

保科肥後守

（慶安四年）七月廿六日　正之（花押）

酒井讃岐守（忠勝）様貴報

この書状によれば、家綱の機嫌に変わりがないこと、江戸で牢人が一味したとの訴人があり二、三人を逮捕したこと、仲間のう

ち駿河へ向かった者もありその方面への手配も行ったことなどが、忠勝から報《し》らされていた。もちろん「牢人」とは丸橋忠弥・由比正雪らのことである。なお「土津霊神事実」や『家世実紀』などでは、このとき牢人一味の情報を正之に報せたのは井伊直孝だったとしている。

「ふしぎの事」

忠勝の情報提供に対して正之はまず深く礼を述べ、ついでその晩は房川渡（現埼玉県久喜市）に泊まり、翌日夜明け前に出立して昼時分には江戸に到着すると書き送った。じっさい、正之が江戸に到着したのは二十七日の四ツ時（午前十時頃）であった（「土津霊神事実」）。また尚々書《なおなおがき》では、牢人たちの企《くわだ》てが「ふしぎの事」（思っても見ないこと）で、かつそれは「曲事千万ニ存じ候」との意見を述べていた。こうした認識はひとり正之だけでなく、おそらくは幕閣全体のものだったに違いない。

忠勝の配慮

ところで、忠勝が牢人一味の情報を正之に報せたのは、別の所からこれを知らされたばあい、正之が不安に思うだろう（「わきより承り候は丶、心元無く存ずべく」）との正之に対する忠勝の配慮からであった。ここからは、忠勝と正之が私的な面でもきわめて良好な関係だったことが推測できる。

忠勝との関係をめぐる逸話

正之と忠勝の関係については『家世実紀』に次のような逸話がある。寛永十九年（一六四二）十月、家光が麻布薬園《あざぶやくえん》に鷹野《たかの》に出向いた際、供奉《ぐぶ》した正之に家光は、江戸城の近くにある将軍家鷹場《たかば》での鷹野を許した。正之は二日にわたって鷹野を行った後、さっそく獲物の雁《かり》二羽を献上して家光にお目見した。このとき陪席した酒井忠勝が「さぞかし獲物も多かったことでしょう」と尋ねると、正之は「献上した二羽だけでした」とありのままに答えた。これにはさすがの忠勝も驚き、家光も不快な様子を見せていた。御前退出の後、忠勝が「先刻はあまりに正直なお答えだったのでは」と語りかけると、正之は「私もそうは思いましたが、どんな些細《ささい》な事でも上《かみ》を欺《あざむ》くことはしてはならぬと思い、正直にお答えしたまでです」と応えた。これを聞いた忠勝は、正之の誠実な人柄に深く感銘したとされる。

家光がこの年十月二十七日に麻布筋で鷹野を行ったことは確かなので（「江戸幕府日記」）、こうしたやりとりがなかったとはいいきれない。いずれにしても、正之の人柄とともに忠勝が正之に心服していく様子を語るものではある。

なお正之は正保《しょうほう》三年（一六四六）十二月朔日に、常陸下館《ひたちしもだて》でも鷹場を拝領してい

酒井忠勝画像（酒井家蔵、小浜市教育委員会提供）
忠勝嫡男の忠直が狩野安信に依頼して、万治三年（一六六〇）七十四歳のときに描かれた絹本着色の寿像。

た（「会府世稿」）。

酒井忠勝

酒井忠勝は天正《てんしょう》十五年（一五八七）、酒井忠利《ただとし》の嫡男として三河西尾《みかわにしお》（現愛知県西尾市）で生まれた。正之より二十四歳も年長である。慶長十四年（一六〇九）十一月、従五位下讃岐守に叙任し、元和六年（一六二〇）四月から家光に付属、同八年には一万石を領し武蔵深谷《ふかや》城主となった。ついで寛永元年（一六二四）十一月からは本丸年寄（老中）をつとめ、同四年には武蔵川越《かわごえ》城主に転じ、父忠利の遺領と合わせて八万石となった。同九年十二月には従四位下侍従にすすみ、さらに同十一年閏七月には若狭小浜《わかさおばま》城主に転じて、若狭一国と越《えち》前敦賀《ぜんつるが》郡、近江高島《おうみたかしま》郡などで都合一一万三五〇〇石余を領した。また同二十年十一月には従四位上少将に昇進した。そしてこの間の寛永十五年十一月七日には、土井利勝とともに些細な職務を許されていたが（『寛永諸家系図伝』『寛政重修諸家譜』「江戸幕府日記」）、これが大老の始まりと見なされている。

越前敦賀

慶安五年（一六五二）六月九日、正之は近江国友村《くにとも》（現滋賀県長浜市国友町）で誂《あつら》えた鉄砲、すなわち三百目玉一挺・百目玉一三挺・五拾目玉二一挺・六匁玉五挺・三匁五分玉一〇挺の大小都合五〇挺を会津に送るにあたり、越前敦賀（現福井県敦賀市）からの海運を利用すべく、海上の通行切手の交付を松平信綱・松平乗壽《のりなが》・阿部忠秋らの老中に申請した（「酒井家文書」）。敦賀は小浜藩領に属し、江戸時代には北国市場《ほっこくしじょう》と上方《かみがた》市場をむすぶ中継都市として栄え、かつ小浜藩では城下小浜につぐ軍事拠点でもあり、二人の町奉行が置かれていた（藤井譲治「藩政の成立」岩波講座『日本歴史』10、一九七五年）。

忠勝の便宜

小浜藩主でもあった酒井忠勝は、六月十五日付で国元《くにもと》の家臣武久庄兵衛・芝二郎左衛門・青山伊右衛門に宛てて次のような「書下《かきくだし》」を送った（「酒井家文書」）。書下とは、江戸にいる藩主から国元の家臣への様々な藩政上の指示を記した文書をいう。

一筆申せしめ候、保科肥後守殿鉄炮大小五拾挺敦賀通船ニて会津へ御廻し候に付きて、肥後守殿より鉄炮の数玉目書付を以って指し上げられ候処、相違無く相通すべきの旨、三人の老中より右の目録ニ裏書《うらがき》印判相調え給わり候間、則ち其の書付持ち越させ候、定めて肥後守殿より断りこれ有るべく候間、両町奉行・当番の目付相改め、目録の通り相違無く相通すべく候、其の為斯くの如くに候、以上、

これによれば、正之の申請に対して老中の許可が下《お》り、「相違無く相通すべき」との裏書と、老中三人の印判が据《す》えられた正之の申請書（「目録」）が小浜藩側に送られた。忠勝は武久庄兵衛らに対して、正之から連絡があるだろうから両町奉行と当番の目付に確認させたうえ、目録の通り相違なく輸送させるようにとの指示を出した。忠勝が武器輸送という微妙な事柄に関しても、正之に便宜《べんぎ》を図っていた様子を窺うことができる。

金銀の融通を申し出る

また次節で詳述するが、承応二年（一六五三）九月に正之が家綱の右大臣《うだいじん》転任を謝する使

者として上洛した際、忠勝は在京の家臣鹿野三太夫・小林孫左衛門に宛てて九月二十三日付で次のような書下を送っていた（「酒井家文書」）。

一、保科肥後守殿、其の元金銀入り候はゝ、私ものニ申し付け候間、御遣い候様ニと爰元《ここもと》ニ申し談じ候間、銀子《ぎんす》ならば五十貫めも百貫目も、小判ならば千両ニても二千両ニても、御断り次第かし申すべく候、

すなわち忠勝は、正之に対して京都で金銀が必要なときは、銀子ならば五〇貫目でも一〇〇貫目でも、小判ならば一〇〇〇両でも二〇〇〇両でも用立てると話しておいたので、正之から申し出があり次第貸すように、と鹿野らに指示したのである。実際に正之が金銀を借りていたか否かは不明である。しかし会津藩ではこの上洛にかなりの経費を費やしており、正之とすれば忠勝の申し出はきわめて有り難かったに違いない。

忠勝の信頼

酒井忠勝は、家光だけでなく家綱からの信頼も絶大であった（山本博文「新発見の小浜酒井家文書」『東京大学史料編纂所研究紀要』七号、一九九七年）。そうした忠勝からすれば正之に阿《おもね》る必要は些《いささ》かもなく、その忠勝が見せる正之へのこうした配慮や便宜の裏には、忠勝が正之を信頼できる人物として高く評価していた様子を垣間見ることができる。

四　二度目の上洛

家綱右大臣に転任

「吉良家日記」承応二年（一六五三）八月二十六日の条は次のように記している。

一、同廿六日、御任官御礼として、禁中方へ保科肥後守・今川刑部大輔（直房）、近日御使ニ遣わさるゝの由、御座之間に於いて仰せ付けらる、是は先ず支度仕るべき旨也、

これより前の同年七月十日、将軍家綱は内大臣《ないだいじん》から右大臣《うだいじん》に転任しており（「忠利宿禰日記」「徳川幕府家譜」）、この日、その御礼の上使として保科正之と奥高家今川直房《おくこうけいまがわなおふさ》に対して、禁中への派遣とその準備が命じられたのである。これを受け、さっそく酒井忠勝は元老中で山城淀藩主《やましろよど》の永井尚政《ながいなおまさ》に宛てて、転任の祝儀として正之が上使に指名され、九月二十日過ぎに江戸を出発するだろうと書き送った（「永井家文書」）。

御礼の上使

上使を命じられた正之は、国元の家臣団に対して、まず九月七日に騎馬で供奉《ぐぶ》する者には知行高にかかわらず一騎につき金一五両を与えるほか、高一〇〇石につき金三両の貸与と、その他の知行取《ちぎょうどり》家臣にも一〇両ずつを与え、かつ高一〇〇石につき金二両の貸与、さらに切符取《きりふとり》の者にも金一二両ずつ与えることを表明した。騎馬で供奉する家臣は七四人であった。くわえて道中往復の旅費、京都での宿泊費も藩庫から賄うこととし

た。家臣一同は「大勢の儀にもこれ在り候に、御厚恩の段有り難く存じ」「一統御礼申し上げ」たとされる（『家世実紀』）。ついで出立にあたっては、本陣での下馬《げば》、供《とも》の作法など全一四ヵ条からなる御道中《ごどうちゅう》並《ならびに》京都《きょうと》逗留《とうりゅう》中《ちゅう》御法度《ごはっと》書《がき》を定め、また九月十六日には承応元年に定めた道中之掟《どうちゅうのおきて》を改めて家臣一同に読み聞かせた。

江戸の留守は遠山伊右衛門《とおやまいえもん》が命じられ、供奉する家臣は、城代北原光次《きたはらみつつぐ》、家老田中正玄《たなかまさはる》・成瀬重次《なるせしげつぐ》、御側遠藤市郎右衛門《おそばえんどういちろうえもん》・佐藤《さとう》（友松《ともまつ》）勘十郎《かんじゅうろう》・一柳平右衛門らをはじめとして、中間《ちゅうげん》、夫丸《ぶまる》までをふくめると総勢じつに三八六四人におよんだ。また行列に携行した諸道具は、先手《さきて》鉄炮一二〇挺、先手弓五〇張、長柄《ながえ》一〇〇本のほか、持筒《もちづつ》三〇挺、玉薬箱一二荷、矢箱四荷、小持鑓三〇本、幕箱二荷、幕串五袋、小馬印一箱、同竿一本、鎧櫃《よろいびつ》二負その他で、先手鉄炮には猩々緋《しょうじょうひ》の袋が掛けられ、鉄炮頭は黒染めの絹羽織をはおっていた。

供奉の総勢三八六四人

九月二十一日、江戸城に上った正之と直房は、御座の間において家綱から改めて上洛の暇《いとま》を得、このとき正之には黄金一〇〇枚と時服ならびに御馬一匹が、直房には黄金一〇枚と時服《じふく》・道服《どうふく》などが与えられた。とくに正之には、これ以外にも八丈島で織った道服三端が家綱から直接手渡された（「江戸幕府日記」「土津霊神事実」）。『家世実紀』によれば、正之が上洛するにあたり、天樹院《てんじゅいん》（秀忠長女千姫）、徳川綱重、綱吉、千代姫（家光長女）からも餞別《せんべつ》が贈られたとされる。

上洛の行程

九月二十三日明け六ツ（午前六時頃）、正之は京都へ向けて芝《しば》の下屋敷《しもやしき》を出発した。その日は戸塚《とつか》に泊まり、翌二十四日は小田原《おだわら》、二十五日沼津《ぬまづ》、二十六日江尻《えじり》、二十七日藤枝《ふじえだ》、二十八日掛川《かけがわ》、二十九日新居《あらい》、十月朔日赤坂《あかさか》、二日熱田《あつた》、三日桑名《くわな》、四日関《せき》、五日石部《いしべ》、六日草津《くさつ》と宿泊を重ね、十月七日昼九ツ《ここのつ》（一二時頃）京都に着き、二条下ル町油小路にあった酒井忠清の屋敷に入り、ここを借りて本陣とした。京都到着のその日、正之は今川直房とともにまず京都所司代板倉重宗《いたくらしげむね》の屋敷に赴き、家綱の上意を伝えるとともに種々協議し、翌八日にも武家伝奏《ぶけてんそう》清閑寺共房《せいかんじともふさ》・野宮定逸《ののみやさだなり》のもとを訪れ、やはり参内《さんだい》に関する打ち合わせを行った。

参内

むかえた十月十日、正之は今川直房とともに参内した。まず天上の間において将軍家綱からの諸品を献上するとともに、武家伝奏をもって家綱の口上を奏上し、ついで太刀目録を献上して後光明天皇《ごこうみょうてんのう》に拝謁し、天盃《てんぱい》を頂戴した。その後、仙洞《せんとう》（後水尾上皇《ごみずのおじょうこう》）、新院《しんいん》（明正上皇《めいしょうじょうこう》）、女院《にょいん》（東福門院《とうふくもんいん》）と相次いで参上し、それぞれ進物と太刀目録を献上した。とくに女院御所では、正之は姉東福門院の御簾《みす》の前で饗応を受けたとされる。

翌十月十一日には、正之と直房は関白二条光平《かんぱくにじょうみつひら》邸に赴いて家綱の口上と進物を披露し、ついで十三日、正之らは再び参内して勅答《ちょくとう》を奉受し天盃を頂戴した。御前退出のときには、野宮・清閑寺の両武家伝奏から、正之を中将に任じ御太刀を与える旨の勅諚《ちょくじょう》が伝えられた。しかし、正之は太刀だけを拝領し、中将への任官は辞退した（「宣順卿記」）。同じ十月十三日、正之は女院御所にも召され、饗応の舞楽《ぶがく》を拝聴し御盃を拝領したが、このとき東福門院から「其の方は台徳院（秀忠）様御子に候へば、今度上京致し候に付きては、猶以って御懐敷《なつかし》く」思うので直に対面したいとの言葉を受けた。これに対して正之は、直接の拝謁など甚《はなは》だ恐れ多く、また将軍の許可も得ていないので「御容赦成し下され度き」旨を言上し、遠慮したとされる。

こうして、恙《つつが》なく使者のつとめを終えた正之らは、十月十四日に京都を発ち、同二十七日江戸に帰着した（「会府世稿」『譜牒余録』）。正之にとっては二度目の、そして最後の上洛であった。

正四位下中将に昇進

翌十月二十八日、江戸城に登城した正之と直房は、黒書院にて家綱にお目見して勅答の旨を言上した。このとき正之が中将への、直房が少将への任官をそれぞれ辞退したことが家綱の上聞《じょうぶん》に達し、その結果、それぞれ中将、少将に任ずべきことが酒井忠清・酒井忠勝ならびに老中から伝えられた。中将への任官を許された正之は、十一月十二日にその御礼として綿子一〇〇把、太刀馬代黄金一枚を家綱に献上した（「吉良家日記」「江戸幕府日記」）。ついで十七日、朝廷では正之を重ねて従三位《じゅさんみ》に叙すべく位記《いき》・宣旨《せんじ》を発行した。しかし、正之がひたすらこれを固辞したために、朝廷では改めて正四位下《しょうしいのげ》に叙した（『寛政重修諸家譜』『譜牒余録』）。これよって正之の官位は、この後の会津藩主の極官《きょっかん》でもある正四位下中将となった。

なお『家世実紀』には、正之の従三位辞退をめぐって、これを「世上にては御老中松平伊豆守様御差し抑え成され候由」と、松平信綱の圧力があったらしいとし、またこのとき酒井忠勝が「今度肥後守殿三位辞退致され候は、高位に登り候よりも却って規模《きぼ》成る事」すなわち従三位の辞退はかえって名誉なこと、と語ったのを伝え聞くと、正之は激怒して「自分は名誉などを望む男ではない、たとえ上様の草履取りでも一向にかまわない」と語ったという逸話が載せられている。

正頼の長門守任官と媛の婚姻

翌承応三年（一六五四）十二月二十五日、正之の嫡男の正頼《まさより》が従四位下侍従に叙任して長門守を名乗ることになった。さらにその翌年の明暦元年（一六五五）四月十四日に、正之は長女媛《はる》（十五歳）を出羽米沢三〇万石の上杉綱勝のもとに嫁している。

幕閣の動き

この間の幕閣の動きとしては、承応三年一月に松平乗壽《まんじ》が病死し、老中はいちじ酒井忠清・松平信綱・阿部忠秋の三人となった。しかし万治元年（一六五八）閏十二月には、家光の乳母春日局《かすがのつぼね》の孫の稲葉正則《いなばまさのり》（相模小田原八万五〇〇〇石）が松平信綱・阿部忠秋と同前に奉書加判《ほうしょかはん》を命じられ、老中は四人体制に復した。また明暦二年（一六五六）三月には、酒井忠勝が老齢を理由に大老の職務を赦《ゆる》され、同五月には隠居して空印《くういん》と号するようになっていた（「江戸幕府日記」『寛政重修諸家譜』）。

五　明暦の大火と正之

本妙寺から出火

明暦三年（一六五七）正月十八日、江戸は、後に明暦の大火とも振袖火事《ふりそでかじ》とも呼ばれる未《み》曾有《ぞう》の災害にみまわれた。この日 未 刻《ひつじのこく》（午後二時頃）、本郷《ほんごう》六丁目の日蓮宗本 妙 寺《ほんみょうじ》から出た火災は、折からの北西の強風に煽《あお》られて瞬《またた》く間に燃え広がり、神田《かんだ》・湯島《ゆしま》一帯を焼き尽くすと、外堀《そとぼり》を越えて日本橋《にほんばし》・八丁堀《はっちょうぼり》・霊厳島《れいがんじま》からさらに佃島《つくだじま》へと向かい、また別の一筋は隅田川《すみだがわ》を越えて深川《ふかがわ》にまで達した。

江戸城本丸二の丸焼失

翌正月十九日午 上刻《うまのじょうこく》（午前一二時頃）、今度は小石川《こいしかわ》の新鷹匠町《しんたかじょうまち》から出火した。火は吉祥寺《きちじょうじ》から水戸藩下屋敷《しもやしき》をへて、飯田町《いいだまち》から田安門《たやすもん》・竹橋門《たけばしもん》内の大名屋敷をことごとく焼き払い、ついで午下刻、ついに内堀《うちぼり》を越えて江戸城の郭内《かくない》にも広がり、西丸だけは奇跡的に延焼を免れたものの、本丸・二の丸の御殿《ごてん》や天守閣はおろか城廻りの塀までをも焼失させた。さらに同日申刻《さるのこく》（午後四時頃）には、新たに麹町《こうじまち》七丁目の在家《ざいけ》からも火の手が上がり、炎は赤坂《あかさか》・日比谷《ひびや》から芝《しば》方面の海手へと広がり、この辺りにあったほとんどの大名屋敷が罹災《りさい》した。

「前代未聞」の火事

火は翌二十日朝まで燃え残り、武家地、寺社地、町人地の区別なく江戸市街のほぼ全域が灰燼《かいじん》に帰した。その被害は、史料によって異同があるものの、「江戸幕府日記」が引用する「承明記」によれば、大名屋敷一六〇軒（これは全体の四分の三に相当した）、書院番《しょいんばん》・小姓組などの旗本屋敷七九三軒、町屋八〇〇町が焼失したほか、呉服橋《ごふくばし》と一石橋《いっこくばし》をのぞいたすべての橋が焼け落ちた。焼死者は判明しただけでも三万七〇〇〇人余に達し、その他いまだ数知れずという状況であった。一説には死者は一〇万人を超えたともいわれている。この火事は、正月二十日付で土佐藩主山内忠豊《やまうちただとよ》が「今度の火事前代未聞の由に御座候」（「集録方文書」）と、また仙台藩主伊達忠宗《だてただむね》が「爰許《ここもと》の火事前代未聞に候、江戸中残り候所余りこれ無く候」（「伊達治家記録《だてちかきろく》」）と報じたように、まさに「前代未聞」の、そして江戸時代を通じても空前絶後の大火災であった（黒木喬『明暦の大火』講談社、一九七七年）。

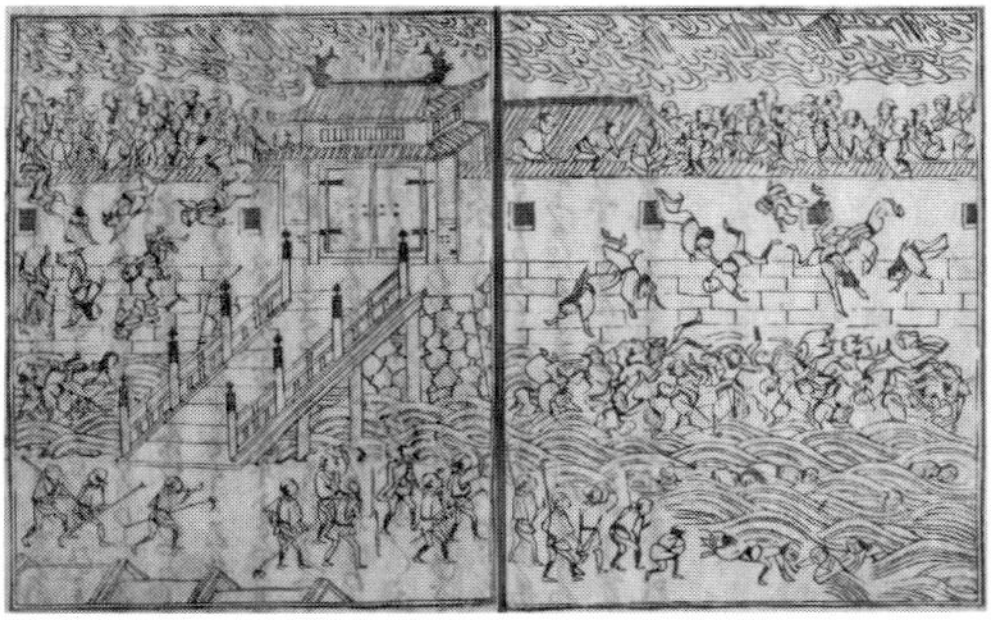

明暦の大火時の浅草門（浅井了意『むさしあぶみ』2巻，万治4年〈1661〉中村五兵衛刊行，国立国会図書館蔵）

ところで、この明暦の大火をめぐり、保科正之には数多くの逸話が残されている。この節ではそのいくつかを紹介してみたい。

家綱の御座所

正月十九日に本丸が炎上したとき、家綱の御座所をめぐって諸老臣の評議があった。寛永寺への退避を主張する者が多いなか、正之が「幸いにも西丸が残っており、まずは西丸に御座を移し、西丸が焼失したときは本丸の焼け跡に陣屋を建てて御安座あるべきで、将軍が軽々に城を離れるべきではない」と述べると、これを聞いた諸老臣は皆なるほどもっともと心服したという（『武野燭談』『家世実紀』）。「厳有院殿御実紀」ではこれを老中阿部忠秋の発言としている。

家綱が西丸に移ったのは本丸が炎上した直後の申上刻で、このとき家綱に供奉《ぐぶ》していたのは当番の近習たちだけであった（「奥日記」）。またこの模様を伝え聞いた前土佐藩主山内忠義《ただよし》は、二月二日付の書状（「集録方文書」）で、

一、西之御丸は御無事に候ニ付きて、公方様御移り成させられ、雅楽殿《（酒井忠清）》・伊豆殿《（松平信綱）》・豊後殿《（阿部忠秋）》、其の外御近習衆昼夜御詰め成され、（後略）

と報じており、家綱が西丸に移ったとき昼夜そこに詰めたのは、近習衆のほかは酒井忠清・松平信綱・阿部忠秋らの老中だったことがわかる。いっぽう「会府世稿」によれば、

正之は当初下屋敷に

正月十九日の正之は初め芝《しば》の会津藩下屋敷にいたようで、その下屋敷が類焼するにおよ

んで西丸下の上屋敷に移っていた。そして、より確実な史料で正之の動きがつかめるのは、翌二十日になってからで、徳川綱重・綱吉の両典厩《てんきゅう》、徳川頼宣・光友・光圀らの御三家と松平頼純《よりずみ》（頼宣の子）、毘沙門堂門跡公海《びしゃもんどうもんぜきこうかい》について、井伊直孝・酒井忠勝とともに西丸御座の間で家綱に対顔したときである（「奥日記」）。こうしてみると、家綱の居場所をめぐる評議が仮にあったとしても、そこに正之がいた可能性はきわめて低いといわざるをえない。

「万人塚」

正月二十四日、正之は増上寺に家綱の名代として参詣した（「江戸幕府日記」）。その道すがら、貴賤男女《きせんだんじょ》の区別もつかぬ無数の焼死体が路を塞《ふさ》いでいた。正之はこの惨状を見て哀れに思い、帰城後その様子を家綱に言上し、また埋葬して供養すれば仁政の一端になるだろうと諸老臣にはかったとされる（「会府世稿」「厳有院殿御実紀」）。そのゆえだろうか、幕府は金三〇〇〇枚を投じ、死骸を船にて本所牛島《うしじま》（現墨田区両国）の地に集め、六〇間四方の穴を掘って埋葬し、塚を築いてその菩提《ぼだい》を弔《とむら》わせた。この地は「万人塚《ばんにんづか》」と呼ばれ、後に増上寺によって大伽藍《がらん》が建立《こんりゅう》され諸宗山無縁寺回向院《しょしゅうざんむえんじえこういん》と号した（「厳有院殿御実紀」「むさしあぶみ」）。

幕府施粥

大火直後の正月二十日、幕府は浅草《あさくさ》の米蔵から一日一〇〇〇俵を支給し、飢民《きみん》のために同二十九日まで江戸市中六ヵ所での施粥《せじゅく》を決めた。結局これは二月二日まで延期され、さらに一日おきに同十二日まで再延期された。また正月二十一日には、町奉行に命じて金一両に付き米七斗より高く売買することを禁じ、米価の高騰を防いで庶民の救済を図っていた（『江戸幕府日記』）。

江戸米不足

いっぽう、この大火によって江戸は米不足となり、多くの者が飢渇《きかつ》におよんでいた。その対策として、正之は在府の諸大名を帰国させればよいことを主張した。その通りにすると米価は俄《にわか》に下がり、江戸の庶民は大いに安堵したとされる（「会府世稿」『寛政重修諸家譜』）。「厳有院殿御実紀」では「鳩巣小説」を典拠に類似の話をのせ、これを老中松平信綱の言葉として引用している。

帰国した大名は八人

しかし幕府は、正月二十五日にこの年四月に参勤予定の島津光久《しまづみつひさ》・池田光政《いけだみつまさ》ら二〇人の大名に六月までの参勤延期を指示してはいたものの（このうち一七人は当年の参勤は免除となった）、大火発生から二月末日までの間に帰国を許した大名は、松平光通《みつみち》・佐竹義隆《さたけよしたか》・伊達忠宗・上杉綱勝《うえすぎつなかつ》・山内忠豊・京極高広《きょうごくたかひろ》・丹羽光重《にわみつしげ》・南部重信《なんぶしげのぶ》らで、いずれも一〇万石を超える大大名とはいえ、その人数は八人にすぎず、逆に三月になると主に西日本の大名が続々と参勤していた（『江戸幕府日記』）。こうした事実からすれば、江戸が米不足となっていたことは当然としても、諸大名の帰国云々の話もあまり当てにならないし、それが正之の発案かどうかも確たる根拠はない。

正頼死去

この大火によって、会津藩では西丸下桜田《さくらだ》の上屋敷はかろうじて類焼を免れたものの、芝の下屋敷は正月十九日の麹町からの火災によって全焼してしまった。そのため、継室《けいしつ》お万《まん》の方や嫡男正頼《まさより》をはじめとする正之の子たちは、品川《しながわ》の東海寺《とうかいじ》に避難し、そこを宿所としていた。ところが、その正頼は二十日ごろから風邪を引いてしまい、幕府番医内田玄勝《うちだげんしょう》・井上玄徹《いのうえげんてつ》らが投薬し治療に当たったが、薬効かなわずついに二月朔日の晩五ツ時（午後八時頃）東海寺で息を引き取ってしまった。まだ十八歳であった。正頼の葬儀は会津の浄光寺《じょうこうじ》で行われた。岩彦霊社と諡《おくりな》され、その後会津松平家の廟所《びょうしょ》である院内山《いんないさん》に葬られた。

忌御免

翌二月二日、将軍家綱は上使として御側《おそば》内藤忠清《ないとうただきよ》を遣わし、正之を見舞った（「江戸幕府日記」）。このとき、老中たちも正之のもとに悔やみに出向いたが、正之は彼らに「大火後いまだ世情安堵せぬのに、たとえ倅《せがれ》が死んだとて愁嘆しているばあいではない。願わくは早く忌《いみ》を免ぜられ登城したい」と語ったとされる。忌の期間は、嫡子のばあい通常十四日間であるが（「服忌令《ぶっきりょう》」）、早くも正頼の死去から七日目の二月七日、家綱は守役《もりやく》の大森頼直《おおもりよりなお》を正之のもとに遣わし、忌御免《いみごめん》を伝えた（「会府世稿」）。そして正之はその言葉通り翌八日、即座に登城したのである（「奥日記」）。なお、芝の下屋敷は万治元年（一六五八）四月二十一日に再建され、この日正之も同屋敷に移り、以後日常の生活の場とした。また同年五月十五日、正之は新たに箕田《みた》（三田）に屋敷（下屋敷）を拝領し、これによって芝の屋敷は会津藩中屋敷となった（「江戸幕府日記」「土津霊神事実」）。

正室墓所を移す

この大火で、寛永十四年（一六三七）に亡くなった正室菊の墓所であった霊厳寺も焼失した。そのため、墓所は菊の実家内藤家の菩提寺《ぼだいじ》である浄土宗の光台院《こうだいいん》（現東京都港区高輪）に移され、寛文九年（一六六九）五月の三十三回忌には、正之は布施として銀三〇枚を同寺に寄進したとされる（「小君略伝」）。

正之を賛美する逸話

このほか、江戸城天守閣が再建されなかったのが正之の献策によるとする話（「土津霊神事実」『寛政重修諸家譜』）など、明暦の大火をめぐる正之の逸話はまだまだある。右に紹介した例からもわかるように、これらは全体として正之の幕府政治への影響力の大きさを誇示するものだったり、正之の人柄《ひとがら》や治者《ちしや》としての資質を賛美するものといえる。また、明暦の大火と直接関連することではないが、玉川上水《たまがわじょうすい》の開削を指示したのが正之だったとする説や、貞享暦作成で著名な渋川春海（二世安井算哲）を天文・暦術研究に導き支援したとする説もある。しかしこれらは、そのほとんどが後世に会津藩側で編纂した史料を典拠とするもので、一次史料では確認が難しく、また確実な史料で詰めていくと明らかにおかしなものもある。とすれば、こうした逸話は、よほど先入観を排除してより慎重かつ客観的に眺めていかぬと、その人物像を見誤ってしまうことになる。

第八 「大老」への道

一 正之の台頭

江戸城本丸再建

明暦の大火によって焼失した江戸城本丸の再建工事は、明暦《めいれき》三年（一六五七）五月九日に開始され、二年余り後の万治《まんじ》二年（一六五九）九月朔日に完了した。本丸が再建されると、これを祝う諸大名から様々な品が家綱《いえつな》に贈られていたが、保科正之も硯箱《すずりばこ》・料紙箱《りようしばこ》と机などを献上した。これより前の万治二年正月十一日、十九歳になっていた家綱はこの日前髪を落として童形《どうぎよう》を改めた。これは家綱にとっては実質的な元服であり、成人となったことを意味した。そして同九月五日巳刻《みのこく》（午前一〇時頃）、家綱はこれまで住んだ西丸からようやく本丸に移徙《いし》した（「江戸幕府日記」）。これによって家光が死去して以来、江戸城本丸は八年ぶりに主《あるじ》を迎えたこととなり、以後、将軍家綱による本格的な政治が展開していく。

老中との接触

家光の生前には、保科正之が幕府の政治運営に携わることはなかった。また家光が死

徳川家綱画像（公益財団法人 徳川記念財団蔵）

んだ直後に起きた松平定政《まつだいらさだまさ》事件や由比正雪《ゆいしょうせつ》の乱、あるいは明暦の大火の際の対応などでも、正之がどこまでそれらに関与していたか、これを確実な史料で確認することはできなかった。ただ承応《じょうおう》二年（一六五三）十一月二十七日、正之は老中の詰所《つめしょ》近くに休息所を与えられ、また翌二十八日からは老中と同じく江戸城中口《なかのくち》からの出入りも許されている（「厳有院殿御実紀」）。これによって、正之と老中との頻繁な接触が可能となり、正之の意見が幕政に反映される下地が形成されたと見ることができる。くわえて前章で述べたように、同年十月に家綱の右大臣転任による御礼の上使を無事つとめあげた実績もあってか、承応末年から、正之は幕府政治の表舞台に登場するようになり、かつ諸大名への影響力も格段に増していった。

井伊直孝とともに活動

万治二年三月二十八日、前日に参勤した備前岡山藩主池田光政《いけだみつまさ》のもとに、松平信綱《のぶつな》が使者となり家綱の上意を伝えると、さっそく光政は四人の老中に加え、井伊直孝《いいなおたか》と正之のもとに参勤の挨拶《あいさつ》に出向いていた（『池田光政日記』）。また後に詳しく述べるが、万治元年十月からは加賀藩主前田《まえだ》綱紀《つなのり》の後見も任されていた。これより前承応三年九月、長崎に来航した中国金山寺《きんざんじ》の僧侶で、黄檗宗《おうばくしゅう》の開祖としても著名な隠元隆琦《いんげんりゅうき》の日本帰化について、家綱の諮問に応じたのは井伊直孝と正之だった。さらに、明暦二年九月に丹後《たんご》宮津《みやづ》城主京極高広《きょうごくたかひろ》と甥の同田辺《たなべ》（舞鶴《まいづる》）城主京極高直《たかなお》との争論を裁いたのも、やはり直孝と正之の二人であった（「江戸幕府日記」「水戸記」「山鹿素行《やまがそこう》先生日記」）。

この二人が正保《しょうほう》二年（一六四五）四月に行われた家綱の元服式で、加冠と理髪の役をつとめたことはすでに述べた。それ以来、直孝と正之は式日《しきじつ》の御礼など江戸城で行われる諸儀礼の場では常にならんで列席するようになっていた。そして承応年間（一六五二—五五）になると、そうした儀礼の場だけでなく、右のような政治的な局面においても、正之は直孝とともに活動するようになったのである。

だが、家綱政権における正之の存在を決定的に重要なものとした契機は、じつはこの直孝の死であった。

直孝死去

井伊直孝は万治二年（一六五九）六月初旬から病気が重篤《じゅうとく》になり、将軍家綱は連日のように見舞いの使者を送ったが、同月二十八日午刻《うまのこく》ついに江戸の藩邸で死去した。この日、直孝は独り暗室に入り、座したまま死去したという（「山鹿素行先生日記」）。享年七十であった。これが家綱の上聞《じょうぶん》に達すると、家綱は即座に嫡男の直澄《なおすみ》のもとに老中阿部《あべ》忠秋《ただあき》を送り「御愛（哀）惜之旨」を伝え、翌二十九日には松平信綱を使者に香典として銀子五〇〇枚を贈った（「江戸幕府日記」）。いっぽうの正之は『家世実紀』によれば、直孝とは別して懇意であったゆえ、近江彦根《ひこね》で行われた直孝の葬儀に、会津藩使番《つかいばん》永田藤兵衛《ながたとうべえ》を派遣して焼香させ、香典の銀子二〇枚を霊前に捧げていた。また井伊家からは直孝の遺物《ゆいもつ》として、牧渓《もっけい》筆になる猿猴《えんこう》の掛け軸二幅が正之に贈られたとされる。

伊達騒動

直孝が死去した翌万治三年八月二十五日朝、老中酒井忠清《さかいただきよ》の屋敷に陸奥仙台藩伊達家の一門と重臣たちが呼ばれ、保科正之、老中阿部忠秋・稲葉正則《いなばまさのり》、大目付兼松正直《かねまつまさなお》が列座し、藩主伊達綱宗《だてつなむね》の隠居と実子で二歳になる亀千代《かめちよ》（後の綱村《つなむら》）の家督相続、そして亀千代の大叔父《おおおじ》伊達宗勝《むねかつ》・叔父田村宗良《たむらむねよし》に三万石ずつを分与し、かつ亀千代を後見するようにとの「上意《じょうい》」が忠清から伝達された（「江戸幕府日記」）。仙台藩では藩主綱宗の不行跡に端を発した御家騒動《おいえそうどう》（伊達騒動《だてそうどう》）が勃発しており、それに幕府が最初の裁定を下したのである（福田千鶴『酒井忠清』）。この三日後の八月二十八日には、江戸城大廊下《おおろうか》溜《だまり》において今度は出仕の諸大名に対して、綱宗の逼塞《ひっそく》と亀千代の家督相続などが伝えられた。そしてその席に列座したのは、やはり正之と老中酒井忠清・阿部忠秋・稲葉正則、そのほか奏者番衆《そうじゃばんしゅう》、大目付衆などであった（「江戸幕府日記」「松平大和守日記《まつだいらやまとのかみにっき》」）。

堀田正信無断帰国

この直後の万治三年十月八日、下総佐倉藩《しもうささくらはん》一一万石堀田《ほった》家では、ただならぬ事態が起

こっていた。「江戸幕府日記」の翌十月九日の条には、

稲葉美濃守（正則）午刻に退去、是れ堀田上野介（正信）昨八日の昼東叡山《とうえいざん》に参詣仕り、直ニ御暇も申し上げず在所佐倉へ引き籠り、上様へ訴状一通箱に入れ、保科肥後守・阿部豊後守両人の宛所ニて差し置く、仍《よ》って美濃守退出、勿論上野介兄弟共登城に及ばず、佐倉堀田上野介へ上使として、牧野織部正（成常）・安藤一郎兵衛（忠次）召させられ遣わさる、

とあり、この日（十月八日）、藩主堀田正信《まさのぶ》は家光の廟所《びょうしょ》である東叡山大猷院廟《たいゆういんびょう》に参詣した後、幕府の許し無く直接領地の佐倉に帰国し、保科正之と老中阿部忠秋を宛所《あてどころ》にした将軍家綱への訴状を提出したのである。老中の稲葉正則が午刻に退城したのは、稲葉家が堀田家の遠縁に当たっていたためである。

訴状と動機

訴状の内容は、当時の幕閣の失政を批判し、自領の返上によって窮乏する旗本・御家人の救済を望むものだったとされ（『藩翰譜』）、その動機はかつての松平定政と同根であった。また当時江戸にいた山鹿素行の日記によれば、この訴状はもっぱら老中松平信綱の所業を訴えたもので、こうした行動にでたのは不例《ふれい》の家綱が薨去《こうきょ》したと思い込んだためとする（「山鹿素行先生日記」）。訴状の宛所が正之と忠秋の二人とされたのは、老中では稲葉正則のほか酒井忠清も堀田家の縁者であり、また松平信綱は正信が「敵」と心得たため除かれたのだと噂されたという（福田千鶴『酒井忠清』）。

堀田家ではその晩四ツ時分（午後一〇時頃）になって、一門の者たちが集まり今後のことが協議された。そこには稲葉正則も参加しており、正則は九ツ時（午前〇時頃）に徒歩で帰ったことが目撃されていた。会合の開始が四ツという時刻から見ても堀田一門の狼《ろう》狽《ばい》ぶりが想像できよう。またこのとき江戸城下は、堀田正信の討伐を企てる諸大名によって騒然としていたという（「松平大和守日記」「山鹿素行先生日記」）。

正之の屋敷で寄合

事件翌日の十月九日、幕府は早速上使として作事奉行《さくじぶぎょう》牧野成常《まきのしげつね》と目付安藤忠次《あんどうただつぐ》を佐倉に派遣した。そして十一日に牧野と安藤が帰参すると、保科正之、老中松平信綱・阿部忠秋出席のもと酒井忠清宅で寄合《よりあい》が開かれ、ついで十五日にも同じく酒井忠清・松平信綱・阿部忠秋が出席して、今度は正之の屋敷で寄合がもたれた（「江戸幕府日記」）。そこでは、正信の処分が検討されたことは間違いない。

正信の処分

堀田正信は十月十四日に佐倉を出て、弟正俊の領地下総守谷《もりや》（現茨城県守谷市）に蟄居《ちっきょ》して幕府の指示を待った。結局その処分は、実弟の信濃飯田《いいだ》城主脇坂安政《わきさかやすまさ》に預けと決まり、十一月二十七日に正信は飯田に向けて守谷を発った（「松平大和守日記」）。ついで十二月三日には、江戸城芙蓉《ふよう》の間において詰衆《つめしゅう》ならびに諸番頭《ばんがしら》・物頭《ものがしら》が召され、老中列座のもと正信の処分がつぎのように伝達された（「江戸幕府日記」）。

堀田上野介正信今度御暇も申し上げず居城佐倉へ引き込み、殊《こと》ニ時分もこれ有るべき処、御不例の節訴差し上げたるゆへ、御取上げ成らるべき義これ無く、重々不届きに思し召さるゝの間、急度《きっと》仰せ付けらるべきと雖《いえど》も、加賀守正利《(正盛)》忰《せがれ》たるにより御宥免、弟脇坂中務少《(安政)》へ御預け、是れ又上野介忰帯刀《(正休)》事、加賀守孫の儀御扶持方《ごふちかた》とて壱万俵下し置かるゝに依り、居城佐倉城はこれを召し上げらる、

すなわち、正信は無届けで帰城しただけでなく、殊に家綱が不例の節に訴状を提出したので受理できるわけもなく、重々不届きであり厳罰に処すべき所であるが、（家光に殉死した）故堀田正盛《まさもり》の子であるので罪一等を減じ正信は脇坂安政に預けとし、正信の子正休《まさやす》も正盛の孫ゆえに扶持米《ふちまい》一万俵を支給するが、居城の佐倉城は召し上げる、というものであった。これにくわえてこの日の朝には、酒井忠清宅に脇坂安政を呼び、老中列座のもとで同様の上意が伝達されたことも詰衆以下に伝えられた。また同日、佐倉城受取には元若年寄《わかどしより》の朽木稙綱《くつきたねつな》、目付として安藤忠次・猪飼正久《いかいまさひさ》が、佐倉城の在番には上野《こうずけ》高崎《たかさき》六万石の安藤重博《あんどうしげひろ》と常陸土浦《ひたちつちうら》一万石の新庄直好《しんじょうなおよし》が命じられた（「江戸幕府日記」「松平大和守日記」）。なお家綱は九月二十日ごろから体調をくずし、十月後半まで式日の御礼などは行われておらず、「御不例の節」とはそれを指している。

正信自害

その後、寛文《かんぶん》十二年（一六七二）五月、正信は脇坂家から母方の実家である若狭小浜の酒井忠直《ただなお》に預けられ二〇〇〇俵を与えられたが、延宝《えんぽう》五年（一六七七）六月に随意な行動を咎

められて阿波徳島《あわとくしま》に配流《はいる》となり、蜂須賀綱通《はちすかつなみち》に預けられた。そして同八年五月二十五日、おそらく刀・脇差は取り上げられていたのだろう、正信は家綱の薨去《こうきょ》を知ると鋏《はさみ》を使って自害したとされる（『寛政重修諸家譜』）。

正之の権限

正之との関わりで伊達騒動と堀田正信の改易という、万治三年に起こった二つの事件を取り上げてみた。伊達騒動では、酒井忠清宅や江戸城における幕府裁定の申渡しに正之が列座していた。こうした申渡しに正之が列座することは、これまでにはなかったことであり、それはこの裁定にいたる評議の過程に正之が関与していたことを意味する。また堀田正信の改易事件では、正之は正信の処分に関するであろう老中の寄合に参加しただけでなく、正之宅でも老中の寄合が開かれていた。これも、それまで見られなかったことである。そして決定的に重要なことは、堀田正信がその訴状の宛所に阿部忠秋とならんで正之の名を記していた点である。これは、たとえ縁戚の老中を除外したなどの事情があったとしても、正之が幕府の意思決定において老中と同等以上の権限を備える存在であると正信が認識していたからにほかならない。

井伊直孝の職務を継承

このように万治年間（一六五八―六一）、とくに井伊直孝の死後になると、正之が家綱の政治に影響力をもつ存在になっていたことが確実に認められるのである。このことは、正之がこれまで井伊直孝の見習いに似た立場だったものから、直孝の死を契機にその職務を継承したと見なすこともできる。しかもそれは、将軍家綱が江戸城本丸に移徙《いし》した時期と、はからずも重なるものであった。近年の研究では、井伊直孝を大老《たいろう》とする見解が提出されている。そこでこの大老について、正之との関連もふくめて次節で改めて述べてみたい。

二　「大老」保科正之

江戸幕府大老

江戸幕府の役職のひとつに大老がある。大老とは、老中の上にあって政務を統括したいわば幕府最高の役職である。ただし常に置かれていたわけではなく、また老中や若年寄のように職務規程や支配する組織があったわけでもない。寛永《かんえい》十五年（一六三八）十一月七日、それまで老中だった土井利勝《どいとしかつ》・酒井忠勝《ただかつ》が些細《ささい》な職務を免ぜられ、朔日《ついたち》・十五日の出仕と「禁中方《きんちゅうかた》・大成御用《おおきなるごよう》」への関与を命じられた（「江戸幕府日記」「公儀御書案文」）。通説ではこれが大老の始まりとされる。その後、諸説あるものの右の二人に加えて、酒井忠清・堀田正俊《まさとし》・井伊直興《なおおき》・井伊直該《なおむね》（直興と同一人物で再任）・井伊直幸《なおひで》・井伊直亮《なおあき》・井伊直弼《なおすけ》・酒井忠績《ただしげ》らが江戸時代を通じた大老の就任者とされている（美和信夫「江戸幕府大老就任者に関する考察」『麗澤大学紀要』二六巻、一九七八年）。元禄期以後になると、大老を出す

幕府・井伊家の認識

家はほぼ井伊家に限られており、かつまた幕末に権勢を振るった井伊直弼を除けば、大老は幕府政治を指導するというより、名誉職的な色彩が強くなっていた。

「大老」という言葉が初めからあったわけではない。老中奉書を分析した高橋修氏によれば、正式な役職として大老が置かれたのは、元禄《げんろく》十年（一六九七）六月十三日に井伊直孝の孫の直興が、五代将軍徳川綱吉《つなよし》の御前で「御大老」を仰せ付けられたときとされる（「老中奉書の文書学的研究」『歴史』八六輯、一九九六年）。ただ「正式な役職」という意味ではそうであっても、当時の幕府や当の井伊直興の認識はいささか異なっていたようである。

井伊直興が大老職を命じられた日の「江戸幕府日記」には、

一、井伊掃部頭（直興）、先の掃部頭（直澄）の通り御大老御前に於いて仰せ付けられ候、

とあり、直興は先代の井伊直澄と同じく（「先の掃部頭の通り」）「御大老」を仰せ付けられたとしている。つまり幕府の認識では、この日の「御大老」の任命は直興を最初とするわけではなかったことになる。このことに関連して、同じ元禄十年八月二十八日付で井伊家が当時綱吉の側用人《そばようにん》だった柳沢吉保《やなぎさわよしやす》に提出した「井伊家御覚書《いいけおんおぼえがき》」は、

一、大老御役の儀は承り及び候躰、御当家ニて直政《なおまさ》・直孝・直澄三代、拙者四代、
外ニ保科肥後守・松平式部大輔（榊原忠次）仰せ付けられ候由、其の外には承り及ばず候、

と記しており、直興は自分が命じられた「大老御役」は、井伊家では直政・直孝・直澄

に次いで四代目と承知しているとし、直興自身にも幕府と同様に最初の大老という自覚はなかった。しかも、井伊家の歴代当主以外で「大老御役」をつとめたのは保科正之と榊原忠次《さかきばらただつぐ》の二人だけで、それ以外は承っていないとしている。つまり直興（または彦根藩）の認識ではこれらの人々こそが大老なのであって、土井利勝や酒井忠勝らは大老ではなかったことになる。ここには、譜代筆頭を任じる井伊家こそが、大老となる家だという強烈な自負を読み取ることができる。というよりも、老中をつとめたような人々は大老ではない、というのが幕府もふくめた当時の認識だったかもしれない。

二系統の大老

近年の研究によれば、主に幕府役職就任者の任免記録である「諸役人系図《しよやくにんけいず》」『柳営補任《りゆうえいぶにん》』といった編纂史料をもとに、元禄期までは二系統の大老、すなわち井伊直孝・松平忠明《ただあきら》・保科正之・榊原忠次・井伊直澄《なおずみ》らの後見型大老《こうけんがたいろう》ないし執事系《しつじけい》大老と、土井利勝・酒井忠勝・同忠清・阿部忠秋・堀田正俊らの政務型《せいむがた》大老ないし元老系《げんろうけい》大老とがあり、これらは峻別して把握されるべきことが提起されている（福田千鶴『酒井忠清』、野田浩子「江戸幕府初期大老と井伊直孝の役割」『立命館文学』六〇五号、二〇〇八年）。

「大成御用」

これらの人々は、井伊直孝らの系統が老中にならなかったのに対して、土井利勝らの系統は老中として幕府政治の中核を担った後、奉書加判や月番の政務を免除されており、この点で決定的に異なっていた。だが、両者ともいわゆる大政（「大成《おおきなる》御用《ごよう》」）に参与したという点では共通しており、その意味では後見型、執事系といった各々の呼び方はひとまず置くとしても、土井利勝らだけでなく井伊直孝系統の人々も十分に大老と見なすことができ、右の指摘はきわめて的を射たものといえる。よって本書では、井伊直孝の系統を土井利勝らと区別するため、「大老」とカッコを付けて表すこととする。

正之は「大老」

保科正之については、「大成御用」を命じられたとする記録は見いだせない。しかし右の井伊家の認識だけでなく、同時代を生きた林春斎が「此ノ人当時懿親《いしん》（将軍の血族）ニシテ国家重事ヲ議ス」と評し、「重事有ラバ則チ諸老其ノ第ニ就キ之ヲ議ス（原漢文）」（『国史館日録《こくしかんにちろく》』）と記すなど、「重事」のとき老中らが正之の屋敷に赴き相談する姿からも、その存在はまさに「大老」だったということができる。

常溜三家

保科正之の後、会津藩主から「大老」が出ることはなかった。これは元禄九年（一六九六）十二月に三代藩主正容《まさかた》が将軍綱吉から松平姓と葵紋《あおいもん》の着用をゆるされ、会津藩が名実ともに一門大名となったこととも関わりがあろう（「常憲院殿御実紀《じょうけんいんでんごじつき》」）。将軍家一門は原則として幕府の役職には就かないからである。ただ、その後の会津藩松平家は、彦根藩井伊家や徳川光圀の兄頼重《よりしげ》を祖とする伊予《いよ》高松《たかまつ》藩松平家（一二万石）とともに、江戸城殿席《でんせき》でのいわゆる「常溜三家《じょうだまりさんけ》」を構成し、幕府の大政に参与しつづけていた（野田浩子「大名殿席『溜詰』の基礎的研究」『彦根城博物館研究紀要』第一二号、二〇〇一年）。

井伊直澄「大老」就任

ところで「江戸幕府日記」寛文八年（一六六八）年十一月十九日の条には、

井伊掃部頭（直澄）

右は父掃部頭（直孝）の通りニ松平式部大輔（榊原忠次）跡役仰せ付けらる丶旨御直に仰せ出され候、表向御挨拶《おもてむきごあいさつ》其の外大成御用《おおきなるごよう》仰せ付けられ候、

とあり、この日、井伊直興の先代の井伊直澄が父の直孝と同じようにつとめ、かつ寛文五年三月に死去した榊原忠次の「跡役」を命じられ、またその職務は「表向御挨拶」「大成御用」とされた。この人事は井伊直孝の系譜をひく「大老」の任命にほかならない。

「大老」拝命の模様

そして直澄は直後の同月二十五日、国元の重臣木俣守安《きまたもりやす》に宛てた書状（「中村達夫氏所蔵文書」）で、この「大老」を拝命したときの模様を次のように詳細に報じている。

それによれば、この日、将軍家綱の御座の間に呼ばれた直澄は、保科正之・酒井忠清と老中が列座するなか「年比《ごろ》も能《よ》く候間、御表方御挨拶、其の上大成御用これ有る時分何《いず》れもニ相加わり、御用をも弁《わきま》え候様に仕り、先の掃部頭（直孝）仕来り候通りに相心得候様に」と家綱から直々に命じられた。これに対して直澄は、一応の御礼を申し上げた後「私が直孝の子ゆえにそうお命じだと存じますが、四十歳を超えたとはいえまだ若年でありますす（このとき直澄は四十四歳）。そのうえ学問も未熟でかつ病者でもありますので（「第

一文盲ニ御座候て病者ニ御座候へば」)、もう少し御側近くでの御奉公をつとめ、そのうえで右の御奉公を仰せ付けられましたならば有り難く存じます」と、前に立っていた正之を通じて返答した(「御前立ち肥後守殿を頼み、右の段々申し候」)。

正之の説得

すると、正之が進み出て次のように直澄に語りかけた。以下に引用するのは、正之自身の書状を除けば、一次史料に見られるその肉声を書き留めた数少ない部分でもある。

肥後守御挨拶ニは、六七年以前より度々《たびたび》の御意ニ候得共、年比《としごろ》をも御考え仰せ付けられ尤《もつとも》の由、何《いず》れも申し上げ置き候、年比も能く候と御意ニ候上は、兎角《とかく》の儀申し上げず候共、申し上げ候段は尤もニ候へ共、畏《かしこま》り存じ候由御請け申し上げ候様ニとの事に候、

直澄「大老」を了承

すなわち、正之は「六七年前から(直澄に「大老」を任せようとの)度々の御意であったが、年齢も考えて仰せ付けるのがよいと老中たちも(家綱に)申し上げていた。(今や)年頃も十分であるとの御意のうえは、かれこれ言わずとも、(直澄の)言うことは尤もであるが、謹んでお請けするように」と語り、直澄を説得したのである。すると直澄は畏まり、今後は保科正之・酒井忠清や老中たちの奉公ぶりを見習い、末々まで奉公する旨を応え「大老」就任を了承した。これを聞いた家綱はひとこと「尤も」と発し、ついで酒井忠清に向かい、直澄を奥方へ案内し女中たちへ引き合わすように指示すると、忠清は即日

老中とともに直澄を連れて大奥に行き、家綱の御台所《みだいどころ》（高厳院《こうげんいん》）にも御礼したのである。

「大老」の職務

右の様子から、大老の職務が「江戸幕府日記」にも見られたように「表方御挨拶」と「大成御用」だったことや、井伊家の当主は当然のように「大老」をつとめるという合意があったこと、またその要件に年齢や学問までもが重視されていたことがわかる。学問とはもちろん儒学（朱子学）である。

正之の存在感

そして、その要件への未熟さを理由に遠慮する直澄を説得し、「大老」就任を承諾させたのが保科正之だった。このときその場に居たのは、正之のほか大老酒井忠清と老中の稲葉正則・久世《くぜ》広之《ひろゆき》・板倉重矩《いたくらしげのり》・土屋数直《つちやかずなお》らだったと思われる。阿部忠秋もいたかもしれない。しかし、彦根藩三〇万石井伊家の当主で、従四位下少将の官位を持つ直澄を説得するのは、老中はもちろん酒井忠清といえども荷が重く、それができる人物は、やはり保科正之しかいなかったに違いない。ここには、幕府の重鎮たる正之の圧倒的な存在感を垣間見ることができる。

「表方御挨拶」

なお、直澄が命じられた職務のひとつ「表方御挨拶」の「挨拶」とは、藤井讓治氏によれば幕府儀礼を将軍に代わって行うことを意味し、儀礼的に重要な行為だったとされる（『江戸幕府老中制形成過程の研究』校倉書房、一九九〇年）。くわえて後に述べるように、武家諸法度寛文令や証人制の廃止を諸大名に申渡した際、家綱の上意に正之らが「挨拶」し、その後家綱が奥へ入御《にゅうぎょ》していたことからすれば（「江戸幕府日記」）、「表方御挨拶」とは幕府公式儀礼の場で、将軍の言葉（上意）に家臣一同を代表して応答する行為をいったのかもしれない。

三　加賀前田家との縁組と綱紀の後見

万治元年（一六五八）六月三日、加賀藩三代藩主前田利常《まえだとしつね》は御座の間において、将軍家綱に帰国のお目見をして大鷹・御馬などを拝領した後、孫の綱利《つなとし》（後の綱紀《つなのり》）と保科正之の女《むすめ》との縁辺《えんぺん》を家綱から直に仰せ付けられた（「江戸幕府日記」）。

利常、綱紀の後見となる

前田利常は、すでに寛永十六年（一六三九）六月に所領を嫡男光高《みつたか》に譲り、隠居の身となっていた。ところが正保二年（一六四五）四月五日、光高は江戸藩邸で催した茶会の席で急死してしまった。そこで利常はわずか三歳の嫡孫犬千代《いぬちよ》を急ぎ跡目に立て、幕府に相続を願い出た。むかえた六月十三日、酒井忠勝・松平信綱が上使となり、加賀《かが》・能登《のと》・越中《えっちゅう》一〇二万五〇〇〇石を相違なく犬千代に相続させることが利常に伝えられた。またその際、利常に対しても、犬千代が幼少のためその後見となって、再び「国中仕置等」を執り行うべきことが命じられた（「越登賀三州志」「江戸幕府日記」『寛政重修諸家譜』等）。こうして加賀藩はお家断絶の危機を免れたのである。

新たに加賀藩主となった前田犬千代は、光高の長男として寛永二十年（一六四三）十一月十六日、江戸の藩邸で誕生した（若林喜三郎『前田綱紀』吉川弘文館、一九六一年）。母は徳川頼《より》房《ふさ》の女大姫《おおひめ》（清泰院《せいたいいん》）で、寛永八年にいったん家光の養女となった後、翌九年十二月に光高に嫁《とつ》いでいた。じつは利常の正室も秀忠の女（子々姫《ねね》）だったので、前田家は二代にわたって将軍家と姻戚関係を結んだことになる。こうしたことから、前田家は外様大名とはいえ徳川一門に準ずる扱いを受けていた。家光が死去したとき、利常が一門の松平光長《みつなが》や松平直政《なおまさ》とともに家光の最後の上意を伝えられたのも、そのためである。

前田綱紀画像（公益財団法人 前田育徳会尊経閣文庫蔵）
明治39年（1906）に，当主前田利為が下村観山（1873-1930）に制作を依頼．尊経閣文庫所蔵の古画稿をもとに描かれた．

承応《じょうおう》三年（一六五四）正月十二日、十二歳になった犬千代は将軍家綱の御前で元服した。このとき家綱の偏諱《へんき》を賜り名を綱利《つなとし》と改め、同時に正四位下少将に叙任して加賀守を名乗るととなった(「江戸幕府日記」『寛政重修諸家譜』)。なお綱紀《つなのり》と改名するのは貞享《じょうきょう》二年(一六八五)正月であるが、以下では綱紀で統一する。

保科家との縁組

綱紀の成長とともに、祖父で後見役でもある利常の関心は綱紀の嫁探しとなった。利常は生前、家臣に「将軍家には綱紀にくれる娘はまだなく、御三家は嫌だ(「御三家はいやにて候」)。保科肥後守殿に娘がいると聞いている。肥後殿は小身ではあるが台徳院様の子であり格別だ。肥後殿としても綱紀を聟《むこ》にすれば不足はないだろう。自分も高齢だし早速話を進めよう」と語っていたとされる(「微妙公夜話」)。たしかに前田家に比較して保科家は官位、領知高とも低く家格としては見劣りがした。しかし正之の秀忠の子という血筋とその人物が利常の眼鏡《めがね》にかなったのであろう、前田家の側から保科家との縁組を幕府に願い出たのである。それゆえか、保科家との婚儀を許された六月三日、利常は一族の前田直之《なおゆき》に宛てて、その喜びを次のように書き送っていた(「古文書大全」)。

今朝御前に於いて、保科肥後守殿息女、加賀守(綱紀)へ縁辺仰せ出され候、我々大慶此の事に候、家中の面々へも申し聞けらるべく候、謹言、

(万治元年)六月三日　肥前(利常)

前田三左衛門殿(直之)

いっぽう、花嫁は名を松《まつ》(摩須《ます》とも)といい、慶安元年(一六四八)正月十二日朝、正之の四

女として会津若松城二の丸の屋敷で生まれた。綱紀とは五歳年下になる。母は正之に女中奉公していたお塩の方。保科家では前田家との婚儀が成立する前、じつは他家との縁談をすすめており、それを正式に幕府に願ったが許可がおりず、正之もはなはだ困惑していたところ、前田家との縁辺を命じられたとされる（『会府世稿』）。

加賀藩邸に入輿

万治元年（一六五八）六月二十二日、松姫は警護の家臣や女中二五人を召し連れ若松城を後にすると、七月二日夜、芝にある会津藩下屋敷に到着した。ついで七月十一日に結納《ゆいのう》が交わされ、婚礼の儀は同月二十六日に行われた。このとき新郎の綱紀が十六歳、新婦の松姫は十一歳であった。幕府寺社奉行松平勝隆《かつたか》と留守居本多忠相《ほんだただすけ》が取持《とりも》ちとなり、午刻に松姫は加賀藩邸に入輿《にゅうよ》した。輿渡役《こしわたしやく》は北原光次《きたはらみつつぐ》が、貝桶役《かいおけやく》は成瀬主計《なるせかずえ》がつとめた（『家世実紀』『壬申雑篇』）。

「井筒の女」

幕府からは婚礼の二日後、近江局《おうみのつぼね》を使者として綱紀に時服三十と三種二荷が、松姫には巻物三十と三種二荷が、利常にも巻物二十と三種二荷が贈られた。これより前七月三日には、急な婚礼による会津藩の台所事情を察した家綱から、正之に婚礼の支度金《したくきん》として黄金一万両が下賜されていた（『江戸幕府日記』）。正之は松姫が嫁ぐ前、「伊勢物語《いせものがたり》」に出る筒井筒《つついづつ》の女《おんな》の詠歌を認《したた》めた軸物《じくもの》を松姫に贈り、「井筒の女は貞婦に候間、此の歌の意を厚く思惟《しい》すべき事に候」と教え諭《さと》したとされる。

媛死去

なお正之は、この晴れがましい婚姻のかげで七月二十八日に、米沢の上杉綱勝のもとに嫁いでいた長女の媛《はる》を亡くしている。異母妹の晴れの祝いのため、芝の屋敷に里帰りしていたさなかのことで、媛は十八歳であった。媛の急死に関しては、『家世実紀』が割注で、母親の万が、実の娘の嫁ぎ先より、松が嫁いだ前田家のほうが家格・領知ともはるかに高いことを妬み、会食の膳に毒を盛って殺害を試みたが、それが裏目に出て自分の娘を殺害してしまったとする逸話を載せている。

正経と正純、将軍お目見

同年九月晦日には、四男の正経《まさつね》（幼名大之助、十三歳）と五男の正純《まさずみ》（幼名新助、七歳）が、将軍家綱にお目見えした。そして翌年十二月二十七日には、正経が従四位下侍従への叙任と筑前守の名乗りを許され、正純のほうは寛文四年（一六六四）十二月二十八日に、従五位下市正《いちのかみ》に叙任した。

利常頓死

さて、前田家のほうでは、万治元年九月に加賀小松《こまつ》に帰国した前田利常が、高齢にくわえ孫の婚礼を見届け安堵したことも手伝ってか、翌十月十二日、居城の小松城で催した玄猪《げんちょ》の祝いの席で、突如脳溢血《のういっけつ》を発症し、これまた頓死《とんし》してしまった（『寛政重修諸家譜』）。

正之、綱紀の後見に

このとき藩主の綱紀は、妻を娶《めと》ったといっても十六歳の少年には変わりなく、幕府からはいまだ一〇〇万石の大藩を統治するには未熟と見なされたのであろう、十月二十三日、利常に代わる綱紀の後見役として岳父《がくふ》の正之が指名されたのである（「梅花無尽蔵」）。正之は綱紀の後見を命じられると、まず前田家の老臣・組頭に対して幼少の綱紀に善悪をきちんと弁えさせること、綱紀が申渡すことに承引なきときは厳罰に処することなどを告知した（「御定書」）。

国目付派遣と黒印状の交付

幕府は閏十二月十八日に使番石川貴成《いしかわたかなり》と小姓組内藤正俊《ないとうまさとし》を国目付《くにめつけ》として加賀金沢への派遣を決め、また同日付で領国支配に関する家綱の黒印状《こくいんじょう》を綱紀に交付した（『寛政重修諸家譜』「袖裏雑記」）。この黒印状は五ヵ条からなり、家中《かちゅう》ならびに国中の仕置きはこれまで通りとするなど、国目付が派遣されるときに通常出される将軍の黒印状とほぼ同じ内容だった。ただその第二・三条目には、

一、万事家老の輩相談を遂げ仕置これ有るべし、相究め難き儀は保科肥後守の指図を受くべし、

一、隣国に於いて何篇の義出来《しゅったい》せしむると雖も、下知無くして出合うべからず、肥後守並びに目付の面々の指図を受くべき事、

とあり、家老の合議をへても事が決し難いときや、隣国に何か起こったばあい勝手に行動せず、まず後見たる正之の指示を受けるべきことが規定されていた。

加賀藩政への関わり方

現在、正之から加賀藩の筆頭家老本多政長《まさなが》に宛てた、いずれも年代は未詳ながら①五月二十日付、②五月二十二日付、③霜月二十二日付の三通の書状が残されている。①と

②の二通については、『保科正之の時代』にその写真と釈文《しゃくもん》が掲載されているので、③の霜月二十二日付の書状（「金沢本多家所蔵文書《かなざわほんだけしょぞうもんじょ》」）を紹介も兼ねて左に載せてみよう。

　示し給わり候、其の表《おもて》別条これ無き由珍重《ちんちょう》に候、随って貴殿存じ寄り別紙の書付、披見せしめ其の意を得候、何時《なんどき》も存じ寄りの儀申し越さるべく候、いよいよ諸事由断無く相勤められ尤もに候、恐々謹言、

　　　　保肥後守

霜月廿二日　　　正之㊞

　本多安房（政長）殿御宿所

　正之は、金沢に別条はなくめでたいこと、政長の提出した「存じ寄り別紙の書付」を読み了解したこと、今後も「存じ寄りの儀」があれば何時でも申し越すべきことなどを報じていた。これら三通の書状からは、正之の加賀藩政への関わり方が、一方的に正之から指示を出すという形はとらず、まず政長に自分の意見や考え（「存じ寄り」）を遠慮なく述べるよう促し、そのうえで正之みずからの意見を藩主綱紀に述べ、綱紀から藩政の指示が出されるという形をとっていたことがわかる。いくら藩主の舅でかつ後見だったとしても、正之が前面に立てば家臣団の反発も十分に予想されるのであって、こうした形をとったのは当然のことであった。

白山の争論

ところで、加賀藩では以前から加賀、飛騨《ひだ》、越前の国境にまたがる白山《はくさん》をめぐる難題があった。それは、白山山麓《さんろく》の尾添《おぞう》・荒谷《あらたに》の二ヵ村と牛首《うしくび》・風嵐《かざらし》など一六ヵ村との、山頂にある嶺上神祠《れいじょうしんし》の管理権をめぐる争いであった。しかも尾添・荒谷の二ヵ村は加賀藩領、牛首など一六ヵ村は幕府領の村々で福井藩の預所《あずかりしょ》だったため、この紛争はそのまま加賀藩と福井藩との対立にもつながる問題であった。利常の生前の明暦元年（一六五五）に一度は和解したものの、寛文六年（一六六六）になって再燃していたのである。

美濃郡代の直支配

寛文八年八月、この問題は加賀藩領の二ヵ村一七一石余を幕府領に編入し、その替地として近江高島郡《たかしまぐん》の一部を加賀藩に与え、いっぽう福井藩預所の一六ヵ村もその管理下から外し、関係村々をすべて美濃郡代《みのぐんだい》杉田直昌《なおまさ》代官所の直支配《じきしはい》とする形で一応の決着をみた。これに関連して、（寛文八年）八月十一日付の幕府勘定奉行岡田善政《おかだよしまさ》が綱紀に宛てた書状には「先年肥後殿より御老中各《おのおの》へ仰せ入れらるゝ事に御座候間、御望みの通り、白山近所尾添・荒谷両村御蔵入《おくらいり》に仰せ付けらるべき」（「加州白山争論一件」）とあり、この調停は加賀藩側の要望を正之が老中に働きかけて実現したものであった。ここには正之の綱紀の後見として活動する姿とともに、この時期に正之が持った幕府政治への絶大な影響力を垣間見ることができる。

糊塗策

こうして正之の働きかけによって、加賀藩と福井藩の大名同士の争いという事態は回避された。ただこれを村同士の争いといった視点で見たばあい、問題は何一つとして解決されてはおらず、当座をしのぐ糊塗策であった点は否めない。事実、この争論は明治初年まで続いていた（若林喜三郎『前田綱紀』）。

「松雲公日記」

話は前後するが、綱紀が初めて金沢に入部したのは、十九歳になった寛文元年七月のことであった。しかし国元に滞在したのはわずか三ヵ月ほどで、十月二十五日には早くも江戸に参勤していた。その日からおよそ二ヵ月余りの期間であるが「松雲公日記《しょううんこうにっき》」と題する綱紀自筆の日記があり、綱紀と正之との日常の関わりを知ることができる。

正之の助言

それによれば、江戸に到着した十月二十五日、綱紀はさっそく正之に使者を送り、四日後の二十九日には、正之から初めての参勤だから老中を振る舞った方がよいとの忠告を受けた。また十一月十八日の条には、

四《よつ》ニ肥後殿へ自用の儀これ有るに就き参ず、彼にて料理出、申の刻過ぎニ帰る、直ニ水戸中将殿（徳川光圀）へ参り申し置く也、水戸中将殿へ参る儀も肥州へ相談せしむる所ニ、参上然るべき旨御指図也、

とあり、四ツ（午前一〇時頃）に正之の屋敷を訪れた綱紀は昼食を馳走になり、申刻（午後四時頃）過ぎに正之宅から母の実家でもある徳川光圀邸を直接訪れていた。これも正之に相談し、その指示によっていた。じつはこの三日前の十月十五日、光圀の生母久昌院

（谷氏）が死去しており、綱紀とすれば光圀邸訪問に際しての助言を求めたのであろう。翌十九日昼過ぎには今度は正之が綱紀の屋敷に出向き、その際、綱紀は「国本（元）用所の儀相談」と藩政の相談も持ちかけていた。綱紀が江戸に参勤してから一一月末までのおよそ一ヵ月のあいだで、正之邸を訪れたのはじつに六度におよんでいた。

頻繁な接触

このように、綱紀はきわめて頻繁に正之と接しており、領国の支配はもとより大名としてのあり方やとるべき行動など、様々な指導を受けていた。「松雲公日記」には、正之の小うるさい舅ぶりを想像させる記述はまったくなく、綱紀も正之を実父のように慕いその教えに素直に従っていたようで、後に名君と讃えられる綱紀の人間形成にとって、正之が与えた影響は計り知れぬものがあったに相違ない。

四　政治機構の再編

稲葉家と姻戚関係に

寛文元年（一六六一）十一月二十八日、正之は五女の石《いし》（十三歳）を、老中稲葉正則の嫡子正往《まさゆき》に嫁がせて姻戚関係を結んだ。

松平信綱・酒井忠勝死去

翌寛文二年（一六六二）三月十六日、この年正月十九日から病の床に就いていた老中松平信綱が六十七歳で死去した。同じく七月十二日には、元大老の酒井忠勝も七十六歳でこの世を去った。二人とも家光・家綱両政権の中枢にあって、徳川将軍権力の確立につとめた功臣だった。二人の死は、幕府政治をこれまでのいわゆる武断《ぶだん》から文治《ぶんち》へと転換させる契機になっていたとされるが（福田千鶴『酒井忠清』）、とくに松平信綱は現役の老中でもあり、その職務からの離脱は即座に家綱政権に影響を与えていた。信綱が病臥すると、もはや幕府政治への復帰は無理と判断されたのであろう、同二月晦日、将軍家綱は幕府の政治機構を改変し、老中と若年寄の支配分掌を明確に定めた。

老中・若年寄体制

すなわち老中の職務を「禁中《きんちゅう》幷《ならびに》公家門跡《くげもんぜき》」「国持大名壱万石以上幷九千石以下交替之面々」「大造之御普請同作事幷堂塔御建立事」「知行《ちぎょう》割《わり》之《の》事《こと》」「異国御用《いこくごよう》之事」とし、このほか高家《こうけ》、留守居《るすい》、大番頭《おおばんがしら》、大目付、町奉行、旗奉行、鑓奉行、作事奉行、勘定頭、遠国《おんごく》奉行、遠国役人、鷹方などの諸役職を配下に置いた。

いっぽう、それまで家綱の側衆《そばしゅう》だった久世広之と土屋数直に、まず二月二十二日、旗本からの「御用・訴訟等」を承るべきことを命じ、ついで二月晦日、二人の支配する役職を書院番頭、小姓組番頭、新番《しんばん》頭、小姓衆、小納戸《こなんど》、中奥《なかおく》衆、百人組頭、持弓持筒《もちゆみもちづつ》頭《がしら》、目付、使番《つかいばん》、惣弓鉄炮頭、火消役人、歩行頭《かちがしら》、小十人組頭《こじゅうにんぐみがしら》、西丸表門番頭、納戸頭、船手衆、二の丸留守居、中川御番衆、寄合《よりあい》、賄奉行、右筆《ゆうひつ》、小普請《こぶしん》奉行、道奉行、医師、儒者、書物《しょもつ》奉行、細工頭、賄頭、台所頭、同朋《どうぼう》、黒鍬頭《くろくわがしら》、中間《ちゅうげん》頭、小人《こびと》頭とした（「江戸幕府日記」）。これによって、幕府政治の中枢を二分した老中・若年寄体制ともいうべき幕府の政治機構が完成したのである。

若年寄の変遷

これまで老中についてはいく度か触れてきたので、ここで若年寄の変遷について言及しておこう。若年寄は右の分掌からも明らかなように、主として旗本を支配する役職ということができる。この職は寛永十年（一六三三）三月に家光が松平信綱・阿部忠秋・堀田正盛・三浦正次《みうらまさつぐ》・太田資宗《おおたすけむね》・阿部重次《しげつぐ》に「少々御用之儀」の合議執行を命じたのを起源とした。信綱ら六人は当時「六人衆《ろくにんしゅう》」とか「六人之若御出頭衆《ろくにんのわかごしゅっとうしゅう》」（『細川家史料』）などと呼ばれ、将軍家光に日常的に近侍した、家光とそれほど歳の違わない若手の家臣たちであった。その後、同十二年十一月に松平信綱・阿部忠秋・堀田正盛の三人が正式に老中に昇進すると、土井利勝と酒井忠勝のそれぞれ嫡子である土井利隆《としたか》・酒井忠朝《ただとも》に朽木稙綱《くつきたねつな》をくわえた新たな六人衆が旗本支配の役割を担うこととなった。また、このころから「若年寄」という職名も使われるようになっていた。

若年寄中断

しかし同十五年十一月に阿部重次が老中に昇進し、土井利隆と酒井忠朝が職を赦されると、その欠員は補充されることなく、若年寄は三浦正次と朽木稙綱の二人を残すだけとなった。そして三浦正次が同十八年十月に死去し、朽木稙綱も慶安二年（一六四九）二月に職を赦されると若年寄は一時消滅し、それ以後、旗本支配の役割は老中が一手に担うこととなったのである。寛文二年に若年寄が復活したのは、老中が担う諸業務の肥大化を背景としつつ、これまで旗本からの「御用」「訴訟」の最終的な処理が、主として六人衆出身の松平信綱と阿部忠秋の二人によって担われており、その一角の松平信綱がそうした役割を負えなくなったためであろう。

幕府政治機構の強化

老中を頂点とする江戸幕府の政治機構（老中制）は、もともと様々な業務を担当する諸役職を将軍家光が直轄していたものを、当時の政治的条件や自身の健康問題などによって、家光みずからがそれを否定し、多くの職を老中直属とする形で形成されていた。これは家光にとってはある意味妥協の産物であったが、いっぽうでそれは、将軍の資質や力量に関係なく、どのような人物が将軍になっても安定した統治を保証するものであり、幕府支配の永続性という点ではそれなりに合理的なシステムでもあった。寛文二年の若年寄の復活は、職掌を分割し老中の負担が軽減されたという点でも、幕府の政治機構がいっそう強化されたことを意味していた。

役料制

寛文五年（一六六五）三月十八日、幕府は大番頭・書院番頭・小姓組番頭など主に番方《ばんかた》の一五の役職に、ついで翌六年七月二十一日には留守居・大目付・町奉行など役方《やくかた》をふくむ二〇の職に、たとえば大番頭に二〇〇〇俵、町奉行には一〇〇〇俵といったように、「人」ではなくそれぞれの「職」に応じた役料《やくりょう》の支給を表明した（『江戸幕府日記』）。これは「何《いずれ》も役義に付き物入もこれ有り候に付き」と幕府が説明したように、寛永以来の旗本層の困窮を背景に役職に就く旗本への経済的支援を行ったもので、同時にそれは、右に述べた老中・若年寄に分掌された幕府機構を財政面から補強することにも繋がっていた。

役料制は正之の献策か

「会府世稿」はこの役料制について「此の段兼ねて正之申し上げ候に付き、此の度仰せ出だされ候」と記し、保科正之の献策によるものとしている。確実な史料でこれを確認することはできない。しかし正之は役料の支給が表明される四日前の三月十四日、久しぶりに登城して家綱の御前で何やら「御用」を仰せ含められていたから（「江戸幕府日記」）、あるいはこのとき、家綱から役料の導入に関する何らかの諮問があったのかもしれない。

なお、松平信綱の死によって、老中は酒井忠清・阿部忠秋・稲葉正則の三人となったが、寛文三年八月十五日に久世広之が老中に昇進し四人体制に復した。そして翌八月十六日には、その後任として土井利勝の子で幕府奏者番《そうじゃばん》をつとめていた土井利房《としふさ》が、若年寄となった（「江戸幕府日記」『寛政重修諸家譜』）。

五　家綱の日光社参

一五年ぶりの将軍日光社参

寛文三年（一六六三）四月十三日、将軍家綱は日光に向けて江戸を発った。ついで同十六日に日光に到着すると、翌十七日に東照宮、そして二十日には父家光の廟所大猷院廟に参詣した。もともとこの社参《しやさん》は、家綱が成人した一年後の万治三年（一六六〇）四月に予定されていたものが、そのころ江戸で火災が頻発していたことや、供奉《ぐぶ》する旗本の困窮という事情によりやむなく延期され、寛文三年四月のこの時点でようやく実現したのである。家綱にとっては慶安二年（一六四九）以来二度目の社参であり、かつ家光が慶安元年四月に行って以来、じつに一五年ぶりとなる将軍の日光社参でもあった。

江戸城留守居

社参に先立つ二月十七日、家綱は保科正之と榊原忠次を御座の間に召して、江戸城の留守居を命じた。その際「式部大輔（榊原忠次）は御本丸相勤め申すべき旨、肥後守（正之）は上屋敷に居すべき旨これを仰せ付けらる」と忠次は江戸城本丸に入り、正之はみずからの上屋敷に控えるべきとされた（「江戸幕府日記」）。後述するように、正之は明暦二年（一六五六）十月にはすでに眼病を煩っており、寛文元年四月には自分の書状に花押を書くことも困難になっていたから、この社参が行われる同三年ごろにはその行動はかなり制約されていたに違いない。それゆえ正之は本丸に入ることなく、上屋敷での待機を命じられたのであろう。

榊原忠次

正之とともに留守居を命じられた榊原忠次は、徳川四天王《とくがわしてんのう》の一人として著名な榊原康政《やすまさ》の嫡孫で、正保四年（一六四七）から家綱に付属し、このころは播磨姫路《はりまひめじ》城主として一五万石を領する譜代の有力家臣であった（『寛政重修諸家譜』）。また留守を命じられる直前の寛文三年二月五日、忠次は「肥後守同前に大成御用《おおきなるごよう》、年寄共と相談仕るべき旨御直に上意」とあるように（『江戸幕府日記』）、正之と同前に「大成御用」を老中と相談するよう家綱から直接命じられてもいた。見方を変えれば、これによって正之が確実に「大成御用」に関わり、老中と協議する立場だったことが明らかとなる。

「平章国家大事之人」

忠次は寛文五年三月二十九日に死去しており、正之とともに活動する期間は長くはなかったが、林羅山《はやしらざん》の子の林春斎《しゅんさい》（鵞峯《がほう》）がその日記で「正之・忠次当時平章国家大事之人也」と評したように（『国史館日録』寛文四年春夏之際の条）、当時この二人は「平章」つまり公明正大な政治を行い、かつ「国家大事」に関わる人物と見なされていた。

江戸城の総責任者

家綱は日光出発に先立つ四月五日、江戸城を守衛する人々に対して担当部局ごとに服務規定を記した黒印状《こくいんじょう》を発給した。たとえば大火の際の火消しを命じられた松平直矩《なおのり》・松平定長《さだなが》・小笠原長次《おがさわらながつぐ》・石川憲之《いしかわのりゆき》ら四人の大名に宛てた黒印状の第一条には、

一、今度留守中の儀、万事保科肥後守・松平式部大輔（榊原忠次）・稲葉美濃守（正則）に含むるの間、

相談の上差図を受くべき事、

とあり、保科正之・榊原忠次とやはり留守を命じられた老中稲葉正則に万事を含めてあるので、（不測の事態が生じたばあい）正之らと相談しその指示を仰ぐこととされており、この他の黒印状も一条目はほぼ同じことが書かれていた（「教令類纂初集」）。正之は、将軍不在中における江戸城のいわば総責任者の立場だったのである。四月九日にこの黒印状を老中から渡された松平直矩は、早速この日の昼時分、正之の屋敷を訪れ正之にいよいよ指示を仰ぎたい旨を述べて帰っていた（「松平大和守日記」）。

松平直矩

この松平直矩は、徳川秀忠の兄結城《ゆうき》秀康《ひでやす》の孫にあたり、正之とも血縁のある徳川家の一門大名で、このころは越後《えちご》村上《むらかみ》で一五万石を領していた。またその後も播磨姫路、豊《ぶん》後《ご》日田《ひた》、出羽《でわ》山形《やまがた》、陸奥《むつ》白川《しらかわ》と次々に領地を移した「引っ越し大名」としても著名な大名である（『徳川諸家系譜』）。その姫路一五万石への転封を命じられた寛文七年（一六六七）六月十八日、直矩はこの時もいち早く正之のもとに礼に出向いていた。そして今後も至らぬ点があれば叱ってほしい旨を述べると、これに対して正之は、村上での仕置きが良かったので若年にもかかわらず（直矩はこのとき二十六歳）姫路という「ひいて《（秀で）》候所」を下されたので、今後ますます民心に留意するよう忠告していた（「松平大和守日記」）。

家臣団を動員

さて、家綱が日光に出立する四月十三日の早朝、正之は榊原忠次とともに黒書院において家綱にお目見し、家綱から直接昆布《こんぶ》と勝栗《かちぐり》を拝領して懇《ねんご》ろの上意を賜った。正之は家綱の身を案じてであろう、翌四月十四日、日光山の裏手にあたり会津から日光に抜ける下野街道《しもつけかいどう》の高原峠《たかはらとうげ》（現日光市高原）に、会津藩家臣団を動員して警備に当たらせ、万一の事態に備えた。そして家綱は日光での諸行事を無事に終えると、四月二十一日に日光を出発し、二十四日未上刻に江戸城に帰着した。玄関前まで稲葉正則らが出迎え、家綱は大広間から柳の間、菊の間、山吹の間を通って中奥に入御《にゅうぎょ》したが、その途中、正之と忠次も黒書院の杉戸際でお目見して家綱を迎えていた（「江戸幕府日記」「土津霊神事実」「松平大和守日記」）。

社参の意義

この社参によって、将軍家綱は曾祖父《そうそふ》家康以来の天下人《てんかびと》の地位にみずからが繋がることの正当性を改めて明らかにした。そして、それと同時に一門・譜代大名と書院番・小姓組番などの将軍直轄軍団を供奉《ぐぶ》させることで彼らとの主従関係を再確認し、かつ将軍のもつ強大な軍事力を誇示することにも成功したのである（藤井讓治『幕藩領主の権力構造』、杣田善雄『将軍権力の確立』等）。

第九　家綱政治の展開と「大老」正之

一　武家諸法度の改訂と殉死の禁

武家諸法度寛文令

家綱《いえつな》が日光から還御《かんぎょ》した翌月の寛文《かんぶん》三年（一六六三）五月二十三日、幕府は家光《いえみつ》が定めた武家諸法度寛永令《ぶけしょはっとかんえいれい》を改訂し、武家諸法度寛文令《かんぶんれい》を発布した。このとき家綱は二十三歳になっていたが、この武家諸法度は、実権を掌握した将軍が改めて発布するという幕府のこれまでの慣例に倣ったものであった。

改訂作業

その改訂作業は同年五月初旬から開始された。江戸城黒書院の傍《かたわ》らに「大老」保科正《ほしなまさ》之《ゆき》・榊原忠次《さかきばらただつぐ》と老中酒井忠清《さかいただきよ》・阿部忠秋《あべただあき》・稲葉正則《いなばまさのり》らが集まり、まず寛永令一九ヵ条をひらいてその検討から始められた。同九日からは、これに儒官の林春斎《はやししゅんさい》や右筆《ゆうひつ》の久《く》保正元《ぼまさもと》・飯高貞勝《いいだかさだかつ》らも加わり、作業は本格化していった。とくにこの日の評議では、正之と忠次が新条をくわえるべきとの意見を述べ、これに対して阿部忠秋が抵抗を見せるなど議論は白熱していった。それでも正之は、①公家と武家との婚礼の禁止、②キリスト教の禁止、③不孝者の所罪、④諸国寺社の削減と新たな出家の禁止、⑤殉死《じゅんし》の禁止の五つを新たな条文としてくわえるべきことを主張した。そして評議の結果、①②③は採用されることとなり、④は不採用と決まった。ただ⑤については決着せず、次回以降に持ち越しとなった。

殉死の禁の動機

この殉死については、正之はこれ以前の寛文元年（一六六一）閏八月六日、すでに国元の会津藩家中には禁じていた。その動機は、万治《まんじ》元年（一六五八）に会津出身の儒者横田俊益《よこたとします》から『詩経《しきょう》』黄鳥之篇《こうちょうのへん》の講義を聞き、その後みずからも同書と朱子《しゅし》『殉葬之論《じゅんそうのろん》』を読み、その結果、殉死が人倫《じんりん》に悖《もと》る蛮夷《ばんい》の習俗であると認識したことだったとされる（相田泰三『保科正之公伝』）。

結論持ち込し

五月十一日、この日は正之と忠次は出席せず、替わって若年寄《わかどしより》久世広之《くぜひろゆき》・土屋数直《つちやかずなお》と酒井忠清ら三老中の相談があり、翌十二日には徳川光貞《みつさだ》・光友《みつとも》・光圀《みつくに》ら御三家の当主が草案を内見《ないけん》し、そのうえで正之・忠次、三老中、林春斎らをまじえて評議された。このとき話は再び殉死のことにおよんだが、光貞らは「重《かさね》て思慮の趣《おもむき》言上《ごんじょう》すべし」と述べて退出し、結論はまたもや持ち越しとなった。「江戸幕府日記」はこの日の模様を「尾張黄門（徳川光友）・紀伊相公（徳川光貞）・水戸相公（徳川光圀）幷びに保科肥後守・松平式部大輔（榊原忠次）登城、御座の間に於いて御目見、御用の儀知らず」と記しており、日記の書き役である右筆《ゆうひつ》にも内容が知らされておらず、これらの評議が極秘裡《ごくひり》に行われていたことがわかる。

ついで十五日に、徳川光貞の紀伊邸に光友・光圀が集まって御三家の会談がもたれ、十八日になり光貞らは揃って登城し、再び正之ら五人と評議した。そして二十日、やはり正之ら五人に春斎もくわわって再度草案を作成し、これが家綱の上覧に備えられ、その晩、右筆飯高貞勝によって草案は清書された。また同時にこの日、殉死の禁止については本条には載せず、口頭で申渡すことも決定された。こうして完成した武家諸法度寛文令は、翌二十一日に再び家綱が上覧し、ついで二十二日に徳川綱重《つなしげ》・綱吉《つなよし》の両宰相《さいしょう》ならびに御三家に老中がそれぞれ持参して内見に入れ、最後に正之と忠次が確認した。

殉死の禁は口頭で申渡す

以上は、室鳩巣《むろきゆうそう》ほかの撰になる『国朝旧章録《こくちょうきゅうしょうろく》』所収「法条之事《ほうじょうのこと》」に拠った。この「法条之事」は二次史料ではあるものの、実際に改訂作業に関わった林春斎の口述を筆記したものであるから、信憑性《しんぴょうせい》はそれなりに担保されている。そして右の過程からは、正之（および榊原忠次）が武家諸法度改訂という重要政務に参画しただけでなく、大きな発言権を持っていたことが知れ、そのいっぽうで老中のように御三家などへの使者に立つといった事務的な行動は一切とることはなく、また若年寄との評議はしないなど、老中よりもより高所からの参画だったことも窺うことができる（阿部綾子「保科正之とその時代」『歴史春秋』七三号、二〇一一年）。

老中より高所からの参画

「武家諸法度」寛文令発布

むかえた寛文三年（一六六三）五月二十三日、江戸城大広間に国主《こくしゅ》・城主《じょうしゅ》とその惣領《そうりょう》ならびに譜代の面々が控えるなか、その上段に着座した将軍家綱がまず「以前と取り立てて替わる儀はないが、今回改めたことその他万事の趣を守るように」と仰せ含め、これに正之と忠次が「挨拶」すると、家綱は奥に入った。つづいて林春斎が寛文令の全条目を声高に読み上げ、諸大名はこれを謹んで拝聴した（「江戸幕府日記」「松平大和守日記」）。寛文令二一ヵ条のうち、正之が五月九日の評議で主張した①は、その主張からはやや後退したが、第八条の諸大名および近習《きんじゅう》・物頭《ものがしら》の私的な婚姻を禁じた条文の付則に「公家ト縁辺ヲ結ブニ於イテハ、向後奉行所ニ達シ、指図ヲ受クベキ事（原漢文）」と入れられ、②は第十九条「耶蘇《やそ》宗門ノ儀、国々所々ニ於イテ、弥《いよいよ》堅クコレヲ禁止スベキ事」、③は第二十条「不孝ノ輩コレ有ルニ於イテハ、罪科ニ処スベキ事」となって新たな条文としてくわえられていた。このほか寛文令では、寛永令の第十七条に「但シ荷船ハ制外ノ事」との但書《ただしがき》がくわえられただけで、その他は若干の字句の削除・修正があるにすぎなかった（『御当家令条』）。

いっぽう⑤の殉死の禁については、林春斎が条目を読み上げた後、保科正之と酒井忠清がすすみ出て、忠清が口上にて「殉死は以前から不義無益《ふぎむえき》の事と誡《いまし》めてきたが、何の仰せ出しもなかった故、近年追腹《おいばら》を切る者が多く出ている。今後はそうした存念を持つ者には、常々主人から殉死せぬよう堅く申し含めるように。もし今後も殉死する者が出るようであれば、それは亡き主人の不覚悟《ふかくご》・越度《おつと》である。跡目の息子も抑え留めなかったことを（将軍家綱は）不届きに思し召すであろう」と申渡した。そして、これを聞いた各々は「有り難き儀」と述べて退出した（「江戸幕府日記」「松平大和守日記」）。

忠誠心の発露

殉死は追腹ともいい、主君の死に際して来世《らいせ》での奉公を目的に、家臣が自発的に命を絶つ行為である。戦国時代が終わり十七世紀になると、戦場での命がけでの奉公をする機会を失った武士の一部は、その忠誠心の発露を主君とともに死ぬことに求めた。その嚆矢《こうし》は、慶長《けいちょう》十二年（一六〇七）三月の徳川家康の四男松平忠吉《ただよし》が病死した際の、石川主馬《いしかわしゅめ》ら三人とされている。殉死が行われ出すと、世間ではこれを忠誠心の窮極的表現・美徳として褒《ほ》め称《たた》え、寛永期をピークに流行現象にまでなっていった。もちろん誰も彼もが殉死したわけではない。それには主君と衆道《しゅうどう》の関係にあった者、身に余る破格の待遇を受けた者、生前の奉公を不足と考えたり主君によって罪を許された者など様々であったが、寵愛《ちょうあい》を受けた衆道の者を除けばその多くは下級武士であった。

主従関係の本質

これに対して幕府はたびたび殉死を誡《いまし》めてきた。しかし殉死の関係者が処罰された例はなく、また、かつて佐倉藩堀田《ほった》家が厳罰を免れ家名存続を許された理由が、堀田正信《まさのぶ》の父正盛《まさもり》が家光に殉死した寵臣《ちょうしん》だったことでも明らかなように、幕府もどこかで殉死を容認する姿勢が見られた。それというのも、命を惜しまぬのは武士の理想的あり方であったし、主君その人に徹底的に忠義を尽くすという点では、殉死が主従関係の本質を一歩も逸脱していなかったからである。殉死を禁ずべきという保科正之の主張が、すぐには容《い》れられずに何度も評議が重ねられ、口頭での通達になったのもそのためであった。
では、何故、幕府はこの時期に殉死を禁じたのだろうか。

「かぶき者」対策

一つには、このころ社会問題となっていた「かぶき者」対策との関連がある。かぶき者とは、下級の武士や武家奉公人《ぶけほうこうにん》などが徒党を組み、大撫付《おおなでつけ》・立髪《たてがみ》・大髭《おおひげ》で大脇差《おおわきざし》を差すなど、異様な出で立ちで市中を練り歩く無頼《ぶらい》の集団をいった（「厳有院殿御実紀」）。そして、彼らの風体とともに、相手が誰であろうと一歩も引かぬその行動は、社会秩序を乱す反体制的なものと見なされ、幕府や諸藩の統制・弾圧の対象となっていた。

強烈な自己主張

殉死を詳細に分析した山本博文氏によれば、このかぶき者の心性と殉死する者のそれとは、執心する者のためには命も惜しまぬという点で同質であった。そして殉死は、忠誠心の発露である前に、世間に対する強烈な自己主張であり、かぶき者と同様、伝統化へと向かう社会体制や身分秩序を打ち破る反体制的なものだったとされた（『殉死の構造』弘文堂、一九九四年）。殉死にそうした要素が内在し、かつ幕府がそれを見抜いていたとすれば、かぶき者が弾圧されるのと時を同じくして、殉死が禁じられたのも当然の帰結であった。

「義」に背く行為

いっぽう、殉死を禁じた際、幕府が持ち出した論理は「不義無益」だった。「義」はいうまでもなく儒教の説く五常《ごじょう》の徳目（仁義礼智信）の「義」であり、幕府は殉死をその「義」に背く行為と見なした。つまり幕府は、儒教的教条を全面に押し出すことで武士の価値観の転換を図ろうとしたのであり、儒教主義によって反体制的な動きを止め、社会秩序の強化を狙ったのである（福田千鶴『酒井忠清』）。

殉死の禁は正之が推進

とすれば、それを中心となって推し進めたのが保科正之だったことは間違いない。これまでいく度か触れたように、また「正之其レ儒学ヲ好ム」（『国史館日録』）という林春斎の言葉を借りるまでもなく、正之が儒学の信奉者《しんぽうしゃ》だったことは言を俟《ま》たない。武家諸法度改訂の際、殉死の禁を初めに唱えたのも正之であった。そして殉死を禁じた寛文三年（一六六三）は、井伊直孝・松平信綱・酒井忠勝など家光以来の幕府政治を担ってきた人々が、相次いで世を去った直後でもあった。彼らはいずれも戦場の経験を持つ者たちで、単純に「武断派《ぶだんは》」と決めつけることはできぬとしても、どこかで殉死を否定しきれぬ思いがあったものと思われる。つまり殉死の禁は、そうした人々に替わって、幕府の政策決定の主導権を正之が掌握していたことの反映でもあった。

しかし殉死の禁を大局的な観点から見れば、幕府の狙いは、やはりこれまでの基本的な主従関係のあり方に転換を図ることだったと考えられる。すなわち、武家社会における主従関係は、知行《ちぎょう》の授受を媒介としつつ、本来、主君の優れた力量や人格を前提に、主君と家臣との合意のうえに成り立つ人間関係である。こうした属人的《ぞくじんてき》ともいうべき主従関係のもとでは、とくに主君の死による代替《だいが》わりの際には、新たな主君と在来の家臣との間で不安定な状況が常に繰り返されることになり、それは体制の安定と永続を望む幕府にとっては大きな桎梏《しっこく》となっていた。

奉公の対象の転換

殉死はそうした主従関係のあり方の究極的な、それでいて屈折した表現であった。幕府は、代替わりの際の危機を回避するためにも、殉死を禁ずることで、家臣の忠誠心や奉公の対象を主君個人ではなく主君の「家《いえ》」に転換すること、つまり諸大名・旗本は将軍「家《け》」に、大名家臣は大名「家」に仕えることを求めた。そうすることで、主君個人の力量や人格とは無関係に、主従関係は自動的かつ安定的に再生産され、ひいては体制秩序の強化に繋がることが期待されたのである（藤井讓治『幕藩領主の権力構造』、高埜利彦『天下太平の時代』、杣田善雄『将軍権力の確立』等）。

殉死の禁再度厳命

だから幕府は断固として殉死を禁じることにした。その姿勢は、五年後の寛文八年（一六六八）二月、下野宇都宮《しもつけうつのみや》一一万石奥平忠昌《おくだいらただまさ》の病死に、家臣杉浦右衛門兵衛《すぎうらうえもんびょうえ》が殉死したときの処分に表れている。これを重く見た幕府は同八月三日、杉浦の二人の子を死刑に処し、女婿《むすめむこ》二人も追放とした。また忠昌の嫡男昌能《まさよし》に対しても、二万石を減じて出羽山形に移した。ついで八月五日には、幕府は諸大名と番頭《ばんがしら》を江戸城に召し、ことの顚末を説明して再度殉死の禁を厳命した（「江戸幕府日記」『寛政重修諸家譜』）。こうしてこれを機に殉死はまったく衰退し、五代将軍徳川綱吉の武家諸法度天和令《てんなれい》（天和三年七月）にいたり、その条文としても明記されたのである。

二　寛文印知

老中が将軍の意思を奉じて、諸大名や旗本などに伝達する文書に老中奉書《ろうじゅうほうしょ》がある。これは基本的には、老中全員の連署《れんしょ》によって発給される文書であった。しかし幕府は、寛文四年（一六六四）三月二十九日、家綱の機嫌伺《きげんうかが》いと在所の土産《みやげ》献上のため登城した諸大名に対して、その老中奉書を今後は月番《つきばん》老中一人の署名とすることを通達した。そして翌四月一日には、改めて「公家門跡方《くげもんぜきかた》」「御連枝方《ごれんしかた》」「参勤伺」「城普請《しろぶしん》」「帰国之御礼」「証文」「次飛脚《つぎびきゃく》」は酒井忠清と老中三人（阿部忠秋・稲葉正則・久世広之）の連署奉書とし、「御機嫌伺」「軽進物《かるきしんもつ》」「当座之儀《とうざのぎ》」は月番老中の一判奉書とすることを公式に表明した（「松平大和守日記」）。

月番老中一判制

これは「月番一判ニ仕るべき由、紀伊殿・尾張殿兼々《かねがね》仰せられ候通り、肥後守申し上ぐるニ付き其の通り仰せ出さる」とあるように（「江戸幕府日記」）、徳川光貞・光友の主張を保科正之が家綱に披露することで実現したものであった。幕府は「御機嫌伺」などの事務的な内容の奉書を月番老中一人の署名とすることで、老中職務の簡略化・合理化を図ったのである。

朱印改め

これより前の寛文四年三月五日、幕府奏者番《そうじゃばん》小笠原長矩《おがさわらながのり》と鷹匠《たかじょう》支配《しはい》永井尚庸《ながいなおつね》が御座の間に召され、家綱から直接に朱印改《しゅいんあらた》めの奉行《ぶぎょう》を命じられた。ついで二日後の同七日、幕府は諸大名に対して「三月五日」付の三ヵ条の覚《おぼえ》を出し、第一条で朱印改めの実施と小笠原・永井二人の奉行任命、第二条でその方法および国郡の郷村高辻帳《ごうそんたかつじちょう》の提出、第三条で加増《かぞう》や国替《くにがえ》があったばあいの対応方法などを定めた（「江戸幕府日記」）。

郡名の確定

これを受けて会津藩では、さっそく提出書類の作成にかかった。そのなかで問題となったのは、郡名の確定と石高の調整であった。まず前者については、大沼《おおぬま》・安積《あさか》以外の郡名に異同があり不審な点が多かったため、藩主正之の命によって寺社の鐘《かね》や灯籠《とうろう》の銘《めい》、棟札《むなふだ》の書付までを対象にして徹底した調査が行われた。また、その報告を受けた幕府も和名類聚抄《わみょうるいじゅうしょう》、拾芥抄《しゅうがいしょう》、節用集《せつようしゅう》などによって確認し、その結果、大沼郡・河沼《かわぬま》郡・耶《や》麻《ま》郡・安積郡・越後《えちご》蒲原《かんばら》郡には問題のないことが判明した。ただ、残る稲河《いなかわ》と猪苗代《いなわしろ》については来歴が不分明だったため、これらは「領」と記してその旨を書き添えることで一応の解決をみた（大野瑞男「江戸時代の郡名」『月刊百科』二二七、一九八一年）。

石高の調整

いっぽう、石高については寛永二十年（一六四三）の会津入部の際、幕府上使から受け取った領知目録の新田分に七七三〇石余の不足があった。会津藩ではその分を古新田《こしんでん》の高で補い、古新田の分は本田《ほんでん》改《あらため》出《だし》の内をもって振替えることで辻褄《つじつま》をあわせ、また慶安《けいあん》元年（一六四八）から承応《じょうおう》元年（一六五二）までの検地によって減少した一万二八二一石余については、入部以来の開発新々田で補うこととした。そして、これに村ごとの石高の増減を調整して都合二三万石とし、五月二十五日にいたり領知目録と郷村高辻帳を幕府に提出したのである。

領知宛行状交付

諸大名に対する領知宛行《あてがい》状の交付は、四月二十八日から八月二十六日のおよそ四ヵ月をかけて行われ、二一九人の大名が対象となった。宛行状の内訳は、一〇万石ないし侍従以上の大名に発給された領知判物《りょうちはんもつ》が五一通、一〇万石以下の大名への領知朱印状《しゅいんじょう》が一六八通で、その日付はすべて「寛文四年四月五日」であった。判物とは、日付の下に朱印ではなく将軍の花押《かおう》（書判《かきはん》）を据えた文書で、もちろん朱印状よりも厚礼であった。なお徳川綱重（甲府二五万石）・綱吉（館林二五万石）の将軍家連枝《れんし》と徳川光友（尾張六一万九五〇〇石）・頼宣（紀伊五五万五〇〇〇石）・光圀（水戸二八万石）の御三家は交付の対象とならず、伊達宗利《だてむねとし》（伊予宇和島七万石）・宗純《むねずみ》（同吉田三万石）兄弟は手続き上の問題があり、このときの交付は見送られた。

正経領知判物を拝領

そうしたなか、寛文四年（一六六四）六月三日、一挙に九四人の大名が江戸城に呼ばれ、会津藩では所労の正之に替わって嫡男の保科正経《まさつね》が名代として登城した。そして正経は、御座の間において家綱から直接つぎのような領知判物を拝領し、あわせて領知目録の交付を受けた（『寛文朱印留《かんぶんしゅいんどめ》』）。

陸奥国耶麻郡百七拾七箇村八万千四百八拾三石余、河沼郡五拾八箇村弐万百拾石余、大沼郡之内百六拾三箇村五万七千五百拾六石余、安積郡之内五箇村六千弐百四拾六石余、稲河領百弐拾七箇村三万四千六百五拾石余、猪苗代領五拾弐箇村弐万千拾九石余、越後国蒲原郡之内七拾壱箇村八千九百七拾三石余、都合弐拾三万石目録在別紙事、如前々充行之訖、全可被領知之状如件、

寛文四年四月五日　御判

会津中将（保科正之）殿

二三万石安堵

すなわち陸奥耶麻郡七七ヵ村で八万一四八三石余、河沼郡五八ヵ村で二万一一〇石余、大沼郡の内一六三ヵ村で五万七五一六石余、安積郡の内五ヵ村で六二四六石余、稲河領一二七ヵ村で三万四六五〇石余、猪苗代領五二ヵ村で二万一〇一九石余、越後蒲原郡の

内七一ヵ村で八九七三石余の都合二三万石の領知を、保科家は安堵《あんど》されたのである（一〇六頁の表3参照）。

翌寛文五年（一六六五）には、大名だけでなく公家《くげ》や寺社にも判物・朱印状が頒布された。その内訳は公家九七通、門跡《もんぜき》二七通、比丘尼《びくに》二七通、院家《いんけ》一二通、神社三六五通、寺院一〇七六通、その他七通となり、大名宛のものと合わせると都合一八三〇通となり、石高の合計はじつに一六三五万八九九六石余におよんだ（大野瑞男「領知判物・朱印状の古文書学的研究」『史料館研究紀要』一三号、一九八一年）。

寛文印知の意義

これら一連の領知宛行状の交付を寛文印知《かんぶんいんち》という。これによって全国の土地が将軍家綱のものであることが承認され、同時に宛行状を交付された者が封建制度《ほうけんせいど》に基づく支配領主層ということになった。それにくわえて、とくに諸大名に対する宛行状の交付は、将軍と諸大名との主従関係を確認する行為でもあった。二代将軍秀忠や三代家光はこれを個々別々に行っており、その意味では前節でも述べたように、これまでの将軍と大名との関係は個別的なもの、言い換えれば属人的な主従関係の枠を出るものではなかった。しかし家綱は、将軍襲職から一三年の期間を要したとはいえ、宛行状の日付を「寛文四年四月五日」で統一し、ほぼすべての大名に一斉に交付することで、将軍と大名との関係を個別的なものからより体制的なものとし、かつ上位権力としての将軍権力をいっそう強固なものとすることに成功したのである。こうした点で寛文印知は、幕府政治史上でもきわめて大きな意味を持つものであった。

三　宗教政策

諸宗寺院法度

寺請制度

諸寺社に領知宛行状が一斉に交付された寛文五年（一六六五）七月十一日、幕府は家綱の朱印状と老中連署の下知状《げちじょう》からなる、いわゆる諸宗寺院法度《しょしゅうじいんはっと》を発布した。これまでの幕府の仏教政策は、全国の寺院・僧侶を各宗派ごとに本山《ほんざん》・本寺《ほんじ》を通じて支配する方策をとってきた。しかしこの法度によって、宗派の枠組みを超えて寺院社会全体が守るべき共通した規範が初めて示されることになった。

寛永十四年（一六三七）十月に勃発《ぼっぱつ》した島原《しまばら》・天草一揆《あまくさいっき》は、幕府に改めてキリシタンの脅威を認識させ、その根絶はきわめて大きな課題となっていた。武家諸法度寛文令にキリスト教禁止の条項をくわえたのも、まさにキリシタンに対する危機感の表れからであった。こうしたなか、キリシタンを摘発する有効な手段として創設されたのが寺請制度《てらうけせいど》であった。寺請制度とは、全国の村々に宗門 改 帳《しゅうもんあらためちょう》を作成させて農民を登録し、檀那《だんな》である寺院に檀家《だんか》の農民がキリシタンや日蓮宗不受不施派《ふじゅふせは》の信徒でないことを証明させたものである。全国で幕領・私領の別なく、同じように寺請制度を実施するためには、幕府とすれば実際に農民と相対する寺院僧侶を宗派の違いを超えて統一的に、かつこれまで以上に統制する必要があり、そのために出されたのが諸宗寺院法度であった。

諸社禰宜神主法度

諸宗寺院法度が出されたのと同じ日、幕府は諸社禰宜神主法度《しょしゃねぎかんぬしはっと》も発布していた。これは全五ヵ条からなり、全体として神社と神職の統制を意図したものだったが、幕府の狙いはとくにその第二条と三条にあった。すなわち第二条では、神職が朝廷から位階などを受けるに際して、それを執奏《しっそう》する公家（神社伝奏《じんじゃでんそう》）がすでに存在するばあいはこれまで通りとし、第三条では位階のない社人《しゃにん》は白張《しらはり》を着し、その他の装束の着用は吉田《よしだ》家《け》の許可状（神道裁許状《しんとうさいきょじょう》）を得る、というものであった。

神道界の本所

神社伝奏とは神社からの奏上《そうじょう》を朝廷に取次いだ公家《くげ》のことで、たとえば京都松尾神《まつおじん》社《じゃ》の伝奏をつとめた白川家《しらかわけ》は、神主以下の人事権を握るなど同神社をほぼ支配下においていた。幕府は公家が持つこうした既存の権益を追認したのである。しかし、このことは裏返して見れば、松尾神社などとは異なり、特定の神社伝奏を持たぬ全国の多くの神社・神職が、神祇管領長上《じんぎかんれいちょうじょう》を称する吉田家に執奏を委ねる道筋を開くものでもあった。それは白張以外の装束の着用が、吉田家の許可状を必要とすると定めた第三条を見ても明らかであった。つまり幕府は、唯一神道《ゆいいつしんとう》を唱える京都の吉田家に神道界の本所《ほんじょ》としての役割を持たせ、全国の大多数の神社・神職をその下に横断的に組織しようとしたのである（高埜利彦「江戸幕府と寺社」『講座日本歴史』近世1、一九八五年）。

吉川惟足

この吉田《よしだ》神道《しんとう》の道統《どうとう》を受け継いでいたのが、保科正之が師事した吉川惟足《よしかわこれたる》であった。吉川惟足はもとは江戸日本橋の商人だったが、三十六歳のとき鎌倉《かまくら》に隠棲し、生来の和歌好きから古典および神道研究に没入するようになり、その後、承応二年（一六五三）に上京して吉田神道の最高権威だった吉田兼従《かねより》の門人となった。そして、その天賦の才と猛烈な勉学によって早くも明暦《めいれき》二年（一六五六）の春、四十一歳のときに兼従から吉田神道の奥義を授かり、天児屋命《あめのこやねのみこと》以来五四代目の神道道統者となっていた（『神道大系』論説編十吉川神道）。

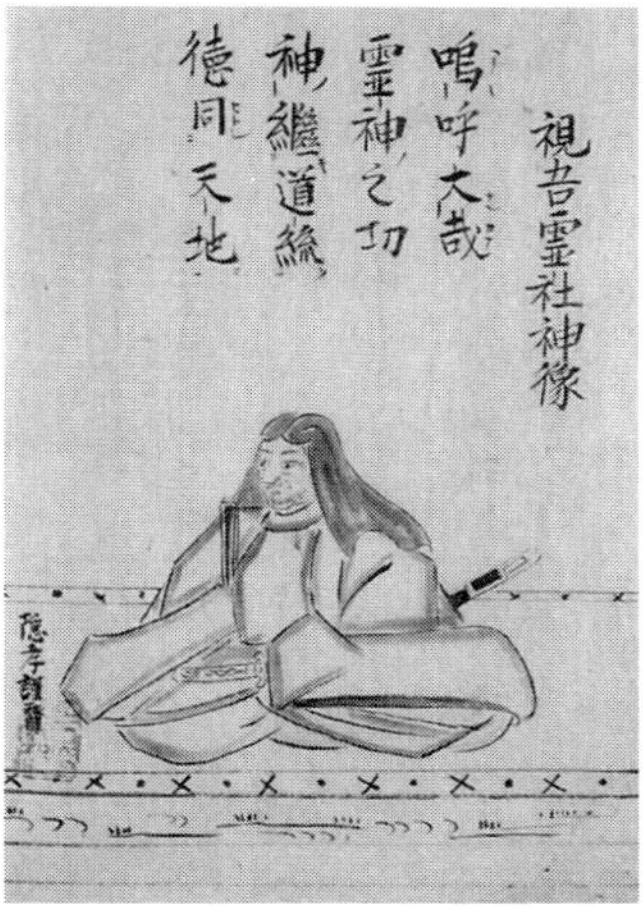

視吾霊社神像（「視吾霊神行状」冒頭、福島県立博物館蔵）
保科正之が師事した吉川惟足の肖像。惟足の伝記のひとつ「視吾霊神行状」の冒頭に描かれたもので、賛は隠孝による。年号の早い跋文は明和九年（一七七二）、惟足の号は視吾堂《あれみのや》である。

正之が初めて惟足に接したのは寛文元年（一六六一）のことであった。『家世実紀』によれば、正之の儒臣服部安休《はっとりあんきゅう》が中臣祓《なかとみばらい》を入手し正之に披露したが、あまりに難解で二人ともその内容を理解できず、助言を得るために鎌倉に住む吉川惟足を招いた。このとき正之が、四海（世の中）が安静だった「神明治世《しんめいちせい》之要領」を問いただすと、惟足はまず己《おのれ》を正すこと、私なく仁恵を施して民を安んずること、問うことを好み下情《かじょう》を知ること、この三つ以外にないと答えた。これが正之の琴線《きんせん》に触れ、以後、正之は惟足を信奉するようになったとされる。

理学神道

儒学的色彩の強い吉田神道を学んだ惟足は、治者の神道ともいうべき理学神道《りがくしんとう》を唱え、「孝」よりも主君に対する「忠」を五倫の第一とし、人道最上のものと説いた（『神学承《しんがくしょう》伝記《でんき》』）。それゆえ正之が傾倒するのも無理はなく、このほかにも御三家の徳川頼宣、老中稲葉正則や浅野長治《あさのながはる》、津軽信政《つがるのぶまさ》らの大名も惟足に師事していたとされる（西岡和彦「理論化する神道とその再編」『日本神道史』吉川弘文館、二〇一〇年）。

四重奥秘

寛文十一年（一六七一）十一月十七日、惟足は正之に吉田神道最高の四重奥秘《しじゅうのおうひ》を授けた。吉田神道の秘伝は一事、二事、三事、四重の四位に分かれ、通常はそれぞれの段階を経て四重の重位（神籬磐境之伝《ひもろぎいわさかのでん》）に達するもので、しかも唯授一人の秘伝中の秘伝であった。しかし惟足は正之の学徳と功業に対して、そうした段階を踏むことなく、ただちに四重奥秘を特例的に授与したのである（『続神道大系』論説編保科正之（五））。いっぽうで惟足も、寛文七年七月二十八日に正之の推挙により将軍家綱に拝謁がかない、正之死後の天和《てんな》二年（一六八二）十二月には幕府神道方《しんとうかた》に採用され扶持米一〇〇俵を賜っていた（『厳有院殿御実紀』

『寛政重修諸家譜』）。

正之の宗教政策

ところで寛文期になると、正之は領国会津において積極的な宗教政策を展開していた。まず寛文三年（一六六三）七月、新地寺社の建立《こんりゅう》と正当な理由のない出家を禁じ、翌四年五月には、家中の妻子に迷信的な加持祈禱《かじきとう》などをせぬよう教諭した。ついで同年九月になると、領内寺社の縁起《えんぎ》改めを命じた。これは家老の友松氏興《ともまつうじおき》を責任者として会津藩の町奉行・郡奉行らがくわわって行われ、寺社の数、垂迹本地《すいじゃくほんじ》の名称、開基年歴の由来などが徹底して調査された。その結果、寺院一八冊、神社四冊、堂宇《どうう》一冊、新地寺院一冊の都合二四冊の寺社縁起が編纂されたのである。

寺院整理

これにもとづいて寺院改めが実施された。もちろん由緒正しい寺院は残されたが、そのいっぽうで寛文六年（一六六六）九月には、馬越村洞泉寺・永福村観音堂など六ヵ寺が二十年来の新地を理由に破却され、その後も寺院の整理は逐時実施された。このころ、儒学を信奉する大名の領内ではさかんに寺院整理が行われていた。儒学とくに朱子学では、人間をとりまくあらゆる事象が理気二元による一貫した理論で説明されており、仏教の持つ現世否定の考え方や、迷信・俗言などと結合した低俗で非論理的な信仰のあり方が批判の対象とされたからである。

岡山藩と水戸藩

だから、たとえば池田光政の備前岡山藩では寛文六年、一挙に五六三の寺院と八四七人の僧侶が淘汰され、寺領一四〇石が没収されていたし（谷口澄夫『池田光政』吉川弘文館、一九六一年）、また徳川光圀の水戸藩においても、領内全二三七七の寺院のうち、じつに五二・三％にあたる一〇九八の寺院が処分を受けていた（『水戸市史』中巻一、一九六八年）。ただこれに対して、正之の寺院整理は比較的緩やかに行われたため、諸藩に見られたような混乱はいっさい見られなかったとされる（『会津若松史』）。

神社改め

ついで寛文十一年の春ごろから翌年閏六月にかけて神社改めも行われ、やはり友松氏興が奉行となり、服部安休も江戸から会津に下り、これに加わっていた。まず新社を取り壊して一社に合祀《ごうし》し、清浄の地を見立てて新たに社殿を建築した。ついで淫祠《いんし》はすべて破却し、その跡地は開墾して田畑とし、その年貢は社倉《しゃそう》に納めて神社の修復費に宛てることとした。そして調査の結果は『会津神社総録』に郡村ごとに登録され、とくに由緒正しい会津郡の八九座、耶麻郡の七六座、大沼郡の六二座、河沼郡の四一座の都合二六八座については、別に『会津神社志《あいづじんじゃし》』を編纂してこれに記載した。また、これ以前の寛文七年には、伊佐須美《いさすみ》神社・塔寺八幡社《とうじはちまんしゃ》に社領三〇石ずつを寄進し、荒廃の著しかった式内社《しきないしゃ》でもある蚕養国《こがいくに》神社・磐椅《いわはし》神社など由緒ある神社が再興された。

徹底した神仏分離

このように保科正之の領国会津における宗教政策は、徹底した神仏分離、寺院整理、淫祠破却と神社保護を基調としたものだった。もちろんこの背景には、正之が吉川惟足に師事し、みずからも唯一神道の奥秘を究めていた事情があった。正之にとっては大日《だいにち》如来《にょらい》を本地としその権現《ごんげん》(仮の姿)が天照大神《あまてらすおおみかみ》などという、仏本神迹《ぶつぽんしんじゃく》による神仏習合《しんぶつしゅうごう》した信仰のあり方など、とうてい認められなかったに違いない。いっぽう惟足からすれば、正之は弟子であると同時に、山王一実神道《さんのういちじつしんとう》に押され衰退傾向にあった吉田神道の勢力を挽回し、神道界における確固たる地位を築くためにはこの上ない庇護《ひご》者でもあった。

本節の初めに述べた諸宗寺院法度と諸社禰宜神主法度は、正之と惟足二人のこうした思惑が反映されたものとも考えられる。吉田神道あるいは吉川惟足(吉川神道)にとって、諸社禰宜神主法度の第二・三条の持つ意味合いは改めて記すまでもないが、それをねじ込んだのが正之だったことは想像に難くない。そして正之とすれば、これら二つの法度を同時に発布することで、会津藩のみならず今後の幕府の宗教政策においても神仏分離の姿勢を明確に示し、かつみずからの信ずる唯一神道こそが、幕府の支持すべき神道であることを高らかに宣言する意図があったと考えられるのである。

四　上杉家断絶の危機と正之の奔走

綱勝死去

寛文四年(一六六四)閏五月一日、出羽米沢《よねざわ》藩主上杉綱勝《うえすぎつなかつ》は式日《しきじつ》の登城を終え、桜田の上屋敷に戻ると、その日の夜半から俄《にわか》に腹痛をもよおし苦しみだした。明け方には嘔吐《おうと》すること七・八度にもおよび、上杉家では藩医有壁道是《ありかべどうぜ》や、翌二日からは幕府番医内田玄《うちだげん》勝《しょう》・井上玄徹《いのうえげんてつ》、針医山下友仙《やましたゆうせん》らが必死の治療にあたった。しかし病状は一向に改善されず、発病から六日後の閏五月七日卯刻《うのこく》（午前六時頃）、綱勝はついに帰らぬ人となった。まだ二十七歳の若さであった（「削封日記《さくふうにっき》」「綱勝公御年譜《つなかつこうごねんぷ》」）。

上杉綱勝

上杉綱勝は寛永十五年（一六三八）十二月二十二日、二代藩主上杉定勝《さだかつ》の次男として米沢城で生まれた。母は近衛《このえ》家の家司《けいし》斎藤本盛の女で、正保《しょうほう》二年（一六四五）九月の定勝の死後は薙髪《ちはつ》して生善院《しょうぜんいん》と号していた。同年十二月、綱勝は父の遺領米沢三〇万石を継ぎ、承応二年（一六五三）十二月に将軍家綱の御前で元服、同時に従四位下侍従に叙任して播磨《はりまの》守《かみ》を名乗った（『寛政重修諸家譜』）。死去するわずか二ヵ月前の寛文四年（一六六四）四月五日には、出羽置賜《おきたま》郡、陸奥信夫《しのぶ》郡・伊達《だて》郡で都合三〇万石を安堵する家綱の領知判物《はんもつ》も交付されていた（『寛文朱印留』）。

綱勝の正室

明暦元年（一六五五）四月十四日、綱勝は保科正之の長女媛《はる》を正室に迎えた。しかし媛姫は子ができぬまま万治元年（一六五八）七月二十八日に死去してしまい、そのため翌二年には京都から公家四辻公理《よつつじきみさと》の女を継室に迎えたが、やはり子が授かることはなかった（「綱勝公御年譜」『家世実紀』）。この間、万治元年の夏には井伊直孝と酒井忠勝が協議して、正之の五男新助（正純《まさずみ》）を上杉家の養子にと提案したが、正之は遠慮の筋があるとしてこれを断ったとされる（「土津霊神事実」「会府世稿」）。

吉良三郎を養子に

綱勝には三《さん》という同腹の妹がいた。万治元年、三姫は幕府高家《こうけ》の吉良義央《きらよしなか》に嫁ぎ、寛文三年（一六六三）十月二十八日には義央との間に長男三郎（後の綱憲《つなのり》）が生まれていた。綱勝に子ができぬことを憂えた生母《せいぼ》生善院は三郎を上杉家の世継にと考え、帰国中の綱勝の了承を得たうえで吉良家と交渉し、同十一月十六日、三郎を上杉家の養子とする内約を得た。そして翌四年二月八日、三郎は上杉家の上屋敷に移り、四月十二日には参勤した綱勝との対面もすませていた（「綱勝公御年譜」）。だが、その後も上杉家では養子の届けを出さず、そのまま綱勝の臨終をむかえてしまったのである。

三郎の家督承認を取り付ける

綱勝死去の報は即座に幕府に届けられ、同じ日、幕府大番頭《おおばんがしら》松平氏信《うじのぶ》が家綱の上使として保科正之のもとに派遣された（「江戸幕府日記」）。しかし正之はすでにその上使が到着する以前、同じ日の早朝には早くも上杉家の中屋敷に出向いていた。そして上杉家江戸家老の千坂兵部《ちさかひょうぶ》・沢根伊右衛門《さわねいえもん》を呼び出し、三郎の家督が実現するよう老中と交渉することを請け合い、ひとまず千坂らを安堵させた（「削封日記」）。

その後、正之は急ぎ登城し、榊原忠次とともに御座の間で家綱にお目見《めみえ》した（「江戸幕府日記」）。おそらくこのお目見の前後に老中とも交渉したのであろう、早くもこの日昼時には家臣の田中正玄《まさはる》を使者として千坂らのもとに遣わし、老中から三郎の家督承認を取り付けたことと、この旨を国元にも報せて家臣団の動揺を押さえ、かつ濫《みだ》りな仕置きをせぬことなどを指示させた（「削封日記」）。このように正之の行動はきわめて迅速かつ的確なものだったが、ただ三〇万石の安堵については何も触れることはなかった。

ついで閏五月九日には、家綱の上使として老中阿部忠秋が上杉家を訪れ、領内の仕置きは綱勝在世中の如く申し付け、香典として銀子三〇〇枚を贈る旨が伝えられた。また二日後の十一日には、正之のもとに老中酒井忠清・阿部忠秋・久世広之が上使として遣わされた（「江戸幕府日記」）。ここでも上杉家の相続問題が話し合われたものと思われる。

上杉家半知減封

むかえた翌六月五日朝、前日に酒井忠清から呼び出しを受けていた中条越前《なかじようえちぜん》・安田《やすだ》兵庫《ひようご》・千坂兵部・沢根伊右衛門ら上杉家の重臣四人は、吉良忠冬《きらただふゆ》・義央父子と上杉家の古くからの親類である奥高家《おくこうけ》畠山義里《はたけやまよしさと》と同道して忠清の屋敷に出頭した。忠清邸の奥の書院に通された千坂ら七人は、阿部忠秋・稲葉正則・久世広之らの老中が列座するなか、酒井忠清から側近《そばちか》く寄るように促され、綱勝の遺領三〇万石のうち米沢領一五万石を養子吉良三郎に与え、残り一五万石は没収という幕府の正式な処分が伝えられた。半知減封とはいえ上杉家が断絶を免れた瞬間だった（「削封日記」「江戸幕府日記」）。

つづいて忠清はその経緯をつぎのように説明した。

一、上意ニは、播磨（上杉綱勝）相果て、実子これ無き上は名字御つぶし成さるべき由思し召され候処ニ、肥後守（保科正之）殿申され様ニは、吉良上野介子三郎を去冬播磨母ニ養子させ申し候、これに依り三郎を名跡ニ仰せ付けられ下され候様ニと申し上げられ候、古キ家ニ候間、肥後殿訴訟と申し、拾五万石ニて名字御立て下され候、十五万石は召し上げ候、各其の旨相心得べきよし雅楽頭（酒井忠清）様仰せ渡され候、

すなわち、綱勝に実子がないうえは改易すべきという上意だったが、生善院の養子吉良三郎の家督承認を請う保科正之の「訴訟（嘆願）」と、上杉家の由緒ある家柄（「古キ家」）という点を考慮して、三郎に一五万石の相続を認めるというものであった（「削封日記」）。たしかに上杉家は勧修寺《かじゅうじ》流《りゅう》藤原氏《ふじわらし》を祖とし、室町時代には関東管領《かんとうかんれい》もつとめた名族であった。だが、それは上杉家存続のための口実といった側面が強く、やはり上意を覆《くつがえ》した最大の要因が、正之の訴訟にあった点は動かしえないであろう。

養子願いの届け出

ところで、上杉綱憲の年譜である「綱憲公御年譜《つなのりこうごねんぷ》」には、

保科中将正之ヲ御病床ニ招キ玉ヒ、三郎殿ヲ養子ニ御願ノ趣御頼《おたのみ》アリ、正之領掌アッテ帰邸也、然《しか》ルニ御病痾《びょうあ》変症有テ危急ニ臨ミ、正之件《くだん》之《の》旨趣ヲ老中へ未達ノ内、同七日朝綱勝公終逝シ玉フ、

とあって、正之は綱勝の病床で三郎を養子にし幕府へ届け出てほしいという願いを聞き、

これを了承したものの、その届けを出さぬうちに綱勝は死去したとしている。「綱憲公御年譜」が米沢藩で編纂された二次史料であったゆえか、これまでこの点が注目されることはなかった。これに対して『家世実紀』では、綱勝が死去した当日朝、正之は綱勝の側近福王子八弥《ふくおうじはちや》から三郎を養子にしたいという綱勝の遺言を聞かされたとしている。

正之の怠慢

いっぽう「江戸幕府日記」の寛文四年六月五日の条の欄外には、

末期《まつご》の養子は大小共にこれを立てられずと雖《いえど》も、播磨守兼日《けんじつ》保科肥後守迄《まで》養子の儀相達し置き、此の事肥後守上聞に及ぶ故右の通り仰せ付けらる、

との追記が見られ、正之が綱勝から（三郎の）養子を託されていたことが記されている。そして、これらの史料に注目した梁益漠《やんいくも》氏は「真相は保科正之の怠慢で幕府への届け出が間に合わなかった」とされた（「江戸時代における大名と改易」『グァドランテ』一〇号、二〇〇八年）。この点は当時江戸にいた松平直矩《なおのり》の日記にも、上杉家の減封処分に触れたくだりにつづき「死後の養子は仰せ付けられず候へ共、内々保科肥後守迄申し入れられ候て、肥後守上聞に及ぶ故、此の如く仰せ付けらるゝ也」とあり（「松平大和守日記」）、「江戸幕府日記」の記述を支持している。

三〇万石安堵の可能性

とすれば、正之が綱勝から養子の届けを託されていたことはほぼ間違いなく、逆に見れば綱勝の生前に正之がそれを届け出ていれば米沢藩には落ち度はないことになり、三

郎の家督だけでなく三〇万石がそのまま安堵された可能性もあったことになる。このように見ると、正之にとって上杉家が娘の婚家だったとはいえ、あれほど奔走した裏には右のような事情があったのかもしれない。

正之への不満は出ず

ただ、一五万石の没収を通達された後も、上杉家では三郎の家督継承に感謝しこそすれ（「削封日記」）、正之に対する不平・不満が出ることはいっさいなかった。またこの当時、末期養子の禁が緩和されていたといっても、幕府には依然として牢人対策という課題は残っており、その発生源たる大名の改易をなるべく避けたい事情はあった（浪江健雄「寛文四年の米沢藩の減封について」『白山史学』三二号、一九九六年）。とすれば、正之が綱勝から養子の届けを託されていたとするのは、上杉家を改易したくない幕府がそれを正当化するために、正之の存在を隠れ蓑《みの》にして意図的に流した情報と見られなくもなく、そうした意味では、この問題はより慎重に判断する必要があるように思われる。

上杉家家臣団の処遇

綱勝の葬儀や減封にともなう所領の事後処理など、米沢藩の仕置きはほぼ正之の指示によって行われた。殉死者は一人も出ることなく、とくに福王子八弥には綱勝死去の当日、正之から「腹堅く無用の由」が厳命された（「削封日記」）。いっぽう一五万石の減封による家臣団の処遇についても、領知高に見合う家臣の召放《めしはな》ちも考えられたが、正之が同意せず、結局、信夫・伊達両郡在住の小身家臣が召放たれただけで、残った家臣の知行は上杉家と同じくすべて半額とされた（藩政史研究会編『藩制成立史の綜合研究』吉川弘文館、一九六三年、『米沢市史』近世編1）。

五　証人制の廃止

家康五十回忌

寛文五年（一六六五）四月、日光山では徳川家康の五十回忌の勅会《ちょくえ》法要《ほうよう》が営まれた。日光には老中酒井忠清が将軍家綱の名代として派遣され、家綱も忌日《きにち》の四月十七日には紅葉山東照宮に衣冠束帯《いかんそくたい》姿で参詣した。また正之も家臣脇坂《わきさか》宇右衛門《うえもん》を日光に派遣して、太刀目録と馬代金を献納した。

証人制の廃止

その三ヵ月後の七月十三日、幕府はいわゆる「証人制《しょうにんせい》」を廃止した。ここでいう証人制は陪臣《ばいしん》証人制ともいい、大名家の重臣の嫡男を人質として江戸に置いた制度で、大名の妻子を江戸に居住させたものではない。証人を提出していたのは、御三家と越前松平一門の三家にくわえ、外様大名二九家の都合三五家で、譜代大名は一家もなかった。

外様も譜代同前

この日巳刻、幕府は右のうち御三家をのぞく三二人の大名またはその名代を江戸城白書院に召し、家綱みずからが彼らに向かって「東照宮の五十回忌も無事終わり、外様大名も譜代同前に思うので今後証人の提出を免除する」と述べ、列座した保科正之と酒井忠清がこれに挨拶《あいさつ》すると家綱は奥へ入った。証人は大名財政を圧迫していたこともあり、その廃止を受けた諸大名の喜びはいうまでもなく、早速、正之や老中、若年寄、証人奉行のもとに御礼に出向いた。なお御三家にはこの日の朝、老中各々が上使となって同様の旨を伝えていた（「江戸幕府日記」「松平大和守日記」「山内家文書」）。

証人制の始まり

証人は幕府留守居（証人奉行）の管理下に置かれ、大名屋敷内にある証人屋敷に居住し幕府からは証人《しょうにん》扶持《ぶち》も支給されていた。そのいっぽうで幕府は、武家諸法度で証人提出の家臣を大名が勝手に処罰することも禁じていた。証人の始まりは慶長四年（一五九九）に家康の毒殺を疑われた前田利長《まえだとしなが》が、身の潔白の証に母芳春院《ほうしゅんいん》と重臣の子を差出したときとされる。その後も藤堂高虎《とうどうたかとら》のように自発的に証人を差出す大名もいたが、幕府は慶長十四年、元和《げんな》元年（一六一五）、寛永十六年（一六三九）と段階的に証人の提出を命じており、多くは幕府の指示によるものだった（在原昭子「江戸幕府証人制度の基礎的研究」『学習院大学史料館紀要』二号、一九八四年）。

「権現様御仕置」

証人制の廃止を受けて、みずからも証人を提出していた加賀金沢藩主前田綱紀は、国元の重臣に宛てた七月十八日付の書状で、証人の提出は「権現様御仕置き故御延引の御事に候、然れ共、五十回御忌御法事等まで日光において相済み候の条、御免の由御直に上意に候」（『越中史料』）と述べ、証人制廃止の理由を家康の始めた政策ゆえ延期されていたが、五十回忌の法事が終了したため実行されたのだと説明した。しかしこれは表向きのものであり、その背景には次のような大名家内部の事情があった。

大身の家臣

すなわち、証人を提出していた大名家の多くは二〇万石を超えるような大身であった。江戸時代初期、こうした広大な所領を持つ国持《くにもち》クラスの大名家には、支城主《しじょうしゅ》となり自身の直轄領と自前の家臣団を持つ有力家臣が存在していた。彼らは大名の盟友《めいゆう》的存在でもあり、「家老」として大名権力を支えるいっぽうで、自力での再生産が可能な分、大名からは相対的に自立しており、大名からすれば反抗の可能性すら持つ意のままにならぬ危険な存在でもあった。

大名宗主権の確立

幕府はそうした「家老」からも人質を取ることで危険の芽を摘み、そのいっぽう「家老」に対する大名側の恣意的な刑罰権を制限することで、大名家内部の安定と秩序の維持を図っていたのである。したがって証人制の廃止は、幕藩関係の安定と同時に、藩内における大名の絶対的権力（宗主権《そうしゅけん》）が確立し、自立性の強かった「家老」が大名の「御《お》家《いえ》」に包摂されたことの裏返しでもあったのである（在原前掲論文、三宅正浩『近世大名家の政治秩序』校倉書房、二〇一四年）。

証人制廃止も正之の献策か

証人制の廃止を公表する三日前の寛文五年七月十日、正之は久しぶりに登城し、御座の間で家綱から御用を仰せ付けられた（「江戸幕府日記」）。このときの御用が、証人制に関することかどうかはわからない。しかし廃止を申渡したときの正之の関わり方や、その直後に諸大名が正之にも礼に出向いていることからすれば、「土津霊神事実」や『家世実紀』が主張するように、証人制の廃止も殉死の禁とともに正之の献策と見て間違いないように思われる。大名家内部の右のような変化を正之は的確に見抜いており、以前からその廃止を訴えていたのである。

寛文の二大美事

殉死の禁と寛文印知によって今や将軍権力は盤石となり、幕藩関係はまったく安定したものとなっていた。そして、その殉死の禁とともに「寛文の二大美事《にだいびじ》」と呼ばれ、善政と讃えられた証人制の廃止は、家綱政権の充実ぶりを如実に示すものであった。

第十　晩年と家訓十五条

一　正之の病と家綱の対応

ただ一人の叔父

　将軍家綱《いえつな》にとって保科正之は家臣であると同時に、父方ではただ一人の叔父でもあった。それゆえか、二人の関係は他の重臣たちと比較してもより親密だったことが窺える。たとえば、家綱の元服式で加冠役を井伊直孝《いいなおたか》が、理髪役を正之がつとめたことはすでに述べたが、慶安《けいあん》四年（一六五一）七月二日、直孝は御座の間において、薫衣香《くぬえこう》・団扇《うちわ》・杖《つえ》を拝領し、翌七月三日には正之も同じように薫衣香・団扇などを拝領していた。ただ、このとき十一歳の家綱は、正之にはこれらの品を直接手渡していた。また寛文《かんぶん》四年（一六六四）七月十八日、家綱の機嫌伺いのため登城した正之に、家綱は天下の名物とされた侘介肩衝《わびすけかたつき》の茶入《ちゃいれ》をやはりみずからの手で与えていた（「江戸幕府日記」「土津霊神事実」）。このように、正之への家綱の対応は肉親であるだけに特別だったようである。

家綱の茶の湯

　寛文五年十二月十六日、家綱は正之ひとりを招き茶の湯を催している。この日、登城した正之はまず黒書院西湖《くろしょいんさいこ》の間で料理を振る舞われ、ついで午上刻《うまのじょうこく》（午前一一時過ぎ）家綱が同じ黒書院囲炉裏《いろり》の間に出御《しゅつぎょ》すると、正之もつづいて着座した。このとき家綱の命によって老中酒井忠清《さかいただきよ》と阿部忠秋《あべただあき》の二人だけが伺候《しこう》していた。そこには大隅肩衝《おおすみかたつき》の茶《ちゃ》入《いれ》、織部物《おりべもの》の釜《かま》、遠州《えんしゅう》の茶杓《ちゃしゃく》といった名物が並べられ、花入《はないれ》には紅梅と椿が活けられていた。そしてまず正之に茶が点《た》てられ、正之が喫し終わると忠清、忠秋が順々に相《しょう》伴《ばん》した。茶事が終わると一同は御座の間の対面所に座を移し、忠清と忠秋が挨拶して退去した後、家綱と正之はしばし語り合ったとされる（「江戸幕府日記」）。この一月前の十一月八日、家綱は初めて石州流の祖片桐貞昌《かたぎりさだまさ》から献茶《けんちゃ》を受け、それ以来貞昌を茶の湯の師としていた。家綱としては、自分の腕前を一刻も早く正之に披露したかったのであろう。

眼病の発症

ところで、正之が眼病を患っていたことはよく知られている。「土津霊神事実」寛文元年（一六六一）正月の条には「霊神《（正之）》眼ヲ患フ、台命降リ朔望《さくぼう》ノ登城ヲ免《ゆる》サル（原漢文）」とあり、これ以後、正之は眼病を理由に朔望（毎月朔日《ついたち》と十五日）の出仕《しゅっし》を免除されていた。正之の眼病はこれより前の明暦《めいれき》二年（一六五六）十月二十五日、江戸城で玄猪《げんちょ》の祝いが行われたときの「江戸幕府日記」に「保科肥後守眼病に依り出仕せず」とあるから、すでにこのころには発症していたようである。

また年不詳ながら、十一月四日付で下総佐倉藩主の堀田正信《ほったまさのぶ》に宛てた正之の自筆書状

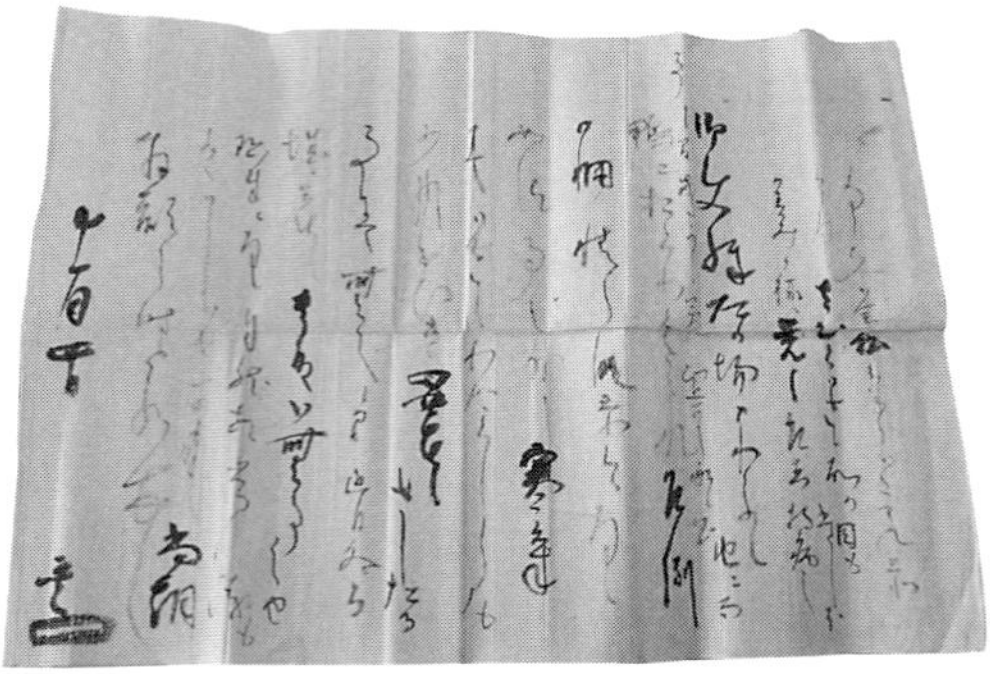

堀田正信宛保科正之書状（年未詳11月４日付，個人蔵，佐倉市史編さん担当 画像提供）

には、「さむく御座候故か、目もた丶今かすミ候様ニ覚え申し候、去り乍《なが》ら持病の事ニ候間、驚き申さず候」とあり、正之は寒さゆえか眼がかすむがこれは持病であるから驚いてはいない、とその心情を吐露していた（土佐博文「佐倉藩士の家に伝わった保科正之・徳川光圀書状について」（『佐倉市史研究』二九号、二〇一六年）。堀田正信の改易は万治《まんじ》三年（一六六〇）十月であるから（第八の一参照）、おそくともこれは万治二年以前のことである。正之はすでに自分の病を持病と自覚していたのである。くわえて寛文元年（一六六一）と推定される四月十二日付の正之の書状には（『保科正之の時代』）、花押《かおう》が据えられず替わりに「眼病故印判ニて申し入れ候」との文言が添えられているから、正之の病は寛文元年のころには花押も書けぬほどになっていたことが窺え、それゆえに家綱も朔望の登城を免除していたのであろう。

寛文三年になると、正之は眼病のほかにも深刻な病に冒《おか》されていた。この年十一月十

容体快復

九日、所用で訪れていた伊予松山一五万石の松平定長《まつだいらさだなが》の屋敷で、にわかに咳き込んだ直後に小盃ほどの黒い血の塊を三つ、水血とともに吐いたのである。意識は十分にありすぐ帰宅したが、その日の昼に二度、夜中に一度、また翌二十日の昼に一度、夜中に二度の吐血があった。屋敷にもどった正之には、藩医と幕府番医土岐敦山《ときあつのぶ》との相談のもとすぐに薬が与えられたが、二十一日からはやはり幕府番医の内田玄勝《うちだげんしょう》・井上玄徹《いのうえげんてつ》らも往診した。また正之の発病を聞き、娘婿《むすめむこ》の前田綱紀《まえだつなのり》・稲葉正往《いなばまさゆき》やその父稲葉正則《まさのり》らが訪れ、将軍家綱からも二十二日に御側《おそば》松平氏信《うじのぶ》が、二十五日にも若年寄土屋数直《つちやかずなお》が見舞いの上使として派遣された（「江戸幕府日記」）。このほか老中をはじめ諸大名からも続々と使者が訪れ、二十六日には徳川光圀《とくがわみつくに》も見舞いに出向いていた。

正之の容体は二十四日の昼過ぎに少々の痰血《たんけつ》が出たものの、その日の夜中には平脈にもどり、その後も血を吐くことはなく、食事もほぼ平常にもどっていた。十二月になるといよいよ快方に向い、四日には表《おもて》に出て前田綱紀・稲葉正往や見舞いの客とも対面したり、また行水も浴びるなどほとんど快復していた。この間、綱紀と正往は連日のように早朝から正之の屋敷に詰めてその看病に当たったとされる。とくに綱紀の加賀藩では十二月二日、加賀国一宮である白山比咩神社《はくさんひめじんじゃ》に対して正之の病気平癒《へいゆ》の祈禱を命じたが、これは万治三年（一六六〇）の家綱不例の際に行われた祈禱と同じ方法が指示されていた

（「執奏家《しっそうけ》並《ならびに》旧藩文書《きゅうはんもんじょ》」）。

家綱、病状を問う

同じ十二月朔日、家綱は正之に代わって登城した嫡子保科正経《まさつね》に正之の病状を問い、翌二日には老中稲葉正則を、十日には小姓組番頭《こしょうぐみばんがしら》の大久保忠朝《おおくぼただとも》を遣わして病状を問わせ、また見舞いの品に蜜柑を贈るなどした。明けて寛文四年正月七日にも、家綱は病問の上使として小姓組番頭本多忠隆《ほんだただたか》を正之のもとに送り、九日には稲葉正則に今後は台所口まで乗輿《じょうよ》での登城を許す旨を伝えさせた。そして、これ以後も家綱は上使や老中奉書によって、あるいは正経が登城した折りなどいく度も正之の病状を尋ねた。このように、家綱の正之の病に対する気遣いは、なみなみならぬものがあった。この間、正之は正月十日に痰血を吐いたものの、これも井上玄徹の投薬によって大事にいたることはなかった（「土津霊神事実」「会府世稿」「江戸幕府日記」）。

乗輿にて登城

むかえた三月十三日、正之はかつて許された通り台所口まで輿《こし》に乗って登城し、吐血以来初めて家綱にお目見した。このとき井上玄徹も正之に付き添っており、正之への治療をねぎらう言葉が家綱からかけられた。また家綱の御前を退出した後、正之には稲葉正則を通じて、正之の登城に安堵するとともに、今後は細かなことに気を遣わず心静かに保養専一にするように、との家綱の上意が伝えられた（「会府世稿」「江戸幕府日記」）。

再び吐血

しかしこの後も正之は、米沢藩上杉氏のために奔走していた寛文四年閏五月十二日、そして同年十二月四日と二度の吐血があり、まったく全快したわけではなかった。なかでも十二月四日の吐血はやや重く、『家世実紀』によれば、井上玄徹が診断したところ脈も高く、薬を与えたものの翌五日の未明に再び吐血があり、これは前日よりも多量だったとされる。だがそれも十二月十九日付で前田綱紀が国元の重臣に宛てた書状に「保科肥後守殿所労につき（中略）早速本復せられ、大慶推量有るべく候」とあるように、このころまでにはなんとか快復していたようである（『保科正之の時代』）。

松姫死去

寛文五年（一六六五）以後になると、会津藩側の諸史料に正之が吐血した記事は見られなくなる。それでも家綱は正之を気遣い、直接にあるいは使者を送って正之の様子を尋ねている。たとえば同六年二月六日、天樹院《てんじゆいん》（千姫《せんひめ》）が死去した際には、八日に傅役内藤《もりやくないとう》正次《まさつぐ》を、同十日には老中稲葉正則を正之のもとに送り、姉を失った正之の心中を慰撫し、かつ体力の維持のためであろう粗食をやめて肉を食べるよう促した。その後も阿部忠秋や板倉重矩《いたくらしげのり》らの老中を派遣して、いく度となく魚肉を食べるよう勧めていた。なお、二月二十三日から二十六日まで小石川伝通院《でんつういん》で行われた天樹院の法会では、正之も二十四日に参列し、香典として白銀一〇枚を納めている（「土津霊神事実」「会府世稿」「江戸幕府日記」）。

この寛文六年には、前田綱紀に嫁いだ松姫も死去している。四月二十一日、松姫は綱紀の初めての子を出産したが、不幸にも死産に終わり、かつ産後の肥立《ひだ》ちも思わしくな

家綱、正之の隠居を許さず

石死去

く、三日後の二十四日辰上刻、江戸の加賀藩邸で死去した。十九歳であった。法名は松嶺院殿信嶽宗正大禅定尼と付けられ、下谷《したや》にある臨済宗広徳寺《こうとくじ》に埋葬された。その直前の三月十三日には、逆に正之の嫡男正経《まさつね》が利常《としつね》の女久萬《くま》姫を正室に迎えていただけに、松姫の死は両家の結び付きがいっそう強まった矢先《やさき》のことであった。

寛文六年六月五日、五十六歳になっていた正之は、この日老中の稲葉正則と板倉重矩を自邸に招き、眼病がすぐれぬことを理由に隠居を願い出た。だが家綱は七月十三日に阿部忠秋と板倉重矩を正之の屋敷に送り、願いの儀はもっともであるが隠居を認めることはできぬ、との上意を伝えさせた。家綱とすれば、依然として正之の政治への見識は捨てがたく、なおもその意見を聞きたかったのであろう。ただ正之の身体を気遣ってか、家綱は再び平川門から台所口まで乗輿にて登城することを許可している（「土津霊神事実」「会府世稿」『寛政重修諸家譜』）。林春斎《はやししゅんさい》は、このころの正之の様子を「近年眼ヲ患ラヒ閑居ス、唯《ただ》大政ヲ預カリ聴クノミ（原漢文）」（『国史館日録』）と綴っていた。

翌寛文七年には、老中稲葉正則の嫡子正往《まさゆき》に嫁いでいた五女の石《いし》（母は万）が九月十四日に女子を出産したが、これまた産後の肥立ちが悪く同月二十二日に死去した。享年二十であった。上野の円覚院に葬られ、法名は本性院殿大岳真空大姉と付けられた。

二　正之の学問

深まる朱子学への探求

承応《じょうおう》元年（一六五二）に朱子『小学《しょうがく》』を読み、それ以来正之が朱子学に深く傾倒するようになったことはすでに述べた。そしてその後も、明暦二年（一六五六）九月に会津の儒者で林羅山《はやしらざん》の弟子横田俊益《よこたとします》（三友《さんゆう》）を江戸に招き（「横田三友先生年譜」）、翌三年にはやはり羅山門下の服部安休《はっとりあんきゅう》に『性理大全《せいりたいぜん》』を講義させて彼らを侍講《じこう》とするなど、正之の朱子学への探求は深まっていった。しかし正之の学問研究を大きく進展させた契機は、やはり山《やま》崎闇斎《ざきあんさい》を招聘《しょうへい》したことであった。

山崎闇斎

山崎闇斎は元和《げんな》四年（一六一八）京都に生まれた。寛永《かんえい》九年（一六三二）十五歳のとき妙心寺《みょうしんじ》で薙髪《ちはつ》して仏門に入り、同十三年には土佐《とさ》の臨済宗妙心寺派吸江寺《ぎゅうこうじ》に移り住んだ。だが、この地で野中兼山《のなかけんざん》・小倉三省《おぐらさんせい》ら南学派《なんがくは》の人々と交際してその影響を受けたことで、同十九年二十五歳のとき闇斎は仏を捨て儒に帰した。これが土佐藩主山内忠義《やまうちただよし》の不興をかい還俗《げんぞく》して京都に戻ったとされる。ついで明暦元年に初めて京都で講筵《こうえん》を開いて『小学』『近思録《きんしろく》』や『論語』などの四書《ししょ》を講じ、万治元年（一六五八）春には江戸に下って井上正利《いのうえまさとし》、加藤泰義《かとうやすよし》らの大名にも儒書を講義した。そしてそれ以後、毎年春から秋にかけて江戸に

山崎闇斎画像(『先哲像伝』第1集より，国立国会図書館蔵)

出講するようになり、むかえた寛文五年(一六六五)三月、江戸に下った直後、闇斎は正之によって賓師《ひんし》として招聘されたのである(『闇斎先生年譜《あんさいせんせいねんぷ》』)。

垂加神道

闇斎は早くから神道にも関心をよせており、正之に招聘されてからは、正之が師事した吉川惟足《よしかわこれたる》とも親しく交際して神道の研鑽も重ねた。そして寛文十一年(一六七一)十一月には惟足から「垂加《しでます》霊社」の霊号を授かり、神儒両者を一致させ後の尊皇思《そんのうし》想《そう》にも大きな影響を与えた垂加神道《すいかしんとう》説をも提唱していた。

闇斎は益友・知己

闇斎の正之に対する講義は、『論語《ろんご》』から始まって四書全体におよび、ついで『近思録』にいたったとされ、四書の講義終了は寛文六年八月十日、『近思録』は正之が死去する直前の同十二年十一月二日であった(『土津霊神事実』)。闇斎の学問は厳密さをもって知られ、また我が国の朱子学を真の意味で学問として確立させたのも闇斎だった。ただし正之が闇斎を招聘したのは、闇斎の学問が確立する以前のことであった。しかも正之は闇斎より七歳年長であり、かつ二人が互いに儒書を討議・考究することもしばしば見られた。だから闇斎にとって正之は弟子というよりも多分に益友《えきゆう》・知己《ちき》としての側面が強く、その意味では闇斎の学問形成にとっては、逆に正之が与えた影響も大きかったのである（平重道「保科正之」北島正元編『江戸幕府』上、国書刊行会、一九六四年）。

山鹿素行を糾弾する

いっぽう、学問上のことで正之を激怒させ処罰された者もいる。古学《こがく》の創始者の一人で兵学者としても知られた山鹿素行《やまがそこう》である。素行は元和八年（一六二二）に会津に生まれ、その後江戸に移り林羅山の門人となった。しかし徐々に朱子学に疑問を抱くようになり、寛文五年十月『聖教要録《せいきょうようろく》』を著し、そのなかで朱子学を実生活には何ら役立たぬ机上の空論と批判したのである。これに対して正之は、老中を前に「当世造言ノ者有リ、是レ世ヲ惑ハシ民ヲ誣《し》イルノ賊也、厳ニ之ヲ錮《ふさ》グベシ」と激しい言葉で素行を糾弾し配流《はいる》を指示したとされる（「土津霊神事実」）。その結果翌寛文六年十月三日、幕府大目付北条《ほうじょう》

正之の逆鱗に触れる

正房《まさふさ》から出頭を命じられた素行は、早速その日北条の屋敷に出向くと、素行がかつて仕えたこともある播磨赤穂《はりまあこう》藩浅野長直《あさのながなお》（五万三五〇〇石）への預《あず》けとする処分を、正房から申渡されたのである。このとき素行は「御公儀様に対し不届き成る儀は右の書物の内何《いず》れの所にて御座候哉」と問うたが、正房からはなにも返答がなかったという（「江戸幕府日記」、土田健次郎全訳注『聖教要録・配所残筆《はいしょざんぴつ》』講談社、二〇〇一年）。

このころ、素行のほかにも朱子学を批判する者は存在したが、素行のばあいは幕府要

路や諸大名にも門人が多く、また幕府の儒官である林家の儒者だったことが問題を深刻にしていた。だが素行が処罰された決定的な要因は、やはり素行の朱子学批判が正之の逆鱗《げきりん》に触れたことであって、その処分も正之の意向が強く反映されていたことは間違いない。それは素行が赤穂配流となる直前の九月二十一日、幕府新番《しんばん》組頭の石谷成勝《いしがやなりかつ》が素行に対して「今年聖教要録世ニ流布ス、人以テ誹謗ヲナス、且ツ保科肥後太守切《しき》リニ之ヲ怒ル也（原漢文）」との老中板倉重矩の言葉を伝えていたことや、正之が死ぬと間もなく赦免されたことでも了解されよう（「山鹿素行先生日記」）。なお山崎闇斎を狭量で非寛容な人物とし、素行の処分も、じつはそうした闇斎が正之を嗾《けしか》けた結果とみなす見解もある（堀勇雄『山鹿素行』吉川弘文館、一九五九年）。

会津五部書

保科正之は『玉山講義附録《ぎょくざんこうぎふろく》』『二程治教録《にていちきょうろく》』『伊洛三子伝心録《いらくさんしでんしんろく》』『会津風土記《あいづふどき》』『会津神社志』などの書物を編纂していた。これらはいずれも山崎闇斎をはじめとした正之の侍講たちの助力によって成立し、とくに会津では五部書と呼ばれ尊重された書物だったが、なかでも前三者は会津三部書と呼ばれた朱子学の専門書であった。

『玉山講義附録』

『玉山講義附録』（全三巻）は、朱子の説く学問の本質を理解するために『朱子語類《しゅしごるい》』『朱子文集《しゅしぶんしゅう》』から適切な文章を抜粋して編纂したもので、寛文五年（一六六五）九月に完成した。そして会津城内の東照宮、伊佐須美神社・塔寺村八幡宮・諏訪神社・新宮村熊野神社に一部ずつ奉納された。林春斎の序《じょ》と跋《ばつ》がある。ただ山崎闇斎による序や跋はなく、また招聘後から半年ほどで完成しており、その関わりを疑問視する向きもあるが、このころの一般の儒書には見られぬ詳細な注記があることから、この書も闇斎の指導によったことは間違いないとされる（近藤敬吾『山崎闇斎の研究』神道史学会、一九八六年）。

『二程治教録』（全二巻）は、二程子《にていし》と呼ばれた程明道《ていめいどう》・伊川《いせん》兄弟の『二程全書《にていぜんしょ》』から、民衆の統治・教化のために必要な重要語句を抜録したもので、序を林春斎、跋を山崎闇斎が書いている。『伊洛三子伝心録』（全三巻）は、二程子の学統を受け継ぐ楊亀山《ようきざん》・羅予《らよ》章《しょう》・李延平《りえんぺい》らの「静坐《せいざ》」に関する諸説を収録した書で、林春斎の序と山崎闇斎の序・跋がある。これら二書はともに寛文八年五月に完成したとされる（「土津霊神事実」）。

なお会津五部書のすべてに序を寄せた林春斎（鵞峰《がほう》）は、林羅山を父に持つ幕府の儒官で当時の儒学界における最高権威であった。寛文七年（一六六七）十一月七日、父羅山以来の

『二程治教録』『伊洛三子伝心録』

林春斎

会津三部書（会津若松市立会津図書館蔵，『会津若松市史』５巻より転載）

保科正之が編纂を命じた朱子学の専門書『玉山講義附録』『二程治教録』『伊洛三子伝心録』は会津では「会津三部書」と言われ尊重された．なお「伊洛」とは中国の伊水と洛水のあたり，つまり洛陽の人をさしている．

一大事業だった『本朝通鑑《ほんちょうつがん》』編纂のことで春斎が正之の屋敷を訪れた際、正之は「弘文院（春斎）ハ官家ノ宝、当時無双ノ才也、然ルニ執政未ダ其ノ博学ヲ詳カニ知ラズ、遺念ト謂フベキ也（原漢文）」と語って春斎の才能を絶賛し、かつ老中たちがその「博学」を十分理解していないことを嘆いていた。この後、正之は『本朝通鑑』の開板《かいばん》を老中に働きかけることを約束していた。ただ、かつて正之は学校建設の建議も約していたが、数年をへても音沙汰がなく、春斎は開板のことも「私室ノ空言カ」と冷ややかに眺めていた（『国史館日録』）。

五部書を幕府に献上

会津三部書はいずれも開板され、延宝《えんぽう》三年（一六七五）八月二十七日、正之の跡を継いだ二代藩主保科正経《まさつね》によって『会津風土記』『会津神社志』とともに幕府に献上された。これらのうち、とくに三部書は正之の朱子学研究の集大成であり、その要諦は治道《ちどう》の本質を究明することにあったが、これだけの専門書をしかも三部にわたって編纂した大名は、江戸時代を通じても保科正之だけであった（『続神道大系』『会津若松史』）。

勉学の態度

正之の勉学の態度は、たとえば侍講横田俊益の編になる『土津霊神言行録《はにつれいしんげんこうろく》』によれば、閑暇あるときには侍臣《じしん》に『朱子語類』を読ませ、正之はその間じっと眼を閉じてこれに聴き入り、合点のいかぬ所があると「これは疑わしい。おそらく朱子の考えが未定のためか、または編者の誤記であろう。道理はこうであるはずだが、その箇所にはしばらく付箋をしておくように」と指摘して先に進ませ、然るにべつの所で朱子が「前説は未定の説でこれこそが定説だ」とする部分があり、それは正之の説くところとぴたりと合致していた。こうしたことがいく度もあったという。難解とされる『朱子語類』を、正之がいかに精緻に読み込んでいたかを語る逸話である。

最期まで勉学

正之の晩年はほとんど失明状態であった。それが正之の行動をかなり制約していたことは想像に難くない。しかし逆にこの条件が、正之に学問研究への没入とより深い思索をもたらしたことも疑いえない。正之は寛文十二年（一六七二）十二月十八日に死去したが、その直前まで侍臣に『通鑑綱目《つがんこうもく》』『唐鑑《とうかがみ》』などを読ませ、また毎朝山崎闇斎に『近思録』を進講させてこれを論評していた。十二月六日には『太極説《たいきょくせつ》』を、死の六日前の十二日にも『朱子語類』を読ませるなど、正之は最期まで学ぶことを怠らなかったとされる（『土津霊神言行録』）。

稽古堂

正之のこうした学問への真摯な態度は、領地会津での学問風土の形成にも影響を与えていた。寛文四年閏五月、横田俊益の提案により会津城下に稽古堂《けいこどう》が建てられた。これは武士や庶民からの拠出金によって建設されたもので（『横田三友先生年譜《よこたさんゆうせんせいねんぷ》』）、日本で最初の民間の学問所とされている。これを知った正之は大いに喜び、この地を「永世無年貢」地としている。また正之の死後、延宝二年（一六七四）六月には藩士の学問所（講所《こうじょ》）も建設され藩士子弟の教育機関となった。その後、稽古堂と講所はいく度かの曲折をへた後に統合され、享和《きょうわ》三年（一八〇三）にいたり藩校日新館《にっしんかん》へと発展したのである。

三　家訓十五条

中・下屋敷焼失

寛文八年（一六六八）二月、江戸は朔日・四日・六日と相つぐ火災にみまわれていた。これにより会津藩では芝《しば》の中屋敷と箕田《みた》の下屋敷がともに焼失し、そのため正之も二月四日に中屋敷から西丸下桜田門《さくらだもん》内にある会津藩上屋敷に移り、ついで三月二十一日からは西窪（現東京都港区）にあった前島原藩主高力高長《こうりきたかなが》の旧屋敷を借りてそこに移り住んだ。正之の罹災に対して、将軍家綱から狩野探幽《かのうたんゆう》筆「花鳥《かちょう》」と狩野永真《えいしん》筆「山水《さんすい》」の屏風二双が、家綱の御台所《みだいどころ》（高厳院）や東福門院からも夜着《よぎ》・布団《ふとん》・菓子などの品々が贈られた。また四月朔日には、芝・箕田両屋敷の作事料として家綱から金二万両が下賜されていた（「江戸幕府日記」『譜牒余録』「土津霊神事実」）。

家訓十五条

その直後の寛文八年四月十一日、正之はいわゆる「家訓《かきん》十五条」を定めた。これは家老友松氏興《ともまつうじおき》が発議したのを受けて正之が起草し、それに山崎闇斎が添削をくわえ最後に正之が朱印を押して完成したとされるが（『家世実紀』『千載の松』）、逆に闇斎が起草したものを正之が添削したとする説もある（「会津日新館志《あいづにっしんかんし》」「会津干城伝《あいづかんじょうでん》」）。いずれにしてもこの家訓は、簡潔に叙述されてはいるものの、正之のこれまでの藩政指導の経験と朱子学研究によって得た見識とを凝縮したもので、この後の会津藩主のみならず会津藩家中全体に向けた正之の全霊を込めたメッセージであった（伊東多三郎『近世史の研究』）。「土津霊神事実」からその全文を挙げてみよう（原漢文）。

（第一条）一、大君ノ義一心大切ニ忠勤ニ存ズベシ、列国ノ例ヲ以テ自ラ処《お》ルベカラズ、若《も》シ二心ヲ懐《いだ》カバ、則チ我ガ子孫ニアラズ、面々決シテ従フベカラズ、

（第二条）一、武備ヲ怠ルベカラズ、士ヲ選ブヲ本トナスベシ、上下ノ分乱スベカラズ、

（第三条）一、兄ヲ敬ヒ弟ヲ愛スベシ、

（第四条）一、婦人女子ノ言一切聞クベカラズ、

（第五条）一、主ヲ重ンジ法ヲ畏《おそ》ルベシ、

（第六条）一、家中風儀ヲ励ムベシ、

（第七条）一、賄ヲ行ヒ媚《こび》ヲ求ムベカラズ、

（第八条）一、面々依怙贔屓《えこひいき》スベカラズ、

（第九条）一、士ヲ選ブニハ便僻便佞《べんべきべんねい》ノ者ヲ取ルベカラズ、

（第十条）一、賞罰ハ家老ノ外之《ほかこれ》ヲ参知スベカラズ、若シ出位ノ者有ラバ之ヲ厳格ニスベシ、

一、(第十一条)近侍ノ者ヲシテ人ノ善悪ヲ告ゲシムベカラズ、
一、(第十二条)政事ハ利害ヲ以テシ道理ヲ枉《ま》グベカラズ、僉議《せんぎ》ハ私意ヲ挟ミ人言ヲ拒《ふさ》グベカラズ、思フ所ヲ蔵セズ以テ之ヲ争フベシ、甚ダ相争フト雖ドモ我意ヲ介スベカラズ、
一、(第十三条)法ヲ犯ス者ハ宥《ゆる》スベカラズ、
一、(第十四条)社倉ハ民ノ為ニ之ヲ置ク、永利ノ為ノ者也、歳饑《としう》ヘレバ則チ発出シテ之ヲ済《すく》フベシ、之ヲ他用スベカラズ、
一、(第十五条)若シ其ノ志ヲ失ナヒ、遊楽ヲ好ミ驕奢《きょうしゃ》ヲ致シ、士民ヲシテ其ノ所ヲ失ハシメバ、則チ何ノ面目封印ヲ戴キ土地ヲ領センヤ、必ズ上表《じょうひょう》シテ蟄居《ちっきょ》スベシ、

右十五件ノ旨之ヲ堅ク相守リ、以往同職ノ者ニ申シ伝フベキ者ナリ、

「土津霊神事実」は日付と署名・宛所《あてどころ》を欠いているが、『家世実紀』によれば「寛文八年戊申四月十一日、会津中将、家老中と遊ばされ、御朱印御居え成され、三郎兵衛(田中正玄)へ御直にこれを相渡す」とあり、寛文八年戊申四月十一日の日付、会津中将の署名そして家老中の宛所があり、正之が朱印を押した後、城代の田中正玄《たなかまさはる》に直接手渡したとされる。

その内容は、藩政指導の大綱を示した第二・六・八・九・十・十二〜十四条、藩主の心得を示した第一・三・四・十一・十五条、藩士の規律を定めた第五・七条に大別されようが、最大の眼目はやはり第一条と最後の第十五条にあった。まず第一条では、唯一

無二の存在である「大君」すなわち将軍への絶対的な忠節を求め、これは会津藩主のばあい他の諸大名とは次元の異なるものであって、もし藩主が二心を懐けばそれは自分の子孫ではなく、家中の面々も決して従ってはならぬとし、そして第十五条では、藩主が

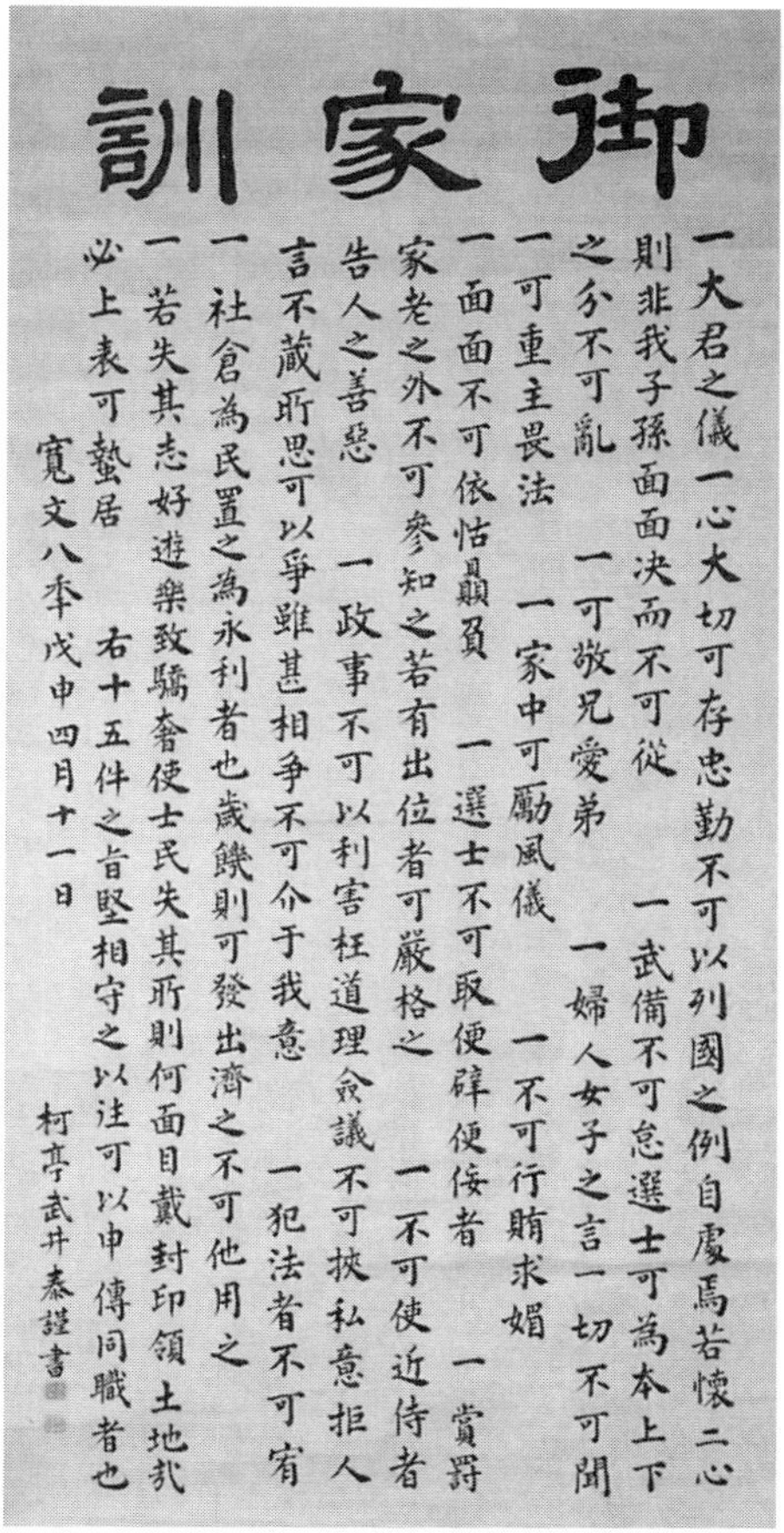
御家訓
一大君之儀一心大切可存忠勤不可以列國之例自處焉若懐二心則非我子孫面面決而不可從　一武備不可怠選士可爲本上下之分不可亂　一可敬兄愛弟　一婦人女子之言一切不可聞
一可重主畏法　一家中可勵風儀　一不可行賄求媚
一面面不可依怙贔屓　一選士不可取便辟便佞者　一賞罰家老之外不可參知之若有出位者可嚴格之　一不可使近侍者告人之善惡　一政事不可以利害枉道理僉議不可挾私意拒人言不蔵所思可以爭雖甚相爭不可介于我意　一犯法者不可宥
一社倉爲民置之爲永利者也歳饑則可發出濟之不可他用之
一若失其志好遊樂致驕奢使士民失其所則何面目戴封印領土地哉必上表可蟄居
右十五件之旨堅相守之以往可以申傳同職者也
寛文八年戊申四月十一日
柯亭武井泰謹書

家訓十五条（福島県耶麻郡猪苗代町・土津神社蔵、福島県立博物館寄託）
会津藩士武井柯亭の筆。

享楽に耽って家中・庶民のことを疎《おろそ》かにすれば、将軍から所領を預かり統治する大名たる資格はなく、そのときは必ず上表して蟄居せよと、正之の目指す会津藩主たるものの当然のあるべき姿勢が提示されている。

これら二つの条文には、正之のなかにある会津藩保科家の特殊な形成過程への深い自覚と、それゆえの会津藩主としての強烈な使命感と決意とを読み取ることができる。徳川将軍家への盲目的な忠節と奉公、これこそ兄の家光に取り立てられ会津二三万石を任された正之が、みずからの子孫と会津家中にもっとも伝え残したかったことに違いない。

会津藩の根本法典

寛文十二年（一六七二）八月五日、会津をおとずれていた正之はこの日、若松城三の丸の屋敷に藩主正経《まさつね》をはじめ主な家臣を集め、正之みずからが家訓の趣旨を説明した。同年十二月十五日には、友松氏興から家訓の趣を守るべく家老一同の神文誓詞《しんもんせいし》を徴することが提案され、正之もこれを了承した。その後も家訓は、会津藩の会所において毎年四季の初めに一度ずつ読まれ、主な役人たちが麻上下《あさかみしも》を着してこれを拝聴したとされる。また、文化年間（一八〇四―一八）以後になると、毎年正月十一日と八月朔日に、儒臣が家訓を朗読し、藩主と家臣一同がこれを拝聴するなど、江戸時代を通じて正之の遺した家訓は、会津藩の根本法典として尊重されたのである。

世間にも流布

他家に残された遺訓・家訓の多くが理屈に傾きがちで、しかも長文だったのに対して、正之の家訓十五条は、簡明で要領よくまとめられ、実践的でもあった。そのため広く世間にも流布《るふ》し、手習いの教本である往来物《おうらいもの》として採用する寺子屋《てらこや》もあるなど、これほど広く普及した家訓は、他に類を見ないとされる。

いっぽう、簡明にすぎるゆえだろうか、解説書の類も数多く作成されていた。それには、友松氏興撰『土津霊神家訓附注』一巻をはじめとして、遠山為章撰『土津家訓指帰』一巻、佐瀬常員撰『御家訓解』一巻、中野義都撰『御家訓徴』一巻、松本重標撰『御家訓抄』一巻、木本成理撰『家訓叙由』一巻などがあり、多くの、というよりも解説書じたいが存在する家訓は、やはり正之の遺した家訓十五条だけであった（近藤斉『近世以降武家家訓の研究』風間書房、一九七五年）。

第十一　正之の死とその周辺

一　死と葬儀

正之の隠居・正経家督相続の許可

寛文《かんぶん》九年（一六六九）四月二十七日、登城した正之は三年前から願っていた隠居を、この日ようやく許され、また嫡男保科正経《ほしなまさつね》への会津二三万石の家督相続も相違ないことが申渡された。ついで五月十日には、やはり願いの通り髷《まげ》を落とすことと、登城の際には羽織を着用することが、老中稲葉正則《いなばまさのり》によって正之に伝えられた。これを受けて正之は二日後の五月十二日、御座の間で家綱《いえつな》にお目見《めみえ》し、隠居の御礼として帷子《かたびら》五・単物《たんもの》五、太《た》刀《ち》馬代《うまだい》黄金一両、来国光《らいくにみつ》の小脇差《こわきざし》ほかの諸品を献上した（「江戸幕府日記」「土津霊神事実」『譜牒余録』）。『家世実紀』によれば、このとき正之が、隠居を許され眼も良くなったように思う旨を述べると、家綱は満足そうに笑みを浮かべたという。

二十三年ぶりの帰国

隠居の身となった正之は、この後二度ほど会津に赴いていた。一度目は寛文十年四月から同十月までの約半年間で、正之にとってはじつに二十三年ぶりの帰国であった。江戸から会津への途次、下野《しもつけ》街道の高原峠において正之は「見ねハこそさそな気色のかハるらめ六十《むそじ》になりて帰る古郷」と詠んだと伝えられる（『家世実紀』）。視力を失っていた正之には、会津の風景をその目で見ることは、もはやかなわなかったようである。

最後の会津行き

二度目は寛文十二年であり、後世から見れば、これが正之の最後の会津行きとなった。この年四月十九日、正之は家綱から暇を得ると、翌五月三日卯上刻《うのじょうこく》（午前五時過ぎ）に江戸を発った。途中雨のため下野今市《いまいち》に二日ほど逗留したものの、五月十日に無事会津に到着し、藩主正経らが出迎えるなか若松城三の丸の屋敷に入った。

晩年の保科正之画像（福島県耶麻郡猪苗代町・土津神社蔵，福島県立博物館提供）
総髪《そうはつ》（月代《さかやき》を剃らずに髪を全体に伸ばし，頭頂で束ねるか，束ねずに後ろへなでつけて垂らした髪型．江戸時代の医者・儒者などに多く見られた）で羽織姿（平服）．画は狩野探幽．

「土津」の霊号

正之はこの前年の十一月十七日、吉川惟足《よしかわこれたる》から四重奥秘《しじゅうのおうひ》とともに「土津《はにつ》」の霊社号も贈られていた。惟足によれば土津の「土」は万物の始まりと終わりを意味し、「津」は会津の「津」であり、かつ「土」は金を兼ね「津」に集い水に寄れるのがその所以《ゆえん》だとする（「土津大明神神霊号位」）。そして土津の霊号を受けるとその日、正之は友松氏興《ともまつうじおき》に代筆させた「我身後猪苗代磐椅《いなわしろいわはし》ノ神地ニ之ヲ蔵《おさ》メ、土津ノ霊号ノ如ク之ヲ封ゼラルレバ満足スベキ者也（原漢文）」との書を正経に送ったとされる（『会津鑑』）。つまり正之は自分の死後、磐梯山麓《ばんだいさんろく》の見禰山《みねやま》にある磐椅神社の末社《まっしゃ》となることを望んだのであり、今回帰国した最大の目的も、じつにみずから寿蔵《じゅぞう》（墳墓）の地を定めることであった。

墓所を定める

会津に到着した後の正之は、前田綱紀《まえだつなのり》からの見舞いの使者を饗応したり、また正経や主な家臣に家訓《かきん》十五条の主旨を説明したり、八月八日には、正経の江戸参府を見送るなどして日を過ごした。むかえた八月二十一日、正之は吉川惟足らをともない、猪苗代に向けて出発した。正之はまず磐椅神社に参詣して神酒《みき》を頂戴し、それが終わると供の者たちと酒宴をひらいた。ついで股肱《ここう》の臣ともいうべき田中正玄《たなかまさはる》の墓に詣で、そこからおよそ一〇間（約一八メートル）ほど上がった所で四方の様子をじっと窺い、ついにその地を墓所に定めたとされる。このとき正之が「万代といはひ来にけり会津山たかまの原のすみかもとめて」と詠じると、すかさず傍《かたわ》らの惟足が「君こゝに千とせの後の住む所双葉の松は雲をしのかん」と返し、二人はともに悦に入っていたとされる。

田中正玄

なお、田中正玄は武田家の家臣田中玄重《はるしげ》の子で、高遠《たかとお》時代の寛永《かんえい》四年（一六二七）十五歳のときから正之に仕え、寛文六年四月の北原光次《きたはらみつつぐ》の辞職後は城代をつとめていた。高潔な人物としても知られ、正之がもっとも信頼する家臣だったが、正之が帰国した直後の五月二十八日に六十歳で病死していた（「唖者之独見」）。

永眠の地を定めた正之は、九月十三日の丑刻《うしのこく》（午前二時頃）若松城を後にすると、同十八日未刻《ひつじのこく》（午後二時頃）に江戸に帰った。将軍家綱は翌十九日、様子を尋ねるためさっそく本多忠隆《ほんだただたか》を上使として正之のもとに送り、正之も同二十五日に参勤の御礼に登城し、御座の間で家綱にお目見して箱肴《はこざかな》を献上した（「江戸幕府日記」）。

風邪悪化

江戸に帰った正之は、十月のあいだは比較的平穏に過ごしていた。しかし十一月になると上旬から風邪気味だったことにくわえ、二十五日に家綱の上使遠山景則《とおやまかげのり》を送迎したことにより風邪を悪化させ、発熱がつづき病床につくようになった。さらに十二月七日夜半には、右の乳下に激しい痛みを感じ、井上玄徹《いのうえげんてつ》・平賀玄純《ひらかげんじゅん》らの医師が止宿して必死の看病に当たった。しかし快方に向かうことはなく、食事の量も漸減していった。

家綱御成の検討

会津藩では、吉川惟足に病気平癒の祈禱を依頼し、伊勢神宮にも立願した。磐椅神社をはじめとする領国会津の諸神社でも祈禱が盛んに行われ、文明寺・延寿寺などの諸寺院からも守札が進上された。実現することはなかったものの、十七日には友松氏興が老中稲葉正則にはたらきかけ、見舞いのための家綱の御成《おなり》も検討されていた（「友松氏興辞役願書」）。この間、家綱は十四日に老中土屋数直《つちやかずなお》を、十七日には老中板倉重矩《いたくらしげのり》を派遣して正之を見舞わせ、かつ京都に継飛脚《つぎびきやく》を送り女院御所《にょいんごしょ》（東福門院《とうふくもんいん》）にも正之の危篤を報せるなどした（『江戸幕府日記』）。

死去

むかえた寛文十二年十二月十八日早暁寅下刻《とらのげこく》（午前四時過ぎ）、保科正之は箕田《みた》の会津藩下屋敷において六十二年の生涯を閉じた（『江戸幕府日記』『土津霊神事実』『国史館日録』『譜牒余録』等）。正之死去の報せを受けた家綱は、即座に稲葉正則を上使として会津藩に送り、悔やみを述べるとともに、みずからも翌日の朝まで精進し、かつ江戸市中に七日間の普請《ふしん》・鳴物《なりもの》の停止を命じた。また同じ十九日には、老中久世広之《くぜひろゆき》を使者に香典として銀子五〇〇枚を贈り、このほか御台所《みだいどころ》や徳川綱重《つなしげ》・綱吉《つなよし》の両宰相《さいしょう》、御三家、千代姫、東福門院などの親族からも香典の銀子・諸品が届けられた。家綱の愁傷はいうまでもなく、その様子を尋ねてきた対馬《つしま》藩主宗義真《そうよしざね》に宛てた、久世広之一判の老中奉書には「大形ならず御哀惜の御事に候」と綴られていた（『宗家文書《そうけもんじょ》』）。

会津家中悲嘆

保科家でも正経をはじめとする正之の家族はもちろん、家中全体が悲嘆にくれていた。国元会津への正之死去の報は二十日に到着し、会津藩では二十日間の高声《たかごえ》・高笑《たかわらい》・見世棚《せだな》と五十日間の普請・作事・町市《まちいち》の停止を決定し、あわせて無用の者の若松城内での徘徊《はいかい》を禁じ、藩境の番人にいっそう入念な警備を指示した。

遺体に死装束を着せる小斂《しょうれん》が十二月十九日に、柩《ひつぎ》に入れる大斂《だいれん》が翌二十日に行われた。

ついで二十一日の晩、正之の柩は大轝《おおこし》に載せられ、四ツ（午後十時頃）に江戸の屋敷を出発、白川街道《しらかわかいどう》を通り同晦日申刻《さるのこく》（午後四時頃）、若松城に到着し三の丸の仮屋に安置された（「土津霊神事実」）。

神道の純粋性

ところで正之の柩が江戸を出発する際、当初幕府は江戸市中の諸寺院に対して寺院内で読経することを認めていた。それに猛反発したのが吉川惟足であった。惟足は、僧侶の読経は亡き正之の遺志に背くものであるとして、老中稲葉正則との懸命な交渉を行い、その結果ついに読経さえも禁じることを幕府に承知させたのである（「視吾堂《あれみのや》先生《せんせい》行状《ぎょうじょう》」）。

正之の葬儀を神葬とすることは、かねてから幕府も認めるところであった。それにもかかわらず惟足がこうした行動にでたのは、正之の葬儀から仏教色を徹底的に排除することで、かつて家康を神に祀った神仏混淆《しんぶつこんこう》した山王一実神道《さんのういちじつしんとう》などとは異なる、神道本来の純粋性を守ろうとする惟足（と正之）の、強固な意志があったからにほかならない。

葬儀

翌延宝《えんぽう》元年（一六七三）二月二十二日、正之の生前には間に合わなかったものの、正之の「家訓《かきん》十五条」の遵守を誓う家老一同の神文誓詞《しんもんせいし》が、血判が据えられて藩主正経の御前に奉呈された。そして三月十四日、正之の霊柩は若松城三の丸から猪苗代の仮屋に移され、葬儀は藩主正経の帰国を待って三月二十七日から執行された。葬送の行列は唯一神道の形式で行われ、これは会津では前代未聞のことだったとされる。保科正経・吉川惟

保科正之墓（福島県耶麻郡猪苗代町・土津神社奥の院，猪苗代町教育委員会提供）
正面の表石に「会津中将源君之墓」と刻まれている．後ろの墳上に八角形の「土津神墳鎮石」と刻まれた鎮石が置かれた．

土津神社拝殿（猪苗代町教育委員会提供）

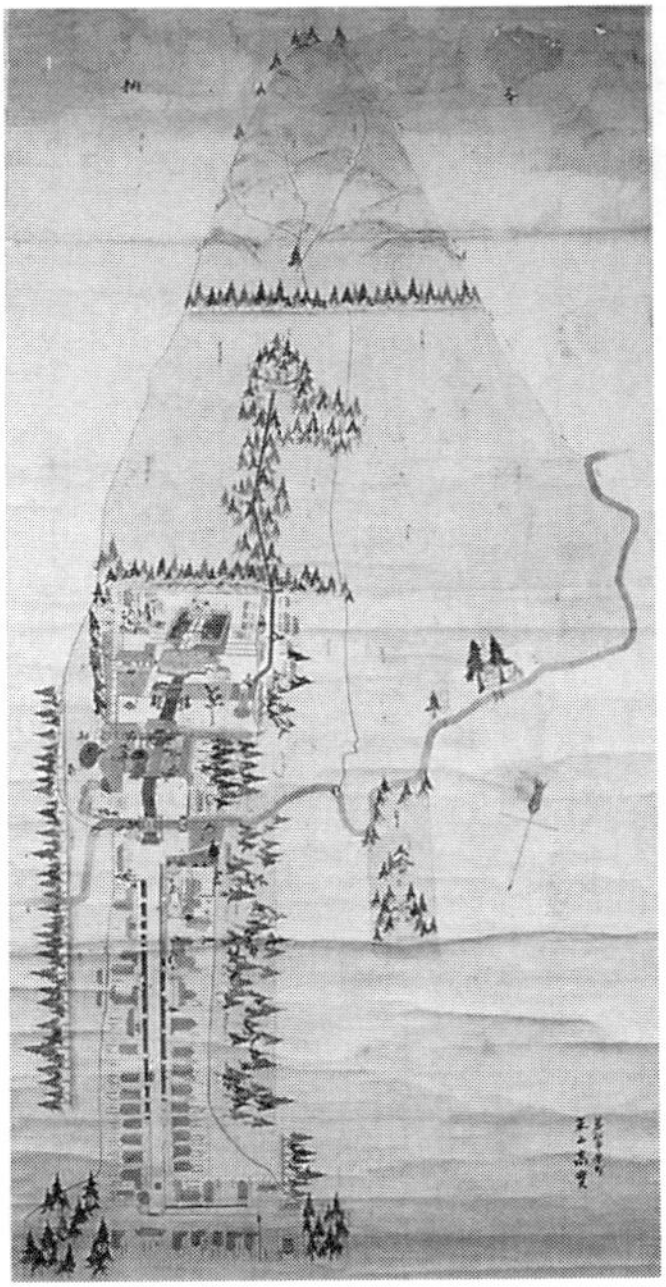

土津神社絵図（土津神社蔵，福島県立博物館寄託）

見祢山の麓にあたる絵図中央左側に土津神社遙拝殿，その脇の参道入り口に近くに碑文，参道を登った画面やや上部に正之の墓所が描かれている．近代になって制作されたものと推定される．

土津霊神之碑（土津神社内，猪苗代町教育委員会提供）

高さが約6メートルにおよぶ．

足・山崎闇斎《やまざきあんさい》をはじめ、会津藩家臣団、その他幕府の諸役人や正之と縁ある人々など、多数が列席して葬儀は行われた。神事を吉川惟足・服部安休《はっとりあんきゅう》・西東《さいとう》（斎藤）左内《さない》らが司り、正之が生前に指名した大奉行友松氏興と副奉行戸枝彦五郎《とえだひこごろう》が執事をつとめるなか、翌二十八日に葬儀は無事終了した。

墳墓の普請

四月五日からは墳墓の普請が開始され、これが五月二十四日に完成すると、六月十一日、墓前に「会津中将源君之墓」と刻まれた墓石が建てられた。ついで同月十六日には土津社（仮殿）も落成し、七月十七日に遷宮式が行われ、神祇管領長上吉田兼連《よしだかねつら》が京都から持参した安鎮の神璽《しんじ》が納められた。そして十月十一日、墳上に「土津神墳鎮石」と篆書《てんしょ》された鎮石が立てられ、これをもって正之の葬儀一式と造墳工事は完了した。『家世実紀』によれば、これまでの費用は金三四九三両一分、米一一八五俵、動員された人足はのべ一三万二八五一人におよんだとされる。

土津神社

土津神社の本建築工事は延宝二年（一六七四）春から開始された。まず四月二十四日に社前の東側に碑石が立てられた。その規模は高さ一丈八尺、幅六尺、厚さ五尺という巨大なもので、亀型石の台上に現在も聳《そび》え立っている。碑文（土津霊神碑）は山崎闇斎が撰し、能書家として知られた上左兵衛《かみさひょうえ》の書になる三寸四方の文字で、都合一九四三字が四面に刻まれ、九月十七日に完成した。いっぽう本社の建築は翌延宝三年の春から始まり、八月十九日に本殿・拝殿・唐門・廻廊以下一切の工事が終了した。本殿は高さ六間余、屋根はとち葺にて、三間四面の宮造りに四方の縁の幅五尺三寸余、欄干があり、正面には七級の階段が付けられていた。同じく八月二十三日仮宮からの遷宮式が行われ、本殿の内陣には「土津大明神」の神霊が安置された。社殿は当時「奥の日光」と謳《うた》われたほど壮麗をきわめていたが、残念ながら戊辰戦争《ぼしんせんそう》の際に焼失した。現在の社殿は、明治十三年（一八八〇）に再建されたもので規模も縮小されている（「土津霊神事実」「見禰山御鎮座日記」『新編会津風土記』）。

二　正之関連の書状とそこから見える交友関係

書風

保科正之が発給した文書はほとんど残されておらず、これまで筆者が確認できたのは、表5に示したようにわずかに二五通にすぎない。このうち自筆と見なされるものは七通ほどしかなく（表の①⑨⑱⑳〜㉓、以下同じ）、多くは右筆《ゆうひつ》書きである。自筆書状に見える正之の書風は全体として伸びやかな筆遣いで、ときに通常のくずし方や筆順などにとらわれぬ筆致《ひっち》が見られるなど、そこからは正之の奔放《ほんぽう》かつ柔軟にして闊達《かったつ》な人柄を窺うことができる。これは、正之の宗教政策や学問などにあらわれた、ものごとに妥協を許さぬ

表5　保科正之発給文書一覧表

No	年.月.日	内　　容	宛　所	花押・印	備考
①	(寛永14)　8.21	知行宛行	篠田内膳	A	自筆
②	(寛永16) 11.14	吉利支丹穿鑿	保科正近 小原光俊	?	
③	寛永20.　11.15	寺領200石寄進	興徳寺	印	
④	寛永20.　11.15	社領50石寄進	亀福院	印	
⑤	寛永20.　11.15	寺領50石寄進	示現寺	印	
⑥	寛永20.　11.15	寺領200石寄進	融通寺	印	
⑦	寛永20.　11.15	寺領100石寄進	高岩寺	印	
⑧	(寛永20) 10. 8	大僧正天海死去見舞い	毘沙門堂	B	
⑨	(慶安 4)　7.26	由井正雪ら情報提供の礼	酒井忠勝	B	自筆
⑩	(慶安 5)　6. 9	鉄砲50丁海上輸送切手	松平信綱 松平乗壽 阿部忠秋	?	
⑪	(寛文 1)　4.12	娘縁辺		㊞	*
⑫	(寛文 7)　9.20	稲葉正往内室平産	内田出羽守	㊞	*
⑬	(寛文 8)　6.25	大坂定番渡辺吉綱煩い	青山宗俊 米津田盛 石丸定次郎	㊞	*
⑭	(寛文11)　3.24	徳川頼宣死去見舞いの礼	島津家久	?	
⑮	4. 6	例年の如く壺指し登せ候	堀真作老	B	
⑯	5.20	前田綱紀への書付依頼	本多政長	㊞	
⑰	5.22	加賀藩政と綱紀の様子	本多政長	㊞	
⑱	6. 1	煩い快気珍重	真田信之	C	自筆
⑲	6.20	参勤の御礼済み珍重	真田信利	㊞	*
⑳	10. 1	御出の所早々お帰り残念	片桐貞昌	C	自筆
㉑	10.28	昼前御来駕語りたし	真田信之	C	自筆
㉒	11. 4	鷹の鴨頂戴の礼	堀田正信	C	自筆
㉓	11. 9	屋敷まで見舞い忝なし	本左老	C	自筆
㉔	11.22	書付披見	本多政長	㊞	
㉕	12.10	上方情報通知への返書	永井直清	B	

出典：①「東京国立博物館所蔵文書」 ②『福島県史』10 ③「興徳寺文書」
④「八角神社文書」 ⑤「示現寺文書」 ⑥「融通寺文書」 ⑦「高岩寺文書」
⑧「日光山文章」 ⑨⑪⑫⑬⑯⑰⑲⑳福島県立博物館展示図録『保科正之の時代』
⑩『小浜市史』藩政史料編1 ⑭『鹿児島県史料』旧記雑録追録1
⑮『会津若松史』第2 ⑱会津若松城博物館展示文書
㉑㉓東京大学史料編纂所所蔵写真 ㉒「河原家文書」 ㉔「金沢本多家文書」
㉕「岡本文書」 *「眼病故印判ニ而申入候」の文言あり.

花押

A　B　C

保科正之花押
鈴木景二「真田信之と保科正之の接点」(『信濃』第64巻第2号, 2012年)をもとに作成.

厳格な態度から見える性格とは、かなり隔たりがあるように思われる。

内容的には、山形藩政に関わるものが二通（①②）、正之が会津に入部した際、領内の寺社に宛てた領地の寄進状《きしんじょう》が五通（③〜⑦）、加賀藩の家老本多政長《ほんだまさなが》に宛てた前田綱紀《まえだつなのり》の後見としての活動を示すものが三通（⑯⑰㉔）で、それ以外の一五通はすべて私信である。文書相互の関連は本多政長宛の三通以外はまったくない。また大老としての活動という点では、正之の前任ともいうべき井伊直孝のばあい、寛永十六年（一六三九）七月のいわゆる第五次鎖国令に土井利勝・酒井忠勝および老中とともに連署した例などが見られるが（『御当家令条』）、正之にそうした例はなく、まして正之が老中奉書に連署することは当然のことながらいっさいなかった。

正之が使用した花押《かおう》は、図に示したように大別して三つのタイプが認められる。タイプAとBは、江戸時代の大名一般に見られる天地二本の横線の間に作られた明朝体《みんちょうたい》の花押である。これに対してタイプCは、飄々とした印象を与える別用体《べつようたい》（数奇者風《すきものふう》）の花押で、このタイプは僧侶や茶人・画家など文化人に多く好まれたとされる。かつまたタイプAの花押が、天の横線の両端が上方に反り返り、居丈高な感じを与えるのとはきわめて対照的でもある。これら三つのタイプが正之の年齢とともに変容していったのか、内容や相手によって使い分けていたのかを判断することは、花押を用いた文書が一〇通しか見いだせぬ現状では困難である。それでもあえて記せば、おそらくタイプAは藩政に関わることや家臣宛の文書に、タイプBはある程度公的な内容を持つ文書に、タイプCは私的な交友関係で出す書状にと、それぞれ使い分けていたものと思われる。

印判

花押ではなく印判《いんばん》を用いた文書もある。これらは寺社領の寄進状に押された方形印《ほうけいいん》と、それ以外の書状に押された円形印《えんけいいん》で、印文《いんぶん》は両者とも「正之」である。一般に書状は花押を据えるのが書札礼《しょさつれい》にかなった書き方とされるが、正之が印判を用いたのは署名の右肩にある「眼病故印判ニ而申入候」という文言からも明らかなように、正之が眼病を煩っていたためである。ただし本多政長宛の三通にこの文言は書かれておらず、そこには黒印ではなく、より薄礼とされる朱印が捺されている。これは眼病のためというよりも、宛所が大名本人ではなくその家臣だったからであろう。

正之宛の書状

いっぽう、正之に宛てた書状は、今のところ藤田恒春氏の『小堀遠江守正一文書の研究』（東京堂出版、二〇一二年）収録の正月十二日と正月二十三日の日付を持つ二通と、伊那市立高遠町歴史博物館所蔵の霜月六日付の一通、（寛文五年）正月六日付で大坂城の天守炎上を知らせた老中の連署状一通と、（寛文八年）十一月二十五日付の前田綱紀書状一通（以上の二通は本多俊彦「保科正之後見期の加賀藩について」『高岡法科大学紀要』二四号、二〇一三年）の都合五通しか発見できておらず、このうち前三通の差出しはすべて小堀正一（のち政一）である。

小堀正一

その小堀正一は天正《てんしょう》七年（一五七九）に生まれ、外様大名ながら河内《かわち》・近江《おうみ》の国奉行《くにぶぎょう》や伏《ふし》見《み》奉行《ぶぎょう》などを歴任して、幕府の上方支配に重要な役割を果たし、また駿府城ほか多くの城郭の普請《ふしん》・作事《さくじ》にも手腕を発揮した能吏《のうり》であった。そのいっぽうで、茶の湯、華道、書画の鑑定、造園などにも深い造詣をもつ当代一流の文化人でもあった。とくに茶の湯は古田織部《ふるたおりべ》に師事し、将軍家光の茶道師範もつとめるなど、遠州流の祖としていわゆる大名茶《だいみょうちゃ》の形成に大きく寄与した人物とされる（高木昭作『日本近世国家史の研究』、佐治家文書研究会編『佐治重賢氏所蔵小堀政一関係文書』思文閣出版、一九九六年、谷端昭夫『茶の湯の文化史』吉川弘文館、一九九九年）。

茶数寄

保科正之もかなりの茶数寄《ちゃすき》だったとされるが、正之が最初に師事したのが小堀正一であった。寛永十一年（一六三四）三月十日、正之は家光の催した茶の湯に初めて相伴《しょうばん》し、それ以来いく度となく家光の茶の湯に陪席していた（「江戸幕府日記」『寛政重修諸家譜』）。こうした席で、正之は小堀と出会って師と仰ぐようになっていたのであろう。たとえば正《しょう》保《ほう》元年（一六四四）二月四日の晩、江戸で小堀が催した茶会に、正之は高崎城主の安藤重長《あんどうしげなが》らとともに客として呼ばれていた（「於江戸茶之湯置合帳」）。小堀が正之に宛てた三通の書状は、直接茶の湯を内容とするものではないが、小堀は正之から書状や使者に預かりながらも、なかなか会えぬことを謝し必ず参上するとの意向を述べており、二人が頻繁に書状を取り交わしていた様子を窺うことができる。

片桐貞昌

小堀正一が正保四年二月に伏見で死去すると、その後、正之の茶の湯の師となったのが石州流の祖片桐石見守貞昌《かたぎりいわみのかみさだまさ》であった。片桐貞昌は正之より七歳年長の外様小大名で、千利休《せんのりきゅう》の子道安《どうあん》の弟子桑山宗仙《くわやまそうせん》（貞晴《さだはる》）に師事して侘茶《わびちゃ》を学び、将軍家綱の茶道師範もつとめるなど、小堀正一とならぶ江戸時代前期の茶の湯の宗匠《そうしょう》であった。正之は承応《じょうおう》年間（一六五二―五五）には貞昌の門人となり、その後、貞昌の茶会にもたびたび出席していたとされる。

家綱への献茶

寛文五年（一六六五）十一月八日、片桐貞昌と旗本船越永景《ふなこしながかげ》による将軍家綱への献茶《けんちゃ》が行われた（「江戸幕府日記」）。献茶とは神仏や貴人に茶を点《た》てることをいうが、これ以後、貞昌による家綱への茶道指南が始まったとされる（町田宗心『片桐石州の生涯』光村推古書院、二

○○五年）。この時期の正之が、家綱本人や幕府政治に絶大な影響力を発揮していたことからすれば、正之が貞昌を将軍家茶道師範として推挙していたことはまず間違いない。なお正之の領地会津でも茶の湯はさかんで、藩祖正之の影響であろうか、遠州流と石州流の二大流派が正之以後も連綿と受け継がれていた（相田泰三『保科正之公伝』）。

真田家との交流

ところで正之が養育された保科家は、正之の養父保科正光の正室（春陽院）が信濃松代《まつしろ》藩主（八万石）真田《さなだ》信之《のぶゆき》の妹だったことから、真田家とは古くからの縁戚であった。そうした関係もあってか、正之は信之《のぶゆき》やその孫の信利《のぶとし》（上野沼田《こうずけぬまた》三万石）とも交流があったようで、正之から信之や信利に宛てた書状が三通（⑱⑲㉑）残されている。とくに六月朔日付の信之に宛てた書状（会津若松市所蔵）では、式日の御礼のため江戸城に上った信之が正之を見かけ、下城直後に使者を遣わしてきたのに対して、正之は城内の混雑のため挨拶もできず残念だったこと、信之の病が快復しめでたいこと、久しく話もできずゆかしく思うことなどを書き送っていた。

真田信之

真田信之は永禄《えいろく》九年（一五六六）の生まれであるから正之より四十六歳も年長であった（『寛政重修諸家譜』）。この書状を紹介した鈴木景二氏によれば、親子以上に年の離れた二人の交流の裏には、とくに信之の側からすれば、幕府の重要人物である正之との交誼《こうぎ》により、松代藩真田家の永続を図るという政治的な狙いもあったとされている（「真田信之と保科正

之の接点」『信濃』六四巻二号、二〇一二年)。

堀田正信宛の書状

このほかにも、十一月四日付の堀田正信《ほったまさのぶ》に宛てた書状㉒によれば、正信から鷹の鴨二羽が贈られたのに対して、正之は「例ながら御悃情《こんじょう》の段忝《かたじけな》く存ぜしめ候」と礼を述べ、また自分の近況に触れた後「貴殿御無事の由珍重《ちんちょう》に存じ候、自然替わる儀も候はば御しらせ下さるべく候」と記していた。正信は毎年のように正之に鷹野の獲物を贈り、正之も正信の様子を気に懸けるなど、正信の父正盛《まさもり》のときからであろうか、正之は堀田氏ともかなり深い交流のあったことを窺うことができる。

三　妻妾と子供たち

正之には五人の妻妾《さいしょう》がおり、その女性たちとの間に男子六人・女子九人の都合一五人の子供をもうけていた。本文でもその都度触れてきたが、ここでより理解しやすくするために重複を恐れず、正之の妻妾を軸にしてその子供たちをもう一度紹介してみたい。

長子幸松

正室の菊《きく》は、陸奥《むつ》磐城《いわき》平《たいら》藩主(七万石)内藤政長《ないとうまさなが》の八女で、寛永十年(一六三三)十月六日に正之の許《もと》に十六歳で嫁いだ。翌年十二月二十一日に長子幸松《こうまつ》を産んだが、同十四年五月十四日、病気のため桜田の屋敷で没した。幸松も菊が病死すると、その後を追うように翌十五年六月二十七日に五歳で夭折《ようせつ》した。法名は清賢院殿日浄と付けられ、谷中《やなか》の感《かん》応寺《のうじ》に埋葬された。

万

菊が死去した後、正之の厚い寵愛をうけたのが万《まん》である。万は元和《げんな》六年（一六二〇）、京都上賀茂社《かみがもしゃ》の神官藤木《ふじき》氏の子に生まれ、菊の死後から正之に奉公したとされる。正之と万とのあいだには、四男五女のじつに九人の子が生まれていた。

正頼

第一子の正頼《まさより》（正之にとって二男、以下同じ）は寛永十七年（一六四〇）十二月四日に誕生した。幼名は虎菊《とらぎく》といい、慶安元年（一六四八）十一月朔日に家光にお目見し、承応三年（一六五四）十二月二十五日には従四位下侍従に叙任して長門守を名乗った。しかし明暦《めいれき》三年（一六五七）二月朔日、明暦の大火の際、避難していた品川の東海寺《とうかいじ》で病死した。享年十八。葬儀は会津の浄光寺《じょうこうじ》で行われた。その後、岩彦霊社と諡《おくりな》され、会津松平家の廟所《びょうしょ》である院内《いんない》山《さん》に葬られた。

媛

第二子の媛《はる》（長女）は、寛永十八年十一月十四日に生まれた。明暦元年四月十四日、十五歳のとき出羽米沢《でわよねざわ》三〇万石の上杉綱勝《うえすぎつなかつ》に嫁したが、芝の屋敷に里帰りのさなか、万《まん》治《じ》元年（一六五八）七月二十五日の晩から腹痛をもよおし、同二十八日にこれまた十八歳で急逝《きゅうせい》してしまった。遺骸は上杉家の菩提寺である米沢の林泉寺《りんせんじ》に葬られ、法名は清光院月汀正心大姉と付けられた。

中と将監

保科正経画像（会津若松市・建福寺蔵）

第三子の中《なか》（二女）は寛永二十年五月十三日に生まれ、七歳になった慶安二年十二月四日、疱瘡のため死去した。法名は俊智院殿英性。谷中の瑞輪寺《ずいりんじ》に葬られた。第四子の将監《しょうげん》（三男）は正保二年（一六四五）一月五日、芝の屋敷で生まれた。二月六日には宮参りをすませたものの、直後の閏五月七日に死去してしまった。これも谷中の瑞輪寺に葬られ、真如院殿了空と諡された。

正経

第五子が家督を継いだ正経《まさつね》（四男）である。正経は正保三年（一六四六）十二月二十七日、芝の屋敷に生まれ幼名を大之助といった。万治元年九月晦日に将軍家綱に初めてお目見し、翌二年十二月二十七日、従四位下侍従に叙任して筑前守を名乗った。寛文六年（一六六六）三月十三日には、元加賀藩主前田利常の女久《く》萬《ま》姫を正室に迎えた。同九年四月二十七日、正之の致仕《ちし》をうけて家督を継ぎ、足かけ十三年の藩政の後、天和《てんな》元年（一六八一）二月十九日に致仕、同日に嗣子《しし》としていた異母弟の正容《まさかた》に家督を譲り、その年の十月三日に三十六歳で死去した。法名は鳳翔院宜山休公。会津の院内山に墓所がある。

石

第六子の石《いし》（五女）は、慶安《けいあん》元年（一六四八）五月三日、これも芝の屋敷で誕生した。寛文元年（一六六一）十一月二十八日、十三歳のとき老中稲葉正則の嫡子正往《まさゆき》に嫁ぎ、同七年九月十四日には女子を出産したが、産後の肥立《ひだ》ちが悪く同月二十二日に死去した。享年二十。上野の円覚院に葬られ、法名は本性院殿大岳真空大姉と付けられた。

風と亀

第七子の風《ふう》（六女）は慶安二年十月四日に生まれたが、同四年十一月四日わずか三歳で夭折した。亡骸は谷中の瑞輪寺に葬られ、法名は天窓院殿妙月と付けられた。第八子の亀《かめ》（七女）は慶安三年閏十月三日に誕生した。しかし亀姫も翌四年四月四日には死去し、向島《むこうじま》の霊厳寺《れいがんじ》に葬られた。法名は華月院殿鳳桐清樹。

正純

最後第九子の正純《まさずみ》（五男）は承応元年（一六五二）五月九日に誕生し、幼名を新助といった。万治元年（一六五八）九月晦日、家綱に初めてお目見し、寛文四年（一六六四）十二月二十八日には従五位下市正《いちのかみ》に叙任したが、二十歳になった寛文十一年七月二十日、箕田の下屋敷で死去した。『家世実紀』によれば、正純は将軍家綱もゆくゆくは老中にと考えたほどの逸材で、それだけに正之の落胆も格別大きかったという。八月六日に会津院内山に葬られたが、後に石彦霊社として土津神社に祀られている。

継室万

万が産んだ子たちは二年と空かずに生まれており、正之の万に対する寵愛が深かったことがわかる。くわえて世継《よつぎ》の正経を産んだこともあってか、正之は万を継室に取り立

聖光院画像（福島県耶麻郡猪苗代町・土津神社蔵、福島県立博物館寄託）
小袖に葵紋が描かれた小袖を着ているが、保科家が松平家の称号と葵紋を許されるのは、元禄九年（一六九六）の三代会津藩主正容のときで、聖光院没後のことである。

てていた。その時期ははっきりせぬが、『家世実紀』での万に対する呼称が、二男虎菊誕生のときは「女中おまんのかた」、二女のとき（寛永二十年五月）は「御部屋様」つまり側室であった。しかし、三男将監が誕生したとき（正保二年一月）は「奥様」となっているので、この間に正式に継室に取り立てたものと考えられる。

藩政に介入

正之が死んだ直後、延宝元年と思われる四月十三日付の会津藩家老柳瀬《やなせ》三左衛門《さんざえもん》の書状には、万への意見として「いよいよ御仕置の事に御かまい御座無き様にと存じ候、畢《ひっ》竟《きょう》殿様御為によく候」とあり（『保科正之の時代』）、万はかなり藩政にも介入する女性だったようである。それゆえか正之は死の七日前に正経と万を病床に呼び、万に対して「吾没後、汝《なんじ》必ズ政事ヲ言フ勿《なか》レ」と言い遺したとされ（「土津霊神事実」）、またあえて家訓の第四条にも「婦人女子ノ言一切聞クベカラズ」と記したのかもしれない。万は正之の死後に薙髪《ちはつ》して聖光院《せいこういん》と号し、七十一歳になった元禄《げんろく》三年（一六九〇）七月十八日に箕田の会津藩下屋敷で死去した（「小君略伝」）。法名は聖光院殿穏誉寂照清安大姉と付けられ、箕田の浄土宗実相寺《じっそうじ》に葬られた。

側室塩

いっぽう、正之の三・四女を産んだのが側室の塩《しほ》である。塩は「小君略伝」では、牛《うし》田《だ》氏の出身で寛永四年（一六二七）京都で生まれたとするが、はっきりしたことはわからない。女子二人を産んだ後の慶安四年（一六五一）六月二十五日、二十五歳のとき若松城二の丸で死去し、会津の浄光寺に葬られた。法名は徳性院妙体。寛文五年十月六日に院内山に改葬された。

菊と松

塩の第一子（三女）は菊《きく》といい、正保二年（一六四五）七月二十七日に芝の屋敷で生まれたが、二年後の同四年十二月四日会津で死去した。浄光寺に葬られ、法名は達性院妙了と付けられた。第二子（四女）の松《まつ》（摩須《ます》とも）は慶安元年（一六四八）正月十二日朝、若松城二の丸で誕生した。松姫は万治元年（一六五八）七月に加賀藩主前田綱紀に嫁いでおり、この経緯については第八の三「加賀前田家との縁組と綱紀の後見」で詳述したので、そちらを参照されたい。松姫は寛文六年（一六六六）四月二十一日、初めて綱紀の子を出産したが、不幸にも死産であった。産後の肥立ちも思わしくなく、三日後の二十四日辰上刻、江戸の加賀藩邸で死去した。十九歳であった。法名は松嶺院殿信嶽宗正大禅定尼と付けられ、下《した》谷《や》にある臨済宗広徳寺《こうとくじ》に埋葬された。

金

正之の八女は金《きん》といい、万治元年三月朔日、会津で誕生した。しかし翌二年三月十五日に芝の屋敷で死去し、即日谷中の瑞輪寺に葬られた。法名は幻性院殿妙化。金姫の母については「此の婦人の由来及び其の名迄聊《いささ》かも伝ふる処なし」（「小君略伝」）とあるように詳細は不明で、『家世実紀』も奥女中沢井氏と記すにすぎない。

側室ふき

正之には、もう一人ふき（冨貴）という側室がいた。父は尾州浪人の沖氏で、正保二年一月十二日江戸で生まれたとされる。その後正之に仕えて寵愛をうけ、寛文八年十月からは若松城三の丸の別邸に住んだ。正之死後の延宝元年（一六七三）二月十六日に薙髪して栄寿院と号し、享保《きょうほう》五年（一七二〇）一月十八日若松城で死去した。享年七十六。法名は栄寿院殿妙長日善大姉。院内山に葬られた。

正容

ふきの第一子は正容《まさかた》（六男）で、寛文九年（一六六九）一月二十九日に若松城三の丸で誕生した。幼名を十四郎といい、延宝六年（一六七八）十一月朔日、家綱にお目見えし、同八年八月十一日に兄正経の嗣子となった。ついで天和元年（一六八一）二月十九日に家督を継ぎ、同年十二月二十七日、従四位下侍従に叙任し肥後守を名乗った。翌二年九月十五日には、老中阿部《あべ》正武《まさたけ》（武蔵忍《おし》藩主）の女を正室として迎え、元禄九年（一六九六）十二月には、将軍綱吉から松平姓と葵紋の着用を許された。正徳《しょうとく》二年（一七一二）十二月六日、正四位下中将に昇進し、翌三年三月二十六日には七代将軍となる家継《いえつぐ》の元服式の際、父正之と同じく理髪役をつとめた。正之の子のなかではもっとも長命で、享保十六年（一七三一）九月十日に六十三歳で死去し、徳翁霊神と諡され院内山に葬られた。

最後の子、三の誕生

ふきの第二子にして正之の最後の子が三《さん》（九女）である。三姫はじつに正之死後の延宝元年正月五日に若松城三の丸で生まれた。「三」の名は聖光院が付けたという。同四年四月十七日に四歳で死去し、院内山に葬られた。法名は詮貴院殿妙浄。

正之の悲哀

以上、右に見たように正之の子は全体として短命で、一五人の子供のうち成人に達したのは七人にすぎなかった。また正之の死後まで生存したのは、最後に生まれた三姫をふくめてもわずかに三人であった。それだけに、正之は我が子に先立たれるという悲哀をいく度も味わったことになる（「土津霊神事実」「小君略伝」『寛政重修諸家譜』『譜牒余録』「保科系図」等）。

むすびに

最後に、保科正之《ほしなまさゆき》の人物像に触れつつその生涯を簡単に振り返り、くわえて後世に与えた影響などについても述べることで、本書のむすびとしたい。

慶長《けいちょう》十六年（一六一一）五月、武蔵足立郡大牧村で誕生した保科正之は、幼年期を見性《けんしょう》院《いん》のもとで育てられ、その後元和《げんな》三年（一六一七）からは信濃高遠《しなのたかとお》二万五〇〇〇石の保科正光《まさみつ》に養育された。これには、もちろん以前からの保科家と見性院との関係などもあったが、やはり正之の実父である将軍秀忠《ひでただ》の意向が、もっとも大きくはたらいていたものと思われる。秀忠とすれば、たとえ小身でも、我が子にはせめて大名としての生涯を送らせたいとの思いがあったに違いない。その後、秀忠は元和五年に正之の養育料として五〇〇〇石を加増し、高遠藩を都合三万石とした。

だが、正之のために秀忠がしたことは、ここまでであった。秀忠は正之との対面を促す家光《いえみつ》の勧めをこばみ、遺産分けについてもなんら特別な配慮を見せることはなかった。いっぽうの正之も、寛永《かんえい》七年（一六三〇）六月に将軍家光にお目見《めみえ》してから秀忠が死去するまで、秀忠の子としての認知を求めたような形跡はいっさいなかった。これは見性院や生母静《しず》の、あるいは保科家の教導のゆえか、はたまた生来の資質なのか、正之にはみずからの生い立ちをありのままに受けとめ、推参な行動を控える謙虚さと聡明さがあったのだろう、こうした境遇を泰然として受け入れていた。

この正之を取り立てたのが、兄の家光であった。家光の炯眼《けいがん》は、正之の資質をするどく見抜き、また弟忠長《ただなが》を処分せざるをえなかった反動のゆえか、まず寛永十三年（一六三六）七月、最上山形《もがみやまがた》で一挙に二〇万石の領地を与え、ついで同二十年七月には、陸奥会津《むつあいづ》に二三万石で入れて、奥羽統治のかなめともいうべき地を正之に任せた。正之もほとんど会津に帰ることのないなか、国元の加判衆《かはんしゅう》をはじめとする家臣たちに、的確な指示を出して会津藩政の仕組みを作り上げ、見事に家光の期待に応えたのである。

これまで、正之は家光の生前から幕府政治に関わっていたとされてきた。しかし、本編でも述べてきたように、そうした形跡はほとんど確認できない。正之が幕政に強い影響力を発揮するのは、将軍家綱《いえつな》が成人し江戸城の西丸から本丸に移り、その本格的な政治が開始される万治《まんじ》二年（一六五九）以後であった。その関わり方は、同じ年に死去した「大老《たいろう》」井伊直孝《いいなおたか》の後任ともいうべきもので、老中のように、たとえば大名支配などに直接関わるのではなく、彼ら老中よりもより高所から政務を総覧するといった、まさに

「大老」としてのそれであった。正之はこうした立場で、とくに寛文年間（一六六一―七三）の幕府政治に大きく関与し、幕藩体制の安定と秩序をもたらすことに貢献したのである。

正之には、大名や為政者《いせいしゃ》とは別の面もあった。それは神道家および儒学（朱子学）者としての側面である。神道家としては吉川神道の創始者である吉川惟足《よしかわこれたる》に師事し、吉田神道最高位の四重の奥秘《おうひ》を伝授されるまでになった。いっぽう儒学者としては、山崎闇斎《やまざきあんさい》を招聘《しょうへい》して研鑽《けんさん》を重ね、『玉山講義附録』など会津三部書と呼ばれる、きわめて高度な朱子学の専門書まで編纂していた。山崎闇斎は正之を「聡明人ニ絶ヘ」、すなわち聡明さではならぶ者がない、と評していたが（「土津霊神行状」）、こうした業績に鑑《かんが》みると、闇斎の正之評もあながち誇張した表現とはいえぬかもしれない。その反面、正之は神道や儒学に傾倒するようになると、徹底的に仏教を忌避《きひ》して神仏分離政策を推し進め、また朱子学を批判した山鹿素行《やまがそこう》を処断したりもした。こうした点にも、正之の性格の一端が表れているように思われる。

正之の存在は、後世の人びとにも大きな影響を与えた。たとえば、後に寛政の改革を行なった松平定信《まつだいらさだのぶ》は、その著「白川侯伝心録《しらかわこうでんしんろく》」のなかで、江戸時代前期の「十善人《じゅうぜんにん》」として徳川光圀《みつくに》・保科正之・久世広之《くぜひろゆき》ら一〇人の名をあげ、なかでも「肥後守にならハん事を日夜心に懸る処也」と記し、正之の生き方を模範にしていたという。

だが、なんといっても後世への影響という点では、正之の遺した「家訓《かきん》十五条」を無視することはできない。本編でも記したように、家訓十五条は広く世間に流布し、解説書まで作られたというだけでなく、会津藩のその後の命運にまで影響を与えた。

激動する幕末の政局のなか、京都守護職《きょうとしゅごしょく》就任を固辞する最後の会津藩主松平容保《かたもり》に対して、ときの政事総裁職《せいじそうさいしょく》松平慶永《よしなが》（春嶽《しゅんがく》）は容保に宛てた書状のなかで「土津公《はにつこう》あらせられ候わば、必ず御受けに相成り申すべくと存じ奉り候」と書き、正之を引き合いに出してその説得を試みていた（『京都守護職始末』）。会津藩では、ペリー来航以来のたび重なる江戸湾岸警備による莫大な出費もあり、藩主が要職に就くような財政的余裕はなかった。家老たちの誰もが辞退をすすめるなか、容保をして敢えて京都守護職就任という火中の栗を拾わせたのは、正之が遺した家訓第一条にある「大君ノ義一心大切ニ忠勤ニ存ズベシ」という教えだったのである。なお容保の奏請によって、元治《げんじ》元年（一八六四）三月四日、正之は従三位に追贈《ついぞう》されている（『京都守護職始末』）。

慶応《けいおう》三年（一八六七）十月、大政奉還《たいせいほうかん》が聴許《ちょうきょ》され、同十二月に王政復古《おうせいふっこ》が宣言されると、薩長を中心とした明治新政府が成立し、幕府はもとより京都守護職・所司代《しょしだい》・町奉行なども廃止された。そして翌明治元年（一八六八）正月、鳥羽《とば》・伏見《ふしみ》の戦いに端を発した戊辰《ぼしん》戦争が勃発《ぼっぱつ》した。多くの藩が新政府に帰順するなか、旧幕府軍の主力となり、新政府軍にもっとも頑強に抵抗したのは、やはり会津藩であった。とくに凄惨《せいさん》をきわめた会津戦争では、家老西郷頼母《さいごうたのも》邸での頼母の母・妻・娘たち一族二一人の殉節や、白虎隊《びゃっこたい》の集団自決といった数々の悲劇が生じていた（『会津若松史』『福島県史』など）。会津藩士やその家族たちに、こうした行動を取らせた要因のひとつが、正之の「家訓十五条」の教えだったとすれば、そこには歴史の皮肉を感じざるをえない。

保科正之は多くの逸話をもつ人物である。本書では「はしがき」でも述べたように、できるだけ質のよい確実な史料によって彼の生涯に迫ってみた。その結果、私なりに見た等身大の正之像とともに、そうした逸話の多くが、後世に会津藩側で創り出されたものであることを示すことになった。けれども、そうした逸話を生んだ正之の置かれた立場や当時の政治社会状況が、本書によっていくらかでも理解いただけたとすれば、これにまさる幸いはない。

保科正之の居所表（丸数字の月は閏月）

年				
慶長16		大牧5／7生		
17				
18		江戸3／2着		
19				
元和元				
2				
3		江戸11／8発→	高遠11／14着	
≈				
寛永7		江戸6／23在←	高遠1／11発	
		江戸発→	高遠着	
8		江戸8／16着←	高遠8／13発	
		江戸10／？発→	高遠10／28在	
		江戸11／18在←	高遠11／？発	
9	今市4／17在←	江戸4／？発		
	今市発→	江戸着		
10				
11		江戸6／14発→	京都7／10頃着	
			京都⑦／25発→	大坂着
			京都着←	大坂⑦／28発
		江戸8／20頃着←	京都8／8発	
12		江戸9／？発→	高遠9／17在	
		江戸11／？着←	高遠11／？発	
13	山形8／27着←	江戸8／18発		
	山形12／8発→	江戸12／18着		
14	山形着←	江戸11／？発		
15	山形12／2発→	江戸12／11着		
16				
17	今市4／13着←	江戸4／11発		
	日光			
	今市4／21発→	江戸4／23着		
18				
19	今市4／16在←	江戸4／？発		
	日光4／18在			
	日光発→	江戸4／？着		
20	会津8／8着←	江戸8／2発		

正保元	会津1／3発→		江戸1／9着	
	会津4／22着←	三春4／21発←	江戸4／14発	
	会津10／14発→	日光10／17在→	江戸10／20着	
2		日光11／17着←	江戸11／14発	
		日光11／17発→	江戸11／19着	
3				
4		下館2／25着←	江戸2／24発	
		下館発→	江戸3／1着	
	会津9／25着←		江戸9／20発	
慶安元	会津1／3発→		江戸1／9着	
		日光4／16着←	江戸4／13発	
		日光4／?発→	江戸4／23着	
2		日光着←	江戸4／10発	
		日光発→	江戸4／23着	
3				
4		今市7／22着←	江戸7／21発	
		日光7／24在		
		日光7／25発		
		古河7／26在→	江戸7／27着	
承応元				
2		日光7／19着←	江戸7／16発	
		日光7／20発→	江戸7／24着	
			江戸9／23発→	京都10／7着
			江戸10／27着←	京都10／14発
3				
≈			在江戸	
寛文9				
10	会津4／18着←		江戸4／12発	
	会津10／6発→		江戸10／12着	
11				
12	会津5／10着←		江戸5／3発	
	会津9／13発→		江戸9／18着・12／18死	

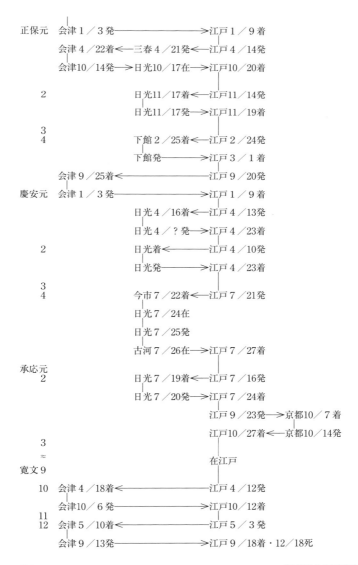

徳川氏略系図

＝は養子関係

- 家康―秀忠
  - 千（豊臣秀頼室）
  - 子々（前田利常室）
  - 勝（松平忠直室）
  - 長丸（早世）
  - 初（京極忠高室）
  - 家光
    - 千代（徳川光友室）
    - 家綱＝綱吉
    - 亀松（早世）
    - 綱重
    - 綱吉
    - 鶴松（早世）
  - 忠長
  - 和（後水尾天皇皇后）
  - **正之**

保科（会津松平）氏略系図

- （正則）―正俊―正直
  - 正光＝**正之**
    - 幸松（早世）
    - 正頼
  - 正重（早世）

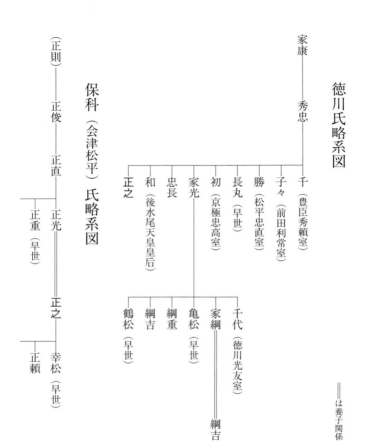

├女（黒田長政室）
├女（安倍信盛室）
├正貞（上総飯野藩祖）
├女（小出吉英室）
├女（加藤明成室）
└氏重（北条氏勝養子）

├媛（上杉綱勝室）
├中（早世）
├将監（早世）
├菊（早世）
├正経
├松（前田綱紀室）
├石（稲葉正往室）
├風（早世）
├亀（早世）
├正純
├金（早世）
├正容
└三（早世）

＝正容―容貞―容頌＝容住―容衆＝容敬＝容保

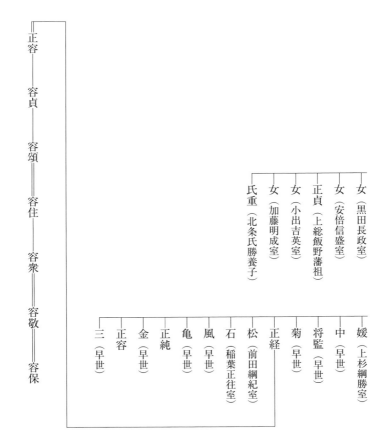

略年譜

年次	西暦	年齢	事跡	参考事項
慶長一六	一六一一	一	五月七日、武蔵足立郡大牧村で誕生、幼名幸松、父は徳川秀忠、母は静（浄光院）	三月二八日、徳川家康二条城で豊臣秀頼と会見
一八	一六一三	三	三月二日、見性院（武田信玄女）の田安邸に移り養育される	
元和三	一六一七	七	一一月八日、信濃高遠に赴き高遠城主（二万五〇〇〇石）保科正光に養育される	
四	一六一八	八	秀忠、高遠藩に五〇〇〇石加増	
六	一六二〇	一〇	七月二二日、保科正光の世継に決まる	
八	一六二二	一二	五月八日、見性院死去	
九	一六二三	一三		七月二七日、兄徳川家光征夷大将軍就任
寛永四	一六二七	一七	一月三日、真田左源太死去	
七	一六三〇	二〇	六月二三日、将軍家光に初お目見○（一二月八日）兄徳川忠長と対面	
八	一六三一	二一	一〇月七日、養父保科正光死去（七一歳）○一一月一二日、高遠藩三万石を相続○一八日、家光に	二月初旬から忠長の非行はじまる

九	一六三二	二二	家督の御礼○二七日、元服○二八日、従五位下肥後守に叙任	一〇月一二日、忠長改易され上野高崎に逼塞
一〇	一六三三	二三	一月二四日、父秀忠死去（五四歳）○二月一四日、秀忠の遺産銀五〇〇枚拝領○四月、家光の日光社参に供奉○一二月二八日、四品（従四位下）昇進	三月、六人衆（後の若年寄）設置○一二月六日、忠長自害（二八歳）
一一	一六三四	二四	二月一三日、桜田門内に上屋敷を拝領○一〇月六日、内藤政長の女菊と婚姻 六月、家光の上洛に供奉○七月一六日、侍従昇進○一八日、参内し明正天皇に拝謁○八月四日、高遠三万石の領知判物を交付される○一二月二一日、長子幸松誕生	三月三日、老中・若年寄の職務規程出される
一二	一六三五	二五	九月一七日、生母静（浄光院）高遠で死去（五二歳）	六月二一日、武家諸法度発布
一三	一六三六	二六	七月二一日、出羽山形二〇万石拝領○八月二七日、山形城入城○一二月一八日、江戸参府	
一四	一六三七	二七	五月一四日、正室菊死去（二〇歳）○九月、江戸城本丸殿舎完成に伴い家光に書棚献上○一一月、山形に急遽下向○この年、家光の指示により保科家相伝の宝物を保科正貞に譲渡	一〇月、島原・天草一揆勃発
一五	一六三八	二八	四月、山形領内の検地開始（翌年三月頃まで）○ 六月二七日、長子幸松死去（五歳）○七月二一日、	二月二八日、島原・天草一揆終息○ 一一月七日、老中制確立、土井利

			白岩領の農民三六人（一説に三八人）を処刑○一二月一一日、江戸参府	勝・酒井忠勝大老となる
寛永一六	一六三九	二九	一月一一日、幕政への意見上申の命を受ける○九月二六日、芝海手に屋敷拝領	七月四日、幕府ポルトガルを追放（鎖国の形成）
一七	一六四〇	三〇	四月、家光の日光社参供奉○一二月四日、二男正頼誕生（母は万）	この頃から全国的な不作が顕著になる
一八	一六四一	三一	一一月一四日、長女媛誕生（母は万）○この年、保科氏の系譜を幕府に提出	八月三日、徳川家綱誕生
一九	一六四二	三二	二月九日、家綱の宮参りに御加の役をつとめる○四月、家光の日光社参供奉○一〇月、江戸近郊将軍家鷹場で鷹狩りを許される	この年、寛永飢饉ピークに
二〇	一六四三	三三	五月一三日、二女中誕生（母は万）○七月四日、陸奥会津二三万石への転封と南山御蔵入の管理を命じられる○一八日、家光の朝鮮通信使引見に列座○八月八日、会津へ初入国、その後領内支配の諸法令を相次いで発布○一一月一五日、領内一四の寺社に領地寄進	五月三日、会津藩主加藤明成領地返上○九月、寛永諸家系図伝完成○寛永飢饉つづく
正保元	一六四四	三四	一月九日、参府○四月二二日、三春騒動により会津下向、以後領内を巡見する○一〇月一七日、日光参詣○二〇日、参府	七月一〇日、土井利勝死去（七二歳）○一二月二五日、幕府、国絵図・城絵図・郷帳の作成を命じる
二	一六四五	三五	一月五日、三男将監誕生（母は万、閏五月七日死	一一月一一日、東照社に宮号授与

			去）○四月二一日、少将に昇進○二三日、家綱の元服式に理髪役をつとめる○七月一四日、従四位上に昇進○二七日、三女菊誕生（母は塩）○一一月一七日、後水尾院の勅額を掛けに家光名代として日光東照宮代参	
三	一六四六	三六	八月、会津惣絵図・城下絵図・高辻帳提出○一二月一日、常陸下館で鷹場拝領○二七日、四男正経誕生（母は万）	
四	一六四七	三七	九月一七日、浄光院十三回忌法事執行○二五日、会津下向○一〇月七日、養父正光の十七回忌法事執行○一二月四日、三女菊死去（三歳）	
慶安元	一六四八	三八	一月九日、江戸参府○一二日、四女松誕生（母は塩）○四月、家光の日光社参（家康三十三回忌）供奉○五月三日、五女石誕生（母は万）○一一月一日、二男正頼、家光に初お目見○この年、会津藩領内検地実施	
二	一六四九	三九	四月、家綱の日光社参供奉○二三日、会津藩城代保科正近死去○一〇月四日、六女風誕生（母は万）○一二月四日、二女中死去（七歳）	二月一九日、朽木稙綱辞職し若年寄中断○八月二日、幕府地震時の登城制を定める
三	一六五〇	四〇	四月一七日、家綱の紅葉山参詣供奉○七月、浄光院の遺骨、身延山久遠寺に改葬○閏一〇月三日、	一〇月二〇日、家綱西丸に移徒

慶安 四	一六五一	四一	七女亀誕生（母は万）四月四日、七女亀死去（二歳）○四月二〇日、家光最後の上意を受ける○五月二日、日光大猷院廟の地普請拝命○六月二五日、側室塩死去（二五歳）○七月二四日、日光大猷院廟参詣○二六日、日光からの帰途、牢人の徒党を報じる酒井忠勝書状を受ける○一一月四日、六女風死去（三歳）○一一日、会津藩軍役を定める	四月二〇日、家光死去（四八歳）、堀田正盛・老中阿部重次ら殉死○七月一八日、松平定政改易○二三日、由比正雪事件○八月一八日、家綱征夷大将軍就任○十二月一一日、幕府末期養子の禁を緩和
承応 元	一六五二	四二	一月一一日、会津藩軍令・軍禁・家中掟など制定○一五日、近江国友村に鉄砲注文○二月二七日、会津藩に人返し役設置○四月五日、家光の遷座法要に家綱の名代をつとめる○六日、東叡山大猷院廟の法華曼荼羅供に家綱の名代○二一日、家光一回忌法要に家綱の名代○五月九日、五男正純誕生（母は万）○六月一七日、紅葉山代参○七月二〇日、東叡山代参○八月一七日、紅葉山代参○一〇月一七日、紅葉山代参○二〇日、東叡山代参○一一月一七日、紅葉山代参○一二月二〇日、東叡山代参○二四日、三縁山代参○一二月、幕府に『輔養編』献上	六月一〇日、御三家および井伊直孝、家綱の後見を拝命○一二日、松平乗壽老中就任
二	一六五三	四三	一月二四日、三縁山代参○二月二四日、三縁山代	閏六月五日、酒井忠清老中就任○七

年号	西暦	年齢	事績	関連事項
			参〇四月二〇日、東叡山代参〇二四日、三縁山代参〇閏六月二〇日、東叡山代参〇七月一五日、盂蘭盆会につき三縁山代参〇二〇日、日光大猷院廟参詣〇八月二〇日、東叡山代参〇二六日、家綱右大臣転任の謝使拝命〇一〇月一〇日、参内し家綱の口上を奏上〇二八日、中将に任官〇一一月二〇日、家綱東叡山大猷院廟参詣により本丸留守をつとめる〇二七日、老中の詰所近くに休息所を得る〇二八日、江戸城中の口からの出入り許される〇一一月、正四位下叙任〇一二月一六日、家中お救いのため拝借金を仰せつける	月一〇日、家綱右大臣転任〇一一月二〇日、家綱初めて東叡山大猷院廟参詣
三	一六五四	四二	一月二四日、三縁山代参〇三月二〇日、東叡山代参〇四月二〇日、東叡山代参〇六月二〇日、東叡山代参〇七月一〇日、紅葉山代参〇八月二四日、三縁山代参〇九月五日、僧隠元の帰化に関する諮問を受ける〇一一月一二日、会津藩、困窮の百姓に蔵米の低利貸し出しを命ず〇一二月二〇日、東叡山代参〇二四日、三縁山代参〇二五日、二男正頼従四位下侍従叙任	一月二六日、老中松平乗壽死去（五五歳）〇九月二〇日、玉川上水完成
明暦 元	一六五五	四三	一月二四日、三縁山代参〇この春から百姓への蔵米低利貸し出し実施（社倉法の開始）〇四月一四	

			日、長女媛、上杉綱勝と婚姻○一七日、紅葉山代参○五月一七日、紅葉山代参○二〇日、東叡山代参○二四日、三縁山代参○九月一七日、紅葉山代参○二四日、三縁山代参○一〇月八日、朝鮮通信使来聘に列座○一二月一七日、紅葉山代参	
明暦　二	一六五六	四六	一月二〇日、東叡山代参○四月一七日、紅葉山代参○六月二二日、会津藩加判衆の大寄合日制定○九月、京極家の内紛を井伊直孝とともに裁く○一〇月頃、眼病起こる○一二月二四日、三縁山代参	三月一八日、酒井忠勝大老赦免○四月、家綱疱瘡
三	一六五七	四七	一月一一日、会津藩軍令・軍禁改訂○一八日・一九日、江戸大火（明暦の大火）、芝の会津藩屋敷全焼○二四日、三縁山代参○二月一日、二男正頼死去（一八歳）○五月二〇日、東叡山代参○二四日、三縁山代参	
万治　元	一六五八	四八	三月一日、八女金誕生（母は沢井氏）○四月二一日、芝の会津藩屋敷竣工○五月十五日、箕田（三田）に下屋敷拝領（以後芝の屋敷は中屋敷となる）○七月三日、四女松婚礼費用として家綱から一万両拝領○二六日、四女松、前田綱紀と婚姻○二八日、長女媛死去（一八歳）○九月晦日、四男正経・五男正純、家綱に初お目見○一〇月二三日、	閏一二月二九日、稲葉正則老中就任

二	一六五九	四九	前田綱紀の後見となる 三月一五日、八女金死去（二歳）○九月一日、江戸城本丸再建により硯箱・料紙箱等献上○一二月二七日、四男正経従四位下侍従叙任	一月一一日、家綱前髪を落とし童形を改める○六月二八日、井伊直孝死去（七〇歳）○九月五日、家綱本丸移徙
三	一六六〇	五〇	八月二五日、伊達騒動の処分を老中とともに諸大名に申渡す○一〇月八日、堀田正信、正之・阿部忠秋宛ての訴状提出○一五日、正之の屋敷で老中の寄合	四月、江戸火災頻発により家綱の日光社参中止○一〇月八日、堀田正信無断帰国
寛文元	一六六一	五一	一月、眼病により朔望の登城を許される○五月一四日、会津南山御蔵入飢饉につき御救いを命ず○閏八月六日、会津藩家中に殉死を禁ず○一一月一日、保科正貞死去（七四歳）○二八日、五女石、稲葉正往と婚姻○この年、吉川惟足に師事する	一月一五日、京都大火○二〇日、江戸大火
二	一六六二	五二	五月二七日、嫡男正経会津へ初入国○九月一四日、下館の鷹場を返上する	二月二二日、若年寄再設○晦日、老中・若年寄の支配分掌確定○三月一六日、老中松平信綱死去（六七歳）○七月一二日、酒井忠勝死去（七六歳）
三	一六六三	五三	二月一七日、家綱の日光社参中、榊原忠次とともに江戸城留守居を拝命○五月初旬から武家諸法度	二月五日、榊原忠次「大老」就任○四月、家綱日光社参○五月二三日、

			改訂の評議に参加○七月二五日、会津藩九〇歳以上の者に一人扶持支給のほか火葬・産子殺しの禁止等を表明○一一月一九日、吐血	武家諸法度改訂、殉死の禁を口達する○八月一五日、久世広之老中就任
寛文 四	一六六四	五四	一月一〇日、再び吐血○三月一三日、病気平癒、登城して家綱に拝謁○五月二〇日、会津藩軍役改訂○六月三日、会津二三万石の領知判物を受ける○七月一八日、家綱より佗介肩衝の茶入拝領○九月一四日、会津領内に寺社の縁起改めを命じる○一二月四日、吐血○二八日、四男正純従五位下市正に叙任	三月二九日、老中奉書月番一判制○閏五月七日、上杉綱勝死去○一一月二五日、幕府、宗門改役の設置を命じる
五	一六六五	五五	三月五日、病気養生のため芝中屋敷から箕田下屋敷に移る○三月、山崎闇斎を招聘○九月、『玉山講義附録』完成	三月一八日、幕府、番方の諸役職に役料制導入○二九日、榊原忠次死去（六一歳）○七月一一日、諸宗寺院法度・諸社禰宜神主法度発布○一三日、証人制廃止○一二月二三日、土屋数直・板倉重矩老中就任
六	一六六六	五六	三月一三日、嫡男正経、前田利常女と婚姻○四月二四日、四女松（前田綱紀室）死去（一九歳）○六月五日、眼病により隠居を願うも許されず○八月六日、『会津風土記』完成○九月二一日、会津領寺院改めにより新地寺院破却	二月六日、天樹院死去（七〇歳）○三月二九日、酒井忠清大老就任○七月二一日、役方の諸役職にも役料制導入○一〇月三日、山鹿素行、朱子学批判により播磨赤穂に配流

七	一六六七	五七	五月〜七月、伊佐須美神社など会津領内の諸社を再興○九月一七日、浄光院三十三回忌を執行○二二日、五女石（稲葉正往室）死去（二〇歳）	七月二八日、吉川惟足、家綱に拝謁
八	一六六八	五八	二月、江戸火災相次ぎ、芝中屋敷・箕田下屋敷焼失する○四月一日、家綱、屋敷の作事料として二万両下賜○一一日、家訓十五条制定○五月、『二程治教録』『伊洛三子伝心録』完成○九月一八日、箕田下屋敷竣工により移徙	二月、奥平忠昌の家臣殉死○一一月一九日、井伊直澄「大老」就任
九	一六六九	五九	一月二九日、六男正容誕生（母はふき）○四月二七日、隠居を許され、四男正経家督を継ぐ○五月一〇日、髷を切り羽織での登城を許される○閏一〇月二一日、芝の中屋敷竣工	
一〇	一六七〇	六〇	二月一三日、老養扶持・貧人扶持は社倉米からの供出を命ずる○四月一八日、二三年ぶりに会津に下向○五月一七日、領内の諸寺社に参詣○一〇月一二日、江戸参府	六月、『本朝通鑑』完成
一一	一六七一	六一	五月九日、見性院五十回忌を大牧村清泰寺にて執行○七月二〇日、五男正純死去（二〇歳）○八月一五日、正経に仕置き筋の心得を教示する○一一月一七日、吉川惟足より吉田神道四重奥秘と「土津」の霊号を授かる	三月、幕府、伊達騒動を裁く

寛文一二	一六七二	六三	五月一〇日、会津に下向○二八日、田中正玄死去（六〇歳）○八月五日、藩主正経および主な家臣に家訓十五条の趣旨を説明○二一日、猪苗代に出向き寿蔵の地を選定する○九月一八日、江戸参府○一〇月、『会津神社志』完成○一一月二五日より病臥する○一二月一八日、死去○晦日、遺骸会津に到着	二月二三日、天崇院（秀忠三女）死去（七二歳）
延宝　元	一六七三		一月五日、九女三誕生（母はふき）○三月二七日、唯一神道形式による葬儀執行	

主要参考文献

一　史　料

『会津藩家世実紀』第一・二編　豊田武編　吉川弘文館　一九七五・七六年
「土津霊神事実」巻一　筑波大学図書館所蔵、「同」巻二〜巻五　福島県立博物館寄託
「会府世稿」上巻　福島県立博物館所蔵
「唖者之独見」『続会津史料叢書』上巻　歴史図書社　一九七四年
『注釈日本史料　御当家紀年録』児玉幸多編　集　英　社　一九九八年
『徳川諸家系譜』第一〜第四　続群書類従完成会編　一九七〇年
『新訂寛政重修諸家譜』第一　続群書類従完成会編　一九六四年
『新訂本光国師日記』第六・第七　続群書類従完成会編　一九七一年
『内閣文庫影印叢刊　譜牒余録』上　国立公文書館　一九七三年
『江戸幕府日記　姫路酒井家本』第一巻〜二十五巻　藤井讓治監修　ゆまに書房　二〇〇三・〇四年
『新訂増補国史大系　徳川実紀』第二篇〜第五篇　吉　川　弘　文　館　一九八一年
『信濃史料』第八巻・第二十五巻　信濃史料刊行会編　一九五七・六六年

『新編信濃史料叢書』第二巻　信濃史料刊行会編　一九七二年
『加賀藩史料』第三編・第四編　侯爵前田家編輯部編　一九三〇・三一年
『史料纂集　国史館日録』第一～第五　続群書類従完成会編　一九九七～二〇〇五年
「松平大和守日記」『日本庶民文化史料集成』第十二巻　芸能史研究会編　三一書房　一九七七年
「吉良家日記」『吉良町史』別冊資料　西尾市史編さん委員会編　二〇一三年
＊「江戸幕府日記」は姫路酒井家本のほか、国立公文書館内閣文庫所蔵「柳営日次記」（野上出版から刊行）や「御日記」（国立公文書館デジタルアーカイブズ）も参照したが、本文の注記はすべて「江戸幕府日記」で統一した。

二　編著書・論文

相田泰三『保科正之公伝』保科正之公三百年祭奉賛会　一九七二年
朝尾直弘「将軍政治の権力構造」（岩波講座『日本歴史』近世2）岩波書店　一九七五年
阿部綾子「保科正之とその時代」（『歴史春秋』七三号）二〇一一年
伊東多三郎『近世史の研究』第四冊　吉川弘文館　一九八四年
大野瑞男『松平信綱』〈人物叢書〉吉川弘文館　二〇一〇年
春日太郎『保科正之公伝』島影社　一九八五年

北原道男『信州高遠藩史の研究』北原道男著書刊行会　一九八四年
小池進『江戸幕府直轄軍団の形成』吉川弘文館　二〇〇二年
小池進「保科正之と徳川家光・忠長」（『日本歴史』七五八号）二〇一一年
小池進「保科正之の『御目見』をめぐって」（『信濃』六五巻二号）二〇一三年
小池進「保科正之と徳川忠長との対面をめぐって」（『信濃』六五巻五号）二〇一三年
小池進「『権祝矢島家文書』所収『篠田氏書簡』」（『白山史学』四九号）二〇一三年
児玉幸多「慶安〜寛文期の幕政」（『日本歴史大系』3近世）山川出版社　一九八八年
杣田善雄『将軍権力の確立』吉川弘文館　二〇一二年
平重道「保科正之」（北島正元編『江戸幕府』）国書刊行会　一九六四年
高木昭作『日本近世国家史の研究』岩波書店　一九九〇年
高木昭作『将軍権力と天皇』青木書店　二〇〇三年
高埜利彦『元禄・享保の時代』集英社　一九九二年
高埜利彦『天下太平の時代』岩波書店　二〇一五年
中村彰彦『保科正之』中央公論社　一九九五年
中村彰彦『慈悲の名君保科正之』角川書店　二〇一〇年
福田千鶴『幕藩制的秩序と御家騒動』校倉書房　一九九九年
福田千鶴『酒井忠清』吉川弘文館　二〇〇〇年

福田千鶴『江の生涯』〈中公新書〉　中央公論新社　二〇一〇年
藤井讓治『江戸開幕』　集英社　一九九二年
藤井讓治『徳川家光』〈人物叢書〉　吉川弘文館　一九九七年
藤井讓治『幕藩領主の権力構造』　岩波書店　二〇〇二年
藤井讓治『天下人の時代』　吉川弘文館　二〇一五年
真壁俊信・佐藤洋一校注『続神道大系』保科正之（一）〜（五）　神道大系編纂会　二〇〇五年
真壁俊信『保科正之』　精興社ブックサービス　二〇一五年
宮崎十三八編『保科正之のすべて』　新人物往来社　一九九二年
山口孝平編『近世会津史の研究』上巻　歴史春秋社　一九七八年
山本博文『寛永時代』〈日本歴史叢書〉　吉川弘文館　一九八九年
山本博文『幕藩制の成立と近世の国制』　校倉書房　一九九〇年
山本博文『鎖国と海禁の時代』　吉川弘文館　一九九五年
横田冬彦『天下太平』　講談社　二〇〇二年

三　自治体史

『会津若松史』第二・三巻　会津若松市　一九六五年

『会津若松市史』歴史編四・五　会津若松市　一九九九・二〇〇一年
『寒河江市史』中巻近世編　寒河江市史編さん委員会　一九九九年
『高遠町誌』上巻　高遠町誌編纂委員会　一九八三年
『福島県史』第二巻近世編　福島県　一九七一年
『村山市史』近世編　村山市　一九九四年
『山形県史』第二巻近世編上　山形県　一九八四年
『山形市史』中巻近世編　山形市　一九七一年
『米沢市史』近世編1　米沢市　一九九一年

四　博物館等展示図録

『会津藩初期教学展』　保科正之公三百年祭奉賛会　一九七二年
『藩祖保科正之公と会津藩』　会津武家屋敷　一九九六年
『保科正之　生誕四百年記念』　会津若松城天守閣博物館　二〇一〇年
『生誕四〇〇年記念　保科正之の時代』　福島県立博物館　二〇一一年

著者略歴

一九六〇年　千葉県我孫子町（現我孫子市）に生まれる
二〇〇〇年　東洋大学大学院文学研究科博士後期課程修了、博士（文学）
現　在　東洋大学非常勤講師、聖徳大学兼任講師

主要著書
『江戸幕府直轄軍団の形成』（吉川弘文館、二〇〇一年）

人物叢書　新装版

保科正之

二〇一七年（平成二十九）十一月一日　第一版第一刷発行

著　者　小《こ》池《いけ》　進《すすむ》
編集者　日本歴史学会
代表者　藤田　覚
発行者　吉川道郎
発行所　株式会社 吉川弘文館
東京都文京区本郷七丁目二番八号
郵便番号一一三—〇〇三三
電話〇三—三八一三—九一五一〈代表〉
振替口座〇〇一〇〇—五—二四四
http://www.yoshikawa-k.co.jp/
印刷＝株式会社 平文社
製本＝ナショナル製本協同組合

ISBN978-4-642-05283-2

『人物叢書』(新装版)刊行のことば

人物叢書は、個人が埋没された歴史書が盛行した時代に、「歴史を動かすものは人間である。個人の伝記が明らかにされないで、歴史の叙述は完全であり得ない」という信念のもとに、専門学者に執筆を依頼し、日本歴史学会が編集し、吉川弘文館が刊行した一大伝記集である。

幸いに読書界の支持を得て、百冊刊行の折には菊池寛賞を授けられる栄誉に浴した。

しかし発行以来すでに四半世紀を経過し、長期品切れ本が増加し、読書界の要望にそい得ない状態にもなったので、この際既刊本の体裁を一新して再編成し、定期的に配本できるような方策をとることにした。既刊本は一八四冊であるが、まだ未刊である重要人物の伝記についても鋭意刊行を進める方針であり、その体裁も新形式をとることとした。

こうして刊行当初の精神に思いを致し、人物叢書を蘇らせようとするのが、今回の企図である。大方のご支援を得ることができれば幸せである。

昭和六十年五月

日本歴史学会
代表者　坂本太郎

日本歴史学会編集 **人物叢書**〈新装版〉

▽没年順に配列▽残部僅少の書目も掲載してあります。品切の節はご容赦下さい。
▽九〇三～二四〇〇円(税別)▽四六判・カバー装／一四四～四八〇頁

日本武尊　上田正昭著　熊襲・蝦夷の征討に東奔西走する悲劇の皇子
継体天皇　篠川　賢著　古代国家形成の画期をつくった六世紀の大王
聖徳太子　坂本太郎著　推理や憶測を排し透徹の史眼で描く決定版！
秦　河勝　井上満郎著　飛鳥時代を生きぬいた聖徳太子の側近の生涯
蘇我蝦夷・入鹿　門脇禎二著　悪逆非道の人間像を内外政治状勢の中に活写
天智天皇　森　公章著　中央集権体制の確立を推進した古代の天皇
額田王　直木孝次郎著　二人の皇子に愛された『万葉集』女流歌人の伝
持統天皇　直木孝次郎著　天武の皇后波瀾苦悩の生涯を時代の上に描く
柿本人麻呂　多田一臣著　『万葉集』を手がかりに「歌聖」の生涯に迫る
藤原不比等　高島正人著　藤原氏繁栄の礎を築いた稀代の大政治家描く
長屋王　寺崎保広著　邸宅跡発掘と史料駆使し自尽に至る生涯描く
県犬養橘三千代　義江明子著　奈良朝に華麗な血脈を築き上げた女官の生涯
山上憶良　稲岡耕二著　奈良時代の歌人。独自の作風と貴き生涯追う
行　基　井上　薫著　架橋布施屋等社会事業史に輝く奈良時代高僧
光明皇后　林　陸朗著　聖武の皇后天平のヒロイン。仏教興隆に尽す
鑑　真　安藤更生著　奈良仏教・文化に感化与えた唐招提寺の開祖
藤原仲麻呂　岸　俊男著　大臣から逆賊に一転、奈良朝史の秘鍵を解く

道　鏡　横田健一著　空前絶後の怪僧。女帝治下の暗闘・陰謀を解く
吉備真備　宮田俊彦著　該博な学識を持つ奈良時代屈指の学者政治家
佐伯今毛人　角田文衞著　東大寺造営の主宰者。渦巻く政局と生涯照射
和気清麻呂　平野邦雄著　勝れた古代革新政治家の真面目を再評価する
桓武天皇　村尾次郎著　人材を登用し清新な政治行った延暦聖主の伝
坂上田村麻呂 新稿版　高橋　崇著　征夷の英雄として名高き武将の全生涯を解明
最　澄　田村晃祐著　日本天台宗の開祖。思想と行動と波瀾の生涯
平城天皇　春名宏昭著　在位三年で新政策を展開した平安初期の天皇
円　仁　佐伯有清著　最澄の高弟。天台密教を弘めた三世天台座主
伴　善男　佐伯有清著　謎秘める応天門の怪火俊敏宰相の数奇な生涯
円　珍　佐伯有清著　五世天台座主智証大師の生涯を克明に描く！
菅原道真　坂本太郎著　中傷にあい流謫大宰府に死す学問の神天神様
聖　宝　佐伯有清著　聖徳太子の後身として崇められた気高い生涯
三善清行　所　功著　『意見封事』で有名な論策家。平安初期漢学者
藤原純友　松原弘宣著　摂関家傍流の中央官人であった純友の生涯
紀　貫之　目崎徳衛著　王朝歌壇の偶像から急顚落。業績検討再評価
小野道風　山本信吉著　三跡の代表として名高い平安中期の名筆の伝

良源　平林盛得著　叡山中興の祖。平安中期天台座主。元三大師

藤原佐理　春名好重著　三跡の一、平安中期屈指の能書家の生涯描く

紫式部　今井源衛著　源氏物語作者の生涯を社会・政治背景に浮彫

慶滋保胤　小原　仁著　花山朝の政治を担った浄土信仰の先駆者の伝

一条天皇　倉本一宏著　摂関家と協調し、王朝文化を開花させた英主

大江匡衡　後藤昭雄著　平安朝漢詩文に優れた足跡を残した名儒の伝

源信　速水　侑著　日本浄土教の祖と仰がれる『往生要集』著者の伝

源頼光　朧谷　寿著　大江山酒呑童子退治で有名な頼光の生涯描く

藤原道長　山中　裕著　摂関政治全盛を築き栄華の世を極めた公卿伝

藤原行成　黒板伸夫著　一代の名筆、道長政権下に活躍した貴族官僚

源頼義　元木泰雄著　義家・頼朝へと続く河内源氏二代目の実像！

清少納言　岸上慎二著　枕草子の著者。学識と機智に富む稀代の才女

和泉式部　山中　裕著　摂関政治全盛時代の代表的・情熱的女流歌人

源義家　安田元久著　天下第一武勇の士と称讃された八幡太郎の伝

大江匡房　川口久雄著　平安末期最高の知識人学者兼政治家の人間像

奥州藤原氏四代　高橋富雄著　平泉王国を建設した清衡以下四代の興亡描く

藤原頼長　橋本義彦著　悪左府—保元乱の元凶か？思想と行動を描く

藤原忠実　元木泰雄著　平安後期、落日の摂関家を担い苦闘した人生

源頼政　多賀宗隼著　平安末の武将・歌人。平氏打倒に蹶起の実像

平清盛　五味文彦著　朝廷の政治世界に初めて武家政権を開く生涯

源義経　渡辺　保著　赫々たる武勲と数奇な運命。悲劇の英雄実伝

西行　目崎徳衛著　「数奇の遁世者」の行実と特異な生涯を描く

後白河上皇　安田元久著　平氏盛衰、権謀術数もちい朝廷の存続はかる

千葉常胤　福田豊彦著　関東の名族、鎌倉幕府建設の大功労者の生涯

源通親　橋本義彦著　平安〜鎌倉の宮廷政治家・歌人の手腕と業績

文覚　山田昭全著　『平家物語』に華々しく描かれる「荒法師」

畠山重忠　貫　達人著　鎌倉武士の典型。美談に富む誠実礼節の勇士

法然　田村圓澄著　執拗な弾圧下信念に生き抜いた浄土宗の開祖

栄西　多賀宗隼著　臨済宗開祖・茶祖。思想文化に感化を与えた名僧

北条義時　安田元久著　実朝暗殺—承久の乱に三上皇流す現実政治家

大江広元　上杉和彦著　鎌倉幕府の確立に貢献した文人政治家の生涯

北条政子　渡辺　保著　頼朝没後尼将軍と謳われた女傑の苦悩浮彫す

慈円　多賀宗隼著　鎌倉初期の天台座主。勝れた和歌と史論残す

明恵　田中久夫著　梅尾高山寺の開山。戒律を重視した華厳名僧

藤原定家　村山修一著　中世歌壇の大御所、二条派歌学の祖、歌論家

北条泰時　上横手雅敬著　御成敗式目の制定者。鎌倉幕府稀代の名執権

道元 新稿版　竹内道雄著　曹洞宗の開祖。偉大な生涯と宗教思想を描く
北条重時　森　幸夫著　執権泰時・時頼を支え、幕府に寄与した全生涯
親鸞　赤松俊秀著　肉食妻帯を自から実践真の民衆宗教を樹立す
北条時頼　高橋慎一朗著　鎌倉時代中期の執権、仏教者の実像に迫る！
日蓮　大野達之助著　余宗排撃と国難来を予言した波瀾情熱の宗祖
阿仏尼　田渕句美子著　鎌倉時代の女流歌人。その才気溢れる実像！
北条時宗　川添昭二著　蒙古襲来の真相と若き執権の実像に迫る初伝
一遍　大橋俊雄著　踊り念仏で全国遊行した鎌倉仏教時宗の宗祖
叡尊・忍性　和島芳男著　戒律再興と社会事業に献身した師弟高僧の伝
京極為兼　井上宗雄著　鎌倉期、両統対立の政界に活躍した反骨歌人
金沢貞顕　永井　晋著　鎌倉末期の執権。衰えゆく幕府を支えた生涯
菊池氏三代　杉本尚雄著　肥後の名族菊池氏―南北朝期活躍の武将描く
新田義貞　峰岸純夫著　尊氏と勢威を競い、戦闘に明け暮れた武将伝
花園天皇　岩橋小弥太著　両統迭立期、公正な態度持した文徳高い天皇
赤松円心・満祐　高坂　好著　円心の挙兵、満祐の将軍弑逆等その転変描く
卜部兼好　冨倉徳次郎著　徒然草で有名な中世の隠者・歌人・随筆評論家
覚如　重松明久著　本願寺を創建して真宗教団の基礎を築く名僧
足利直冬　瀬野精一郎著　父尊氏と生涯死闘を演じた波瀾の武将の実伝
佐々木導誉　森　茂暁著　南北朝動乱「ばさら大名」。風雲児の生涯描く
細川頼之　小川　信著　幼将軍義満を補佐し幕府の基礎固めた名宰相
足利義満　臼井信義著　南北朝を合体し大名を制圧、幕府の基礎固む
今川了俊　川添昭二著　南北朝時代の武将。和歌連歌に勝れた風流文人
足利義持　伊藤喜良著　最も平穏な時代を築いた室町四代将軍の初伝
世阿弥　今泉淑夫著　現代になお生きる能の世界を確立した人間像
上杉憲実　田辺久子著　室町前期の関東管領。足利学校再興者の初伝
山名宗全　川岡　勉著　応仁の乱の西軍大将。その豪毅な生涯に迫る
一条兼良　永島福太郎著　博学宏才、中世随一の学者。東山文化併せ描く
亀泉集証　今泉淑夫著　室町禅林のキーパーソンの全生涯を描き出す
蓮如　笠原一男著　盛んな布教活動で真宗王国築いた傑僧の生涯
宗祇　奥田　勲著　室町後期の連歌師。全国に連歌を広めた生涯
万里集九　中川徳之助著　室町末期の臨済宗一山派の禅僧。文芸と生涯
三条西実隆　芳賀幸四郎著　戦国擾乱の世に公家文化守る教養高い文化人
大内義隆　福尾猛市郎著　文化愛好と貿易富力で山口王国築く戦国大名
ザヴィエル　吉田小五郎著　東洋伝道の使途、わが国最初の耶蘇会宣教師
三好長慶　長江正一著　下剋上の代表と誤解されるが文武備えた武将
今川義元　有光友學著　桶狭間に落命した悲運の戦国大名の実像とは

武田信玄	奥野高広著	謙信と角逐し信長を畏怖せしめた戦国の名将
朝倉義景	水藤　真著	信長に反抗して大敗、越前一乗谷に滅ぶ大名
浅井氏三代	宮島敬一著	信長と互角に戦った北近江の戦国大名の興亡
織田信長	池上裕子著	革命家のごとく英雄視する後世の評価を再考
明智光秀	高柳光寿著	主君弑逆の原因は何か心裡を分析し謎を解く
大友宗麟	外山幹夫著	北九州の雄族キリシタン大名。波瀾・数奇描く
千　利休	芳賀幸四郎著	千家流茶祖。自刃し果てる数奇な生涯と芸描く
豊臣秀次	藤田恒春著	叔父秀吉に翻弄された悲運の生涯を描き出す
足利義昭	奥野高広著	運命に翻弄された数奇な室町幕府最後の将軍
前田利家	岩沢愿彦著	変転・動乱の世を生き抜く加賀百万石の藩祖
長宗我部元親	山本　大著	戦国土佐の大名。南国文化築いた名将の生涯
安国寺恵瓊	河合正治著	秀吉の天下統一援けたが関ヶ原役に敗れ斬首
石田三成	今井林太郎著	秀吉に抜擢されて孤忠尽す。果して奸物か？
真田昌幸	柴辻俊六著	織豊期を必死に生き抜く、処世術と事跡検証
最上義光	伊藤清郎著	出羽五七万石の礎を築いた戦国武将の全生涯
高山右近	海老沢有道著	改宗を肯んぜず国外に追放された切支丹大名
島井宗室	田中健夫著	織豊政権に暗躍した博多の豪商、茶人・貿易家
淀　君	桑田忠親著	秀吉の愛妾となり大坂城に君臨自滅した女傑
片桐且元	曽根勇二著	大坂の陣を前に苦悩奔走した真実と実像探る
藤原惺窩	太田青丘著	近世朱子学の開祖。文芸復興の業績と人間像
支倉常長	五野井隆史著	慶長遣欧使節を努めた仙台藩士の実像に迫る
伊達政宗	小林清治著	独眼よく奥羽を制覇し大藩築く、施政と生涯
天草時貞	岡田章雄著	島原乱の指導者。生立ちと一揆の顚末を描く
立花宗茂	中野　等著	九州柳川藩の祖。軍記による粉飾拭った実伝
宮本武蔵	大倉隆二著	二天一流を開いた江戸初期の兵法家の実像！
佐倉惣五郎	児玉幸多著	義民惣五郎の実在を証明し事件の真相を解明
小堀遠州	森　蘊著	遠州流茶祖。歌道・書・陶芸・造庭の巨匠事蹟
徳川家光	藤井譲治著	「生まれながらの将軍」の四八年の生涯を描く
由比正雪	進士慶幹著	丸橋忠弥らと幕府転覆を企て計破れた快雄伝
林　羅山	堀　勇雄著	博識を以て家康以下三代に仕えた模範的学者
松平信綱	大野瑞男著	家光側近として幕府確立に尽力した川越藩主
国姓爺	石原道博著	鄭成功。抗滑復明の義挙に参加温血快漢の伝
野中兼山	横川末吉著	土佐藩制確立期の大政治家。善政苛政を浮彫
保科正之	小池　進著	家綱を後見し、家訓十五条を遺した会津藩主
隠　元	平久保　章著	招きに応じて渡来尊崇博した禅宗黄檗派の祖
徳川和子	久保貴子著	葵と菊の架け橋となった東福門院の初の伝記

酒井忠清　福田千鶴著　後世に悪者として描かれた江戸前期の政治家

朱　舜水　石原道博著　明末の大儒、水戸学に感化与えた高節帰化人

池田光政　谷口澄夫著　備前岡山藩祖。民政・文教に治績をあげた名君

山鹿素行　堀　勇雄著　日本中朝主義を提唱、儒学者・兵学者の詳伝

井原西鶴　森　銑三著　浮世草子作家の生涯を厳密な作品研究で抉る

松尾芭蕉　阿部喜三男著　最近の研究成果踏まえ作品織り成す俳聖の伝

三井高利　中田易直著　財閥三井家の始祖。元禄期に活躍した大商人

河村瑞賢　古田良一著　海運・治水事業に功遂げた江戸時代の大商人

徳川光圀　鈴木暎一著　水戸黄門で知られる二代藩主を捉え直す実伝

契　沖　久松潜一著　僧侶の身で古典を究め近世国学の先駆となる

市川団十郎　西山松之助著　成田屋初代から現十二代までの人と芸の列伝

伊藤仁斎　石田一良著　京都市井の大儒、古学を唱えた堀川学派の祖

徳川綱吉　塚本　学著　賞罰厳明・生類憐み―江戸幕府五代将軍の伝

貝原益軒　井上　忠著　江戸中期経学医学等広範に功残す福岡藩儒者

前田綱紀　若林喜三郎著　加賀藩中興の名君。藩民政典籍収集の功著大

近松門左衛門　河竹繁俊著　劇作家の氏神の素性と生涯を作品と共に描く

新井白石　宮崎道生著　近世詩壇の王者。和漢洋に亙る博学者の全伝

鴻池善右衛門　宮本又次著　大阪随一の富豪。財閥成長の事歴鮮明にする

石田梅岩　柴田　実著　〝心学〟の開祖。生涯と思想行実を巧みに描く

太宰春台　武部善人著　江戸時代を代表する儒者。―その学問と生涯

徳川吉宗　辻　達也著　江戸幕府中興の英主。享保改革の実体を究明

大岡忠相　大石　学著　大岡越前として名高い江戸中期の幕臣の実像

賀茂真淵　三枝康高著　国学の巨匠。業績・生涯を時代と共に描く力篇

平賀源内　城福　勇著　江戸中期の博物学者戯作者。奇才獄中に憤死

与謝蕪村　田中善信著　江戸時代の代表的文人画家の初の本格的伝記

三浦梅園　田口正治著　多数の驚異的哲理書著わす。近世の大思想家

毛利重就　小川國治著　藩政改革を断行した萩藩「中興の祖」の初伝

本居宣長　城福　勇著　国学の大成者。その学問・思想と業績を活写

山村才助　鮎沢信太郎著　鎖国下、世界地理学に先鞭つけた異才の業績

木内石亭　斎藤　忠著　江戸中期の奇石蒐集家日本先史学の開拓者！

小石元俊　山本四郎著　蘭学を京都に広め解剖の技倆に優れた先覚者

山東京伝　小池藤五郎著　戯作浮世絵の大家、典型的通人の文芸と生涯

杉田玄白　片桐一男著　蘭学の確立発展に熱情傾け名誉遺した先覚者

塙　保己一　太田善麿著　群書類従等古典編集校刊の偉業遂ぐ盲人学者

上杉鷹山　横山昭男著　藩政改革に治績あげた米沢藩主。―封建の名君

大田南畝　浜田義一郎著　蜀山人。天明狂歌壇の王者、作品と生涯描く

只野真葛　関　民子著　女性の闘争を宣言した時代に早すぎた人の伝
小林一茶　小林計一郎著　庶民の哀歓を率直に歌いあげた異色の俳人伝
大黒屋光太夫　亀井高孝著　露領の小島に漂着十一年後送還された運命児
松平定信　高澤憲治著　寛政改革を推進し文化人と評された老中の伝
菅江真澄　菊池勇夫著　民俗学の先駆者となった『遊歴文人』の全生涯
島津重豪　芳　即正著　江戸後期積極的な開化政策推進した薩摩藩主
狩谷棭斎　梅谷文夫著　書誌学・金石学の基礎を築き考証学を大成す
最上徳内　島谷良吉著　江戸後期の蝦夷地探検家。北方問題に寄与大
渡辺崋山　佐藤昌介著　幕末の文人画家。蛮社の獄を招いた悲劇の伝
柳亭種彦　伊狩　章著　『田舎源氏』で空前のブーム起した旗本戯作者
香川景樹　兼清正徳著　公家歌学・尚古的歌論斥け歌壇の革新はかる
平田篤胤　田原嗣郎著　宣長の学統継ぐ国学の巨匠。精力的事蹟描く
間宮林蔵　洞　富雄著　大探検家。幕府隠密。明暗併せ描く異色の伝記
滝沢馬琴　麻生磯次著　晩年失明後も辛苦口述続けた最初の稿料作家
調所広郷　芳　即正著　幕末薩摩藩家老。財政改革の全容と生涯解明
橘　守部　鈴木暎一著　独学古典を研鑽し宣長学を批判。新境地開く
黒住宗忠　原　敬吾著　特異な宗派神道—黒住教の霊能と教祖の実伝
水野忠邦　北島正元著　天保改革を断行した悲劇宰相の業績背景活写

帆足万里　帆足図南次著　日本科学史に異彩放つ先駆者の生涯業績描く
江川坦庵　仲田正之著　太平に眠る幕閣に警鐘ならした幕末の名代官
藤田東湖　鈴木暎一著　代表的な水戸学者。熱血漢波瀾の生涯を描く
二宮尊徳　大藤　修著　荒廃農村の復興に尽力した江戸末期の農政家
広瀬淡窓　井上義巳著　門弟三千幕末の逸材多数を輩出した大教育家
大原幽学　中井信彦著　勝れた下総の農民指導者、協同組合の創始者
島津斉彬　芳　即正著　内政外交に卓抜な英知示した開明派薩摩藩主
月　照　友松圓諦著　西郷と相抱いて薩摩潟に投身した憂国勤皇僧
橋本左内　山口宗之著　安政の大獄に散った偉大な青年の行動と事蹟
井伊直弼　吉田常吉著　開国の先覚か違勅の元凶か？時代と人物活写
吉田東洋　平尾道雄著　幕末土佐藩政改革の主役者。隠れた偉才の伝
緒方洪庵　梅溪　昇著　種痘の普及、適塾を主宰した江戸の蘭医学者
佐久間象山　大平喜間多著　識見高邁幕末の開国論者。奔走中凶刀に斃る
真木和泉　山口宗之著　幕末尊攘派の理論的指導者。波瀾の生涯描く
高島秋帆　有馬成甫著　西洋砲術を修め率先洋式兵制と開国を唱道す
シーボルト　板沢武雄著　鎖国下西欧科学を伝えた近代日本の一大恩人
高杉晋作　梅溪　昇著　士庶混成の奇兵隊を創設した幕末の長州藩士
川路聖謨　川田貞夫著　日露和親条約締結の立役者。幕府に殉じた生涯

横井小楠　圭室諦成著　雄藩連合による開明的施策に身命捧げた先覚
小松帯刀　高村直助著　大政奉還から王政復古を演出した薩摩藩家老
山内容堂　平尾道雄著　幕末土佐の名君。詩酒奔放。大政奉還の偉功者
江藤新平　杉谷　昭著　明治初期立法の偉功者佐賀乱に敗れて刑死す
和　宮　武部敏夫著　公武合体の犠牲―家茂に嫁した数奇な皇女伝
西郷隆盛　田中惣五郎著　太っ腹で誠実、維新三傑の一。大生涯を描く
ハリス　坂田精一著　日本開国の主役―辣腕外交家の真面目を描く
森　有礼　犬塚孝明著　伊藤内閣初代文相。各界で活躍した事蹟描く
松平春嶽　川端太平著　幕末越前の名君。波瀾苦悩の生涯と政情描く
中村敬宇　高橋昌郎著　女子教育・盲唖教育を開拓した偉大な啓蒙家
河竹黙阿弥　河竹繁俊著　近世演劇の集大成者。作品解説兼ねる好伝記
寺島宗則　犬塚孝明著　幕末明治の激動期を生きた外務卿の本格的伝
樋口一葉　塩田良平著　貧窮裡に天稟を磨き忽然世を去った薄命作家
ジョセフ=ヒコ　近盛晴嘉著　漂流渡米し受洗帰化、我国最初の新聞発刊者
勝　海舟　石井　孝著　機略縦横、不遇未完の政治家を維新期に活写
臥雲辰致　村瀬正章著　ガラ紡織機を発明し日本産業発展史に名残す
黒田清隆　井黒弥太郎著　埋もれた明治の礎石。多彩・悲劇の生涯描く
伊藤圭介　杉本　勲著　日本植物学の始祖。近代科学史上の先駆者！

福沢諭吉　会田倉吉著　広範な資料に基づく近代日本の大先覚者の伝
星　亨　中村菊男著　凶刃に斃れた明治政界偉材の怒濤・波瀾の伝
中江兆民　飛鳥井雅道著　仏学派代表と目された奇人兆民の理想と生涯
西村茂樹　高橋昌郎著　明治初期の思想家・教育者。多彩な業績紹介
正岡子規　久保田正文著　俳句・和歌の革新に不滅の偉業遂ぐ巨匠描く
清沢満之　吉田久一著　明治仏教界の明星。宗教的天才の思想と生涯
滝　廉太郎　小長久子著　「荒城の月」「箱根八里」等名曲残す天才作曲家
副島種臣　安岡昭男著　ハイカラで威厳に満ちた明治期外務卿の生涯
田口卯吉　田口　親著　近代日本建設に前人未到の足跡残した快男児
福地桜痴　柳田　泉著　非凡な才能世に容れられず才人の再評価描く
陸　羯南　有山輝雄著　徳富蘇峰らと対峙した孤高のジャーナリスト
児島惟謙　田畑　忍著　大津事件に司法権独立護持。明治法曹界巨人
荒井郁之助　原田　朗著　初代中央気象台長。自然科学の基礎築く先覚
幸徳秋水　西尾陽太郎著　社会主義から無政府主義へ。大逆事件で刑死
ヘボン　高谷道男著　幕末日本に渡来、銘記すべき業績残した恩人
石川啄木　岩城之徳著　薄命の天才歌人。波瀾の裏面生活を浮彫す
乃木希典　松下芳男著　古武士的風格と家庭生活併せ描く将軍の実伝
岡倉天心　斎藤隆三著　日本美術の優秀性を世界に唱道した大先覚者

桂　太郎　宇野俊一著　長州藩閥のエリートが閥族政治の脱却に挑む

徳川慶喜　家近良樹著　江戸幕府最後の将軍。複雑な性格と行動描く

加藤弘之　田畑　忍著　初代東大総長。一世に感化与えた碩学の生涯

山路愛山　坂本多加雄著　明治大正期の卓越した思想家愛山の本格的伝

伊沢修二　上沼八郎著　明治教育界の大開拓者近代教育の基礎を築く

秋山真之　田中宏巳著　独自の兵学で日本海海戦に勝利した戦術家伝

前島　密　山口　修著　郵便の父。近代日本確立期、多彩に活躍の人

成瀬仁蔵　中嶌　邦著　近代女子教育に尽力した日本女子大の創立者

前田正名　祖田　修著　明治殖産興業の推進者広汎な活動克明に描く

大隈重信　中村尚美著　早大創立者。波瀾万丈の偉大な政党政治家！

山県有朋　藤村道生著　国軍建設の父、明治の元勲。絶対主義の権化

大井憲太郎　平野義太郎著　自由民権の急先鋒。労働・社会運動の先駆者

河野広中　長井純市著　立憲政治の完成を追求した民衆政治家の生涯

富岡鉄斎　小高根太郎著　セザンヌ・ゴッホに比すべき非凡な文人画家

大正天皇　古川隆久著　激動の明治・昭和の狭間を治めた守成の君主

津田梅子　山崎孝子著　女性解放と女子教育の開拓に精魂尽す先覚者

豊田佐吉　楫西光速著　世界的鉄製自動織機を完成。発明王・紡績王

渋沢栄一　土屋喬雄著　近代日本の発展に多大な役割演じた大実業家

有馬四郎助　三吉　明著　我国行刑史上不滅の名残すクリスチャン典獄

武藤山治　入交好脩著　鐘紡王国建設、時事新報社長等政財界に活躍

坪内逍遙　大村弘毅著　明治大正期文壇に君臨した文豪、劇作評論家

山室軍平　三吉　明著　伝道と社会事業に献身した日本救世軍司令官

南方熊楠　笠井　清著　奇行・型破りの非凡な学者。学問・業績を描く

山本五十六　田中宏巳著　真珠湾奇襲作戦を実行した〝名提督〟の実像

中野正剛　猪俣敬太郎著　東条に抗し弾圧下に割腹。激動・波瀾の詳伝

近衛文麿　古川隆久著　首相を三度務めた昭和前期の政治家の全生涯

河上　肇　住谷悦治著　弾圧下学問的良心守るマルクス主義経済学者

牧野伸顕　茶谷誠一著　昭和天皇の信任篤かった内大臣の生涯を描く

御木本幸吉　大林日出雄著　伝説化した真珠王伝を大きく書き改めた力篇

尾崎行雄　伊佐秀雄著　藩閥に抗し軍国主義と戦う、憲政の神の生涯

緒方竹虎　栗田直樹著　戦後55年体制の礎を築いた政党政治家の足跡

石橋湛山　姜　克實著　明治〜昭和に活躍した言論人・政治家・思想家

八木秀次　沢井　実著　「八木・宇田アンテナ」を発明した科学技術者

▽以下続刊